ADHS und Dyskalkulie als Talentsignal

ADHS und Dyskalkulie als Talentsignal

Neue in der Praxis bewährte
Methoden bei ADHS, Rechenschwäche
und bei Handschriftproblemen

Ronald D. Davis
Eldon M. Braun

ITV

In ehrendem Gedenken an

Harold Joseph Anderson,

ein Mann, der nicht gleichgültig war

Inhalt

Vorwort..11

Einleitung...13

ERSTER TEIL
Der Prozess des Lernens und mögliche Probleme......19

1. Lernen und Lernbehinderungen definieren..............................21

2. Orientierung und Desorientierung.....................................33

3. Aufmerksamkeits-Defizit-Syndrom......................................46

4. Probleme mit Rechnen: Dyskalkulie....................................64

5. Probleme mit der Handschrift: Dysgraphie.............................77

ZWEITER TEIL
Die grundlegenden Werkzeuge...................................97

6. Einführung in die Sammlung der
grundlegenden Werkzeuge...99

7. Motivation und Verantwortung.......................................109

8. Wahrnehmungsdiagnose..120

9. Orientierungsberatung...132

10. Loslassen und Überprüfen der Orientierungsberatung........165

11. Feineinstellung für die Orientierungsberatung......................172

12. Verfahren der Ausrichtung.......................................181

13. Energieregler einstellen...191

14. Geschicklichkeitstherapie..199

15. Das Beherrschen von Symbolen und Begriffen....................202

16. Ordnung schaffen...227

DRITTER TEIL
ADS und ADHS beleuchten.....................................241

17. Eine Strategie zur Überwindung von ADS und ADHS.......243

VIERTER TEIL
Mathematik – Akalkulie und Dyskalkulie..................259

18. Rechenprobleme überwinden....................................261

19. Zwölf Übungen, um jemandem
das Rechnen beizubringen..266

FÜNFTER TEIL

Handschrift – Agraphie und Dysgraphie..................**313**

20. Strategie zur Korrektur von
Problemen mit der Handschrift......................315

21. Handschrift-Korrektur bei zu wenig oder
gar keiner Unterweisung......................318

22. Handschrift-Korrektur bei Desorientierung......................333

23. Handschrift-Korrektur für mehrfache mentale Bilder..........345

24. Handschrift-Korrektur bei ungenügender
natürlicher Orientierung......................352

Das Edelstein-Modell......................363

Glossar......................368

Weitere Informationen......................379

Vorwort

Ich war damals gerade mal sieben Jahre alt, aber ich kann mich noch gut an Mrs Clark erinnern, meine Lehrerin in der zweiten Klasse. Die große, mütterliche, liebevolle Frau mit dem starken Südstaatenakzent unterrichtete mit einer Hingabe, die ich immer noch bewundere. Ich war einer ihrer hyperaktivsten Schüler und höre noch heute ihre Stimme, wenn sie mal wieder zu mir sagte: »Tommy, ein leerer Wagen klappert immer!« Oder: »Wenn ein Fisch sein Maul geschlossen hielte, könnte man ihn nicht fangen!« Ich erinnere mich bis heute an das Gefühl der Desorientierung, das ich bekam, wenn sie mir böse war.

Erst als ich dieses Buch von Ron Davis las, verstand ich, was diese Desorientierung bedeutete und woher sie kam. Ron Davis ist ein revolutionärer, tiefgründiger Denker und hat etwas entdeckt, was in die Geschichte eingehen wird als eine der großen Erkenntnisse auf dem Gebiet des Lernens und der Erforschung des Denkens. Seine Arbeit ist bahnbrechend, eine tiefe Einsicht in ein sehr reales Problem.

Rückblickend zeigt sich mir eine weitere Bestätigung für Rons Arbeit. Als ich sechzehn war, lernte ich die Arbeiten von Gurdjieff und Ouspensky kennen. Ich las Ouspenskys *Auf der Suche nach dem Wunderbaren* und *Der vierte Weg*, und begann dann mit einer Technik zu arbeiten, die Ouspensky im späten neunzehnten Jahrhundert von Gurdjieff übernommen hatte: Mache dir einen »Beobachter« oberhalb und hinter deinem Kopf, und schaue dir von dieser Stelle aus alles an, was in deinem eigenen Kopf passiert, und gleichzeitig, durch deinen Kopf und deine Augen hindurch, die Welt, die dich umgibt. Gurdjieffs Technik (dies ist nur ein Teil davon) findet sich in anderen wieder, zum Beispiel bei Vipassana, Achtsamkeit oder den Submodalitäten beim NLP. Gurdjieff behauptete, diese Technik bringe Erleuchtung und erzeuge vielleicht sogar hellseherische Fähigkeiten.

Die Technik aus Ouspenskys Buch gab mir als Jugendlichem eine sehr solide Lebensgrundlage. Ich wende sie nunmehr, mit einigen Variationen, seit vierzig Jahren fast ununterbrochen an. Nun hat Ron eine neue, leichtere und schnellere Version einer ziemlich ähnlichen Technik entwickelt, die man als Werkzeug einsetzen kann, um Lernbehinderungen zu überwinden. Brillant!

Wahrscheinlich fühlen Sie sich beim Lesen dieses Vorwortes selbst ein wenig desorientiert. Ich habe die Begriffe, die ich hier verwende, nämlich nicht erklärt. Und das ist gut so. Es bedeutet, Ihr Verstand sagt Ihnen, dass hier etwas Neues ist, dass Sie bereit sind, etwas zu lernen, und dass Sie einen Einblick in das bekommen, was manche Kinder mit Lernschwierigkeiten täglich erleben.

Weil Ron seine Begriffe und Lösungen so wunderbar erklärt, werde ich dieses Vorwort kurz halten. Ich schlage vor, dass Sie nun mit dem Lesen des folgenden Textes beginnen. Er wird Ihr Verständnis davon, wie manche Kinder und Erwachsene die Welt erleben, für immer verwandeln.

Thom Hartmann
Montpelier, Vermont

Thom Hartmann, Schriftsteller, Unternehmer, Psychotherapeut und weltweiter Vortragsredner, ist der Schöpfer der Metapher: »Jäger in der Welt der Bauern« mit der er ADS und ADHS beschreibt. Er hat acht Bücher über das Aufmerksamkeits-Defizit-Syndrom geschrieben. Jedes seiner Bücher enthält Informationen über Pädagogik, Psychologie und Psychotherapie sowie darüber, wie wir unsere Schulen, Arbeitsplätze und andere Kulturerrungenschaften so verändern könnten, dass sie für alle Kinder und Erwachsenen gut sind, auch für diejenigen mit ADS oder anderen Lernbehinderungen.

Einleitung

Als ich achtzehn Jahre alt war, konnte ich weder lesen noch buchstabieren oder schreiben, obwohl ich einen IQ von 137 hatte. Ich hatte mich jahrelang in der Schule vergeblich bemüht, die Grundlagen des Lesens und Schreibens zu erlernen. Zwar konnte ich mathematische Aufgaben im Kopf lösen, aber ich konnte den Lösungsweg nicht aufzeigen. Ich ging zu einem Arzt, der mir sagte, dass ich niemals das Alphabet meistern oder lesen lernen würde. Er glaubte, mein Gehirn sei bei der Geburt beschädigt worden. Ich akzeptierte seine Diagnose, weil ich glaubte, Ärzte wüssten über solche Dinge alles, was es zu wissen gab, und ich kannte mich ja auch nicht aus.

Dank der Diagnose dieses Arztes verbrachte ich die nächsten zwanzig Jahre damit, mich mit einer schweren Lernbehinderung herumzuschlagen. Ich las weder Bücher noch Zeitungen, und ich saß selten lange genug still, um viel fernzusehen. Was ein durchschnittlicher Mensch in fünf Minuten oder weniger lesen konnte, dafür brauchte ich eine Stunde und länger. Ich konnte in wenigen Sekunden einen kurzen Brief im Kopf entwerfen, aber ihn zu Papier bringen hätte vier bis fünf Stunden gedauert. Diese Tätigkeiten waren mir also nicht generell unmöglich. Sie waren einfach nur so schwer und zeitraubend, dass ich sie nach Möglichkeit umging. Im Jahre 1980 war ich 38 Jahre alt und immer noch funktionaler Analphabet.

Trotzdem habe ich meine Ausbildung abgeschlossen und es bis zum Ingenieur (Certified Mechanical Engineer/Zertifizierter Mechanischer Ingenieur) gebracht.

Aufgrund dieses Hintergrundes und Trainings versuchte ich immer weiter, eine logische Erklärung für meine Probleme mit dem Lesen und Schreiben zu finden. Medizinische Kreise waren mir dabei kaum behilflich. Mittels einer Serie von Selbstversuchen entdeckte ich jedoch eine anfängliche Form dessen, was ich heute »Orientierung« nenne. Ich lernte, meine Wahrnehmung so stabil zu halten, dass die Worte einen Sinn ergaben. In diesem »orientierten Zustand« konnte ich lesen und zwar ohne die bisherigen Probleme. So aufregend ich diesen Erfolg auch fand, merkte ich trotzdem bald, dass ich nur ein Teil von einem riesigen Puzzle entdeckt hatte.

Im Juli 1980 gründete ich das »Reading Research Council« mit Dr. Fatima Ali, einer Schulpsychologin. Unser Ziel war es, die anderen Teile des Puzzles zu finden, sie dann alle zusammenzusetzen und dadurch die Lernprobleme, die mit Legasthenie einhergehen, tatsächlich zu korrigieren.

In der Zeit bis April 1982 hatten wir eine Methode entwickelt, welche wir »Davis-Orientierungsberatung« nannten. Wir eröffneten unser Zentrum, das »Davis Dyslexia Correction Center«, um unser Angebot der Öffentlichkeit zugänglich zu machen und begannen mit Legasthenikern jeden Alters zu arbeiten.

Inzwischen fragen Sie sich wahrscheinlich, was all dies mit Problemen wie Aufmerksamkeit (ADS), Rechnen und Handschrift zu tun hat. Für die meisten Menschen ist Legasthenie ein Problem, das nur das Lesen betrifft, weil dies das landläufige Verständnis von diesem Begriff ist. Aber bald nachdem wir unsere Türen öffneten, begegneten wir zahlreichen Legasthenikern, sowohl Kindern als auch Erwachsenen, die zusätzlich Probleme mit Rechnen und Handschrift hatten und viele der Symptome von AD(H)S zeigten, zum Beispiel beim Aufpassen und Stillsitzen. Manche Menschen hatten nur auf ein oder zwei Gebieten Probleme, einige mit allen dreien, andere nur mit Lesen. Ich selbst hatte Probleme mit Lesen, Handschrift und teilweise ADS. Anfangs dachten wir, diese Probleme stünden in keinem Zusammenhang miteinander, bis wir entdeckten, dass die Anwendung derselben grundlegenden Prinzipien der Orientierung anscheinend auch dazu beitrug, manche dieser Symptome zu korrigieren. Das führte uns dann zu dem Schluss, dass es da vielleicht doch eine Verbindung gab.

Seit mehr als zwanzig Jahren haben wir die ursprüngliche Davis Orientierungsberatung weiter entwickelt und ausgefeilt. Wir haben das Verfahren erweitert und Übungen entwickelt, die auf diese anderen Schwierigkeiten abgestimmt sind. Wir haben mit Tausenden von Klienten gearbeitet und unsere Erfolgsquote beträgt über 90 Prozent.

Je bekannter wir wurden, desto stärker wurde auch die Nachfrage für unsere Arbeit. Wir veröffentlichten unser erstes Buch, *The Gift of Dyslexia (dt. Legasthenie als Talentsignal)* im Jahre 1994 (die deutsche Ausgabe erschien 1996). Es enthält das Verfahren zur Davis-Orientierungsberatung und weitere Übungen, um mit Legasthenikern zu arbeiten. Wir gründeten 1995 die Davis Dyslexia Association International (DDAI) um Fachleute auszubilden, welche die Davis-Legasthenie-Beratung, das Davis-Rechenprogramm und das AD(H)S-Programm durchführen können. Die Ausbildung besteht aus etwa vierhundert Stunden Arbeit in Workshops, Praktika, Praxistreffen und begleiteten Trainingswochen. Mit dieser Ausbildung können Davis-Berater mit den meisten Symptomen und Charakteristika von Lernproblemen arbeiten, denen sie begegnen.

Zurzeit wird die Ausbildung zum Berater in mehreren Sprachen weltweit angeboten. Letztes Jahr haben mehr als zehntausend Kinder und Erwachsene ihre Symptome von Legasthenie, AD(H)S, Handschrift- und Rechen-Problemen erfolgreich beseitigt.

Deshalb wollen wir Ihnen nicht nur eine alternative Theorie für verschiedene Lernprobleme zeigen, sondern Ihnen vielmehr eine Methode zu ihrer Lösung an die Hand geben. Man muss zunächst einmal die wahre Natur eines Problems verstehen, um eine wirkliche Lösung dafür finden zu können. Wenn Sie ein Problem nicht vollständig verstanden haben, werden in der Regel die Lösungsversuche nicht sehr wirkungsvoll sein. Deshalb will ich zunächst mein Wissen über und mein Verständnis von diesen Problemen darstellen und dann aufzeigen, wie sie korrigiert werden können. Verwenden Sie dieses Buch, um jemandem zu helfen, seine eigenen Lernprobleme zu überwinden, indem Sie ihn Schritt für Schritt durch den Korrekturprozess führen.

Der erste Teil dieses Buches beinhaltet die Grundlage unserer Theorie von Orientierung, Desorientierung und Bilderdenken sowie ihre Beziehung zu AD(H)S, Rechnen und Handschrift. Im zweiten Teil bieten wir unser »Grundlegendes Werkzeug-Paket« an, das die Techniken unserer ursprünglichen Orientierungsberatung beinhaltet. Die meisten, wenn nicht gar alle diese Techniken, müssen ausgeführt werden, ehe man zu den spezifischen Übungen für AD(H)S, Rechnen oder Handschrift übergehen kann. Obwohl mir klar ist, dass viele von Ihnen versucht sein werden, gleich zu den Übungen überzugehen, möchte ich Ihnen eindringlich dazu raten, erst den theoretischen Teil dieses Buches zu lesen, ehe Sie zum praktischen Teil übergehen.

Wenn Sie sich als Elternteil sorgen, weil Ihr Kind als »lernbehindert« eingestuft wurde, oder wenn Sie als Lehrer einem bestimmten Kind weiterhelfen möchten, dann haben Sie dieses Buch gekauft, weil Sie sich weigern, anzunehmen, dass das Kind seine Probleme nicht überwinden kann. Folgende Fragen sollten Sie sich stellen, ehe Sie weiterlesen:

Wie verstehe ich das Problem des Kindes?
Woher habe ich diese Information über das Kind?
Was wird getan, um das Problem zu korrigieren?
Macht das Kind Fortschritte?
Versagt das Kind im System oder versagt das System bei diesem Kind?
Glaube ich wirklich, dass noch mehr Arbeit mit denselben Methoden,

die bisher versagt haben, jemals zum Erfolg führen wird?
Bin ich offen dafür, neue Ideen und Lösungen auszuprobieren?

Vor mehr als zwanzig Jahren habe ich dank einer persönlichen Erfahrung begonnen, mein Verständnis von meiner eigenen Lernbehinderung zu hinterfragen. Ich entdeckte, dass mein Gehirn keine Fehlfunktion hatte und fand daraufhin Lösungen, erst für mich selbst, dann für meinesgleichen. Diese Lösungen möchte ich in diesem Buch vermitteln.

Ronald D. Davis

ERSTER TEIL

Der Prozess des Lernens und mögliche Probleme

1.
Lernen und Lernbehinderungen definieren

Das Wort »lernen« hat viele verschiedene Bedeutungen, die man in sehr vielen verschiedenen Büchern nachschlagen kann. Ich habe den Begriff einfach in meinem bevorzugten Wörterbuch nachgelesen, dem *The New Lexicon Webster's*. Folgendermaßen wird dort *lernen* definiert:

> lernen: Wissen von oder Fähigkeit in etwas erwerben,
> durch Studium, Übung oder Erfahrung,
> - auswendig lernen - etwas kennen lernen oder auf
> etwas aufmerksam werden.

Offensichtlich beschreibt diese Definition verschiedene Ebenen oder Grade von Lernen.

Wissen von etwas bedeutet nicht unbedingt, dass Sie etwas damit anfangen können. Dazu braucht es auch *Fähigkeit.* Genauso ist es möglich, dass ein Schüler etwas auswendig lernt, ohne irgendein Wissen oder Verständnis davon zu haben. Ein Grundschüler kann zum Beispiel das ganze Einmaleins aufsagen und dennoch die einfachsten Rechenaufgaben nicht lösen. Etwas *kennen lernen* beinhaltet das Ziel, dieses Wissen nutzen zu können, während auf Tatsachen oder Zahlen aufmerksam zu sein das nicht tut.

Unter den Methoden zum Erwerb von Wissen sind *Studieren*

und *Unterrichten* die beiden häufigsten Methoden zur Vermittlung der meisten Fächer. *Übung* und *Erfahrung* sind dabei zweitrangig. Prüfungsergebnisse bilden hauptsächlich ab, wie viel Information ein Schüler auswendig lernen und wieder »abspulen« kann.

Wenn jemand im wirklichen Leben etwas leisten will, wird das offensichtlich genügend Übung und Erfahrung erfordern, um das zu erreichen, was ich *beherrschen* nenne – eine Aufgabe so zu meistern, dass man nicht darüber nachdenken muss. Dann ist eine Fähigkeit selbstverständlich geworden. Ironischerweise ist dies die Lernebene, auf der viele »Lernbehinderte« sich besonders auszeichnen, wenn sie etwas wirklich lernen wollen und einen Unterricht bekommen, dem sie auch folgen können.

WAS IST BEHINDERUNG?

Es ist offensichtlich, dass manche Schüler Schwierigkeiten haben, Informationen aufzunehmen oder gewisse Fähigkeiten in der Schule zu erwerben. In den USA betrifft es laut Bildungsministerium etwa einen von sieben. Diese Schüler werden meistens als »lernbehindert« bezeichnet. Das Wort *behindert* bedeutet, dass jemand »physisch oder geistig unfähig zu etwas ist«. Wenn Sie diese Definition nun zu der des Lernens hinzufügen, dann heißt *Lernbehinderung*, dass jemand physisch oder geistig unfähig ist, bestimmte Dinge zu lernen.

Heute sind mehr als achtzig verschiedene Lernbehinderungen definiert und untersucht worden. Wissenschaftler und Akademiker sind fleißig damit beschäftigt, Studien in Fachzeitschriften zu veröffentlichen, die verschiedene Theorien untermauern. Wenn diese dann von den Medien auf-genommen werden, akzeptiert die Öffentlichkeit sie in der Regel als »wissenschaftlich erwiesen«. Dennoch gibt es dabei so viele Widersprüche, dass wir uns fragen müssen: Welche Theorie stimmt? Welche sollen wir glauben?

Ansätze

Es gibt zurzeit zwei grundlegende Theorien über Lernbehinderung. Die Genetiker sagen, dass alles in den Genen begründet sei.

Auf der anderen Seite stehen diejenigen Forscher, die Anomalien der Gehirnstruktur untersuchen, die vielleicht auf genetische Mutationen oder auch Geburtsfehler zurückzuführen sind. Beide Gruppen behaupten, die Antworten gefunden zu haben.

Ist Legasthenie genetisch bedingt?

Innerhalb der letzten Jahrzehnte haben namhafte Wissenschaftler und Universitäten verschiedene Studien veröffentlicht, die alle behaupteten, das »Legasthenie-Gen« identifiziert zu haben - aber jede Studie hatte ein anderes verantwortliches Gen gefunden.

Es gibt eine wachsende Menge wissenschaftlicher Beweise dafür, dass Legasthenie vererbt wird. Ich würde sagen, die Veranlagung, Legasthenie oder eine der in diesem Buch beschriebene Lernbehinderung zu entwickeln, ist vererbbar.

Eine überzeugende Studie mit eineiigen Zwillingen konnte zeigen: Wenn einer der beiden Legastheniker war, so war die Wahrscheinlichkeit für Legasthenie beim anderen Zwilling etwa doppelt so hoch wie beim Durchschnitt - aber nicht zwingend. Eineiige Zwillinge sind genetisch identisch, demnach deutet diese Studie an, dass zufällige Entwicklungseinflüsse zu circa 50 Prozent für die Entwicklung von Legasthenie in der Kindheit verantwortlich sind. Mit anderen Worten: Die Ursache für Legasthenie ist in etwa zur Hälfte Vererbung, zur Hälfte entwicklungsbedingt.

**Sind Anomalien der Gehirnstruktur verantwortlich?**

Laut manchen Theoretikern sind die Nervenzellfortsätze im Balken des Gehirns zu groß. Andere behaupten, dass bestimmte Regionen im Gehirn zu viele oder zu wenige Nervenzellfortsätze hätten. Wieder andere sagen, das Aufmerksamkeits-Defizit-Syndrom werde durch zu viele oder zu wenige Rezeptoren für bestimmte Botenstoffe verursacht.

Einige Studien, in denen Gehirnaufnahmen von Legasthenikern und Nicht-Legasthenikern verglichen wurden, weisen auf bestimmte biologische Anomalien, vor allem im linken Scheitellappen (Parietallappen), hin. Wenn ein Legastheniker versucht zu lesen, zeigen diese Aufnahmen eine geringere Aktivität im Hinterlappen des Gehirns bei einer gleichzeitigen Überaktivität im Stirnlappen. Allerdings beschäftigen sich diese Studien meiner Ansicht nach nicht mit der Wirkung, die eine (ausgeprägte Fähigkeit zur) Desorientierung auf die frühkindliche Entwicklung und die frühe Entwicklung von Gehirnstrukturen und Funktionen haben kann.

Im Laufe der letzten Jahre haben Wissenschaftler festgestellt, dass unser Gehirn seine wesentliche Programmierung bis zum dritten Lebensjahr entwickelt. Während sich die neuronalen Wege, die stimuliert werden, entwickeln, werden diejenigen, die nicht benutzt werden, stillgelegt, weswegen Milliarden von nicht benutzten Gehirnzellen ganz einfach durch Nichtgebrauch verkümmern.

Natürlich haben wir trotzdem noch einen Überschuss an Gehirnzellen, außerdem können stillgelegte neuronale Wege im Laufe des ganzen Lebens durch Stimulation geöffnet werden. Sonst könnten wir nicht im Laufe der späteren Kindheit und Jugend oder als Erwachsene immer neue Dinge lernen.

Wer hat Recht?

Nun haben wir ein Dilemma: Was *können* wir glauben? Wir haben drei Möglichkeiten: Entweder sind manche Theorien richtig und manche falsch, oder alle sind richtig oder alle sind falsch. Die spontane Reaktion ist: Manche sind richtig und manche falsch. Die zynische ist: Sie sind alle falsch. Beide dieser Reaktionen verunglimpfen die Integrität der Forscher und ich denke, das ist nicht angemessen. Denn mit Sicherheit können wir nur Eines behaupten, nämlich dass die Forschung unvollständig ist.

Nehmen wir einmal an, alle Forschungsergebnisse seien richtig, wenn auch unvollständig. Aus meiner Sicht haben beide Gruppen etwas ganz Wichtiges außer Acht gelassen: die Komponente Entwicklung. Wenn wir diese berücksichtigen, können wir verstehen, dass die Forscher zutreffende Daten gesammelt haben, selbst wenn vieles davon, oberflächlich betrachtet, sich zu widersprechen scheint.

Wenn wir nun bedenken, dass unterschiedliche Lernstile im Allgemeinen auch von besonderen Begabungen oder speziellen Fähigkeiten begleitet werden, müssen wir die Möglichkeit einräumen, dass diese Menschen besondere Gaben, besondere Talente haben könnten. Sie können etwas mit ihrem Gehirn tun, das als »ungewöhnlich« gilt.

Die Annahme, eine Begabung werde durch nur ein Gen weitergegeben, scheint nicht wahrscheinlich. Vermutlich braucht es dafür eine Gruppe von Genen. Wenn man Lernunterschiede als verborgene Begabungen betrachtet, die sich zu verschiedenen Talenten entwickeln, muss man von mehr als einem beteiligten Gen ausgehen.

Was die strukturellen Anomalien betrifft, haben neue Studien gezeigt, dass die Struktur des Gehirns sich wesentlich verändert, je nachdem wie es in den ersten Lebensjahren verwendet wird. Andere Studien zeigen, dass das Gehirn sich lebenslang sehr viel besser beständig neu programmieren kann, als wir noch vor wenigen Jahren annahmen. Wenn wir also manche dieser Anomalien als das *Resultat* davon ansehen, wie manche Menschen ihr Gehirn benutzen und nicht als die Ursache, können wir verstehen, warum diese Anomalien existieren. Tatsächlich wären sie *erwartbar*.

Begabungen und Talente lassen sich nicht so leicht durch wissenschaftliche Methoden untersuchen, also wird es vielleicht niemals einen wissenschaftlichen Beweis dafür geben, dass Legasthenie tatsächlich eine Begabung, ein Talentsignal, ist. Die menschliche Vielfalt wird wahrscheinlich nie eine für alle legasthenen oder AD(H)S-Gehirne einheitliche DNA-Landkarte ermöglichen. Es gibt empirische Untersuchungen, die zeigen, dass die Lern- und Verhaltensprobleme die mit Legasthenie und AD(H)S zusammenhängen, ohne chemische oder physische Intervention korrigiert werden können. Dies ist verhältnismäßig einfach, wenn wir die natürlichen Fähigkeiten und brachliegenden Talente einer Person benutzen, um die sie begleitenden Schwierigkeiten zu überwinden.

EINE UMFASSENDERE DEFINITION VON »LEGASTHENIE«

Als wir die Strategien zur Überwindung der mit der Legasthenie verbundenen Leseprobleme entwickelten, entdeckten wir zwei gemeinsame Stränge, die eine Vielzahl von Lernbehinderungen verbanden: *nonverbales Denken* (also in multisensorischen Bildern) und *Desorientierung*. Im Laufe der Jahre, während wir verschiedene Strategien entwickelten, um die einzelnen Lernbehinderungen zu überwinden, wurde die Theorie, die unserer Arbeit zugrunde lag, als *Davis-Theorie* bekannt. Obwohl wir mit Lernbehinderungen im Allgemeinen arbeiteten, benutzten wir weiterhin das Wort, mit dem wir unsere Arbeit begonnen hatten: Legasthenie. Die Probleme der Aufmerksamkeit (ADS/ADHS), Dyskalkulie (Rechnen und Mathematik) und Dysgraphie (Handschrift) sind allesamt vermeintliche Lernbehinderungen, die auf den ersten Blick nicht verwandt scheinen. Zwanzig Jahre empirischer Beweise zeigten aber, dass sie nicht nur verwandt sind, sondern dass sie unterschiedliche Gesichter oder Facetten ein und desselben Zustandes sind. Häufig sind sie weitere Gesichter von Legasthenie. Diese Erkenntnis erlaubte uns die Lösungen zu finden, die in diesem Buch beschrieben werden. Wenn ich also im folgenden Text von Legasthenie spreche, sind stets auch ihre anderen Gesichter, AD(H)S, Dyskakulie und Dysgraphie, gemeint.

Die Davis-Theorie

Allgemein wird anerkannt, dass Menschen zweierlei Begriffsbildung verwenden, um zu denken - verbale und nonverbale. *Verbale Begriffsbildung* bedeutet, hauptsächlich mit dem Klang von Symbolen und Worten zu denken. *Nonverbale Begriffsbildung* bedeutet, hauptsächlich in (multisensorischen Anm. d Hrsg.) inhaltlichen Bildern zu denken.

Die meisten Erwachsenen benutzen bis zu einem bestimmten Grade beides: Sie haben gelernt, den Klang eines Wortes oder sein gedrucktes Bild mit einem inneren Bild zu verbinden. In Worten denken muss hingegen erlernt werden, was jedoch nicht möglich ist, solange ein Kind nicht sprechen gelernt hat. Manche Kinder lernen es später als andere. Wenn man mit der »Begabung der Legasthenie« geboren wird, verschiebt sich die Entwicklung des Denkens in Worten im Allgemeinen bis mindestens zum neunten Lebensjahr. Demnach ist offensichtlich, dass das Denken in Bildern die ursprüngliche, grundlegende Art ist, wie Menschen denken: Man kann es von Geburt an.

Bilderdenken

Das Denken in Bildern ist die Art zu denken, welche der hier beschriebenen Strategien zur Problemlösung zugrunde gelegt wird. Deshalb wollen wir uns mit diesem Prozess hier nun eingehender beschäftigen. Schließlich müssen wir die Anatomie eines mentalen Bildes vollständig verstehen, um zu wissen, was da geschieht.

Wenn wir bedenken, dass in Bildern zu denken auch 'sich etwas vorstellen' heißt und dass es keine offensichtlichen Grenzen der Vorstellung gibt, so scheint es erst mal unmöglich, eine Anatomie dieses Prozesses zu entwickeln. Einerseits stimmt das. Wir können uns eine perfekte Welt vorstellen oder auch die Zerstörung allen Seins. Es gibt keine Grenzen für das, was wir uns vorstellen können.

Grenzen des Bilderdenkens

Andererseits hat die mechanische Seite der Vorstellung sehr wohl Grenzen. Diese Grenzen sind nicht inhaltlich, sondern liegen in der Art, wie die Vorstellung gebildet wird. Ein mentales, inneres Bild kann Folgendes enthalten:

- nichts,
- eine Farbe,
- verschiedene Farben, auch solche, die in der Natur nicht vorkommen,
- eine Form mit irgendeiner Farbe,
- viele Formen jeder Farbe oder vieler Farben, einen Geruch oder viele Gerüche,
- einen Geschmack oder viele Geschmäcker,

- ein Gefühl oder viele Gefühle (Berührung, Gleichgewicht, Bewegung), einen Klang oder ein Zusammenspiel von Klängen, eine Emotion.

Im Wesentlichen ist ein mentales Bild einer Momentaufnahme aus einem holographischen Film sehr ähnlich, aber es beinhaltet viel mehr als nur Bilder und Töne. Es enthält Elemente aus der ganzen Skala menschlicher Wahrnehmungsmöglichkeiten. Wir nennen es wahrscheinlich deshalb mentales »Bild«, weil der Sehsinn dabei der stärkste ist und wir ein Bild erkennen. Wir bezeichnen einfach das gesamte Paket als »Bild«, um ihm einen Namen zu geben.

Allerdings gibt es eine Einschränkung, die wir bedenken müssen. Im Allgemeinen ist nonverbale Begriffsbildung ein unterschwelliger Prozess. Er geht schneller vonstatten, als wir uns bewusst machen können. Wir sind in der Lage, unsere Vorstellung zu benutzen, um den Prozess zu verlangsamen und die einzelnen Bilder zu sehen, und wir können vielleicht sogar ein einzelnes Bild einfrieren. Läuft sie dagegen in normaler Geschwindigkeit ab, sehen wir gar nichts. Schlussfolgerungen und Lösungen scheinen sich intuitiv einzustellen.

Es ist ganz normal, dass ein Mensch, der in Bildern denkt, nicht weiß, was er denkt. Es passiert oft, dass die Eltern eines bilderdenkenden Kindes fragen: »Was denkst du gerade?«, und zur Antwort bekommen: »Nichts« oder »Ich weiß nicht.« Die Antwort »Ich weiß nicht.« stimmt meist; sie haben oft wirklich keine Ahnung.

Legasthenie und Bilderdenken

Legastheniker denken ganz selbstverständlich überwiegend in Bildern und Sinneseindrücken, anstatt innerlich Wörter, Sätze oder gar Selbstgespräche zu verwenden. Weil diese Art zu denken unterschwellig ist, bleibt für die meisten Legastheniker unbewusst, was in ihrem Denken vor sich geht.

Bilder-Denker gehen für gewöhnlich mit ganzheitlicher Logik vor, wenn sie ihre Umwelt untersuchen. Meistens können sie ausgezeichnet Strategien entwickeln, sind kreativ, handwerklich begabt und »sehen« leicht Lösungen für Probleme in der realen Welt. Linearen Gedanken zu folgen, die Schritt für Schritt auf Worte aufbauen, gelingt ihnen dagegen nicht so gut. Wenn Sie sich das Bild von einem Hund anschauen, nehmen Sie nicht erst den Schwanz und die Hüfte, dann die Beine und Schultern und schließlich Kopf, Ohren und Nase wahr und verknüpfen diese, um zu wissen, dass Sie einen Hund sehen. Sie sehen alles auf einmal und denken: »Hund«. Wenn Sie meistens oder immer in Bildern dächten, würden Sie Dinge oder Situationen als Ganzes betrachten, um sie zu verstehen, anstatt sie zu analysieren, daraus Schlussfolgerungen zu ziehen und jedes einzelne Stückchen Wissen gesondert aufzunehmen.

Bilder-Denker entwickeln auch meistens eine ausgeprägte Vorstellungsgabe. Sie denken in Bildern oder Gefühlen, um Probleme zu lösen, nicht in Wörtern. Wenn sie verwirrt (oder fasziniert) sind, werden sie sich desorientieren, um in Gedanken ein Objekt herumzudrehen und es von verschiedenen Seiten oder Blickwinkeln aus zu mustern. Durch diese Art zu denken entwickeln sie viele einmalige Fähigkeiten und Talente.

Bilderdenken und Desorientierung

Diese Fähigkeit kann auch die Grundlage für ein Problem sein. Wenn jemand *desorientiert* wird, verzerrt sich seine Wahrnehmung dessen, was er gerade betrachtet. Wie ich im nächsten Kapitel erläutern werde, erlebt jeder Mensch einen Zustand der Desorientierung, der einer optischen Täuschung aufsitzt oder der irreführenden Sinneswahrnehmungen ausgesetzt ist. Aber viele Bilder-Denker lernen schon früh im Leben, die Gabe der Desorientierung einzusetzen. Sie reagieren irgendwann automatisch so auf verwirrende Wahrnehmungen und verwenden Desorientierung, um Probleme kreativ zu lösen. In der wirklichen Welt scheint dies zuverlässig zu funktionieren.

Wenn aber ein Kind in die Schule kommt und versucht, die Symbole der Sprache zu erlernen, dann wird Desorientierung zum Hindernis. Weil dem Kind schon in einem einzigen Satz zahlreiche Ursachen für Verwirrung begegnen, entsteht spontan eine Desorientierung nach der anderen. Wenn sich das Hauptproblem im Lesen zeigt, bekommt das Kind das Etikett Legasthenie. Wenn die Desorientierung den Zeitsinn verzerrt und seine Aufmerksamkeit dazu bringt, umherzuspringen, heißt es ADS. Bei Problemen im Rechnen, heißt es Dyskalkulie. Wenn sie eine schlechte Handschrift zur Folge hat, heißt es Dysgraphie.

Wenn Legastheniker versuchen, Symbole zu interpretieren, die keine mentalen Bilder erzeugen, werden sie verwirrt und deshalb desorientiert. Dies führt zu den bekannten Symptomen wie Austauschen, Auslassen, Verdrehungen, Verwechslungen beim Lesen oder Schreiben von Buchstaben, Zahlen und Wörtern. Desorientierung kann auch Hyperaktivität und Aufmerksamkeitsprobleme verursachen. Anweisungen Schritt für Schritt zu befolgen oder Rechenschritte in einer bestimmten Reihenfolge zu machen, kann sich für die Betreffenden als unmöglich erweisen.

Desorientierung ist nicht auf visuelle Wahrnehmung beschränkt. Sie kann auch dazu führen, Wörter falsch zu hören, ebenso gesprochene Wörter oder die Satzreihenfolge zu verdrehen. Der Zeitsinn kann bei einem desorientierten Menschen verzerrt und die Motorik verlangsamt sein.

Die wiederholten Fehler, die durch die verzerrte Wahrnehmung gemacht werden, führen zwangsweise zu emotionalen Reaktionen, Frustration und schwindendem Selbstwertgefühl. Um diese Probleme zu bekämpfen, wird jeder Legastheniker individuelle Lösungsversuche unternehmen und dabei zwanghafte Verhaltensweisen entwickeln. Wir nennen sie »alte Lösungen«. Einige Bespiele sind: Auswendiglernen, das Abc-Lied, Mama dazu bringen, die Hausaufgaben zu machen, frech zu sein, unleserliche Handschrift, um schlechte Rechtschreibung zu vertuschen, geschickte Täuschungsmanöver sowie der Versuch, alles, was mit Schule oder Lesen zu tun hat, zu vermeiden.

Diese Entwicklung kann schon mit sechs oder sieben Jahren anfangen. Wenn ein Legastheniker erwachsen ist, hat er oft ein vielfältiges, hochkompliziertes Repertoire solcher Verhaltensweisen verinnerlicht. Nun beginnen wir, die ganze Breite der Symptome, Charakteristika und Verhaltensweisen zu sehen, die im Allgemeinen mit Legasthenie, ADS, Rechen- und Handschriftproblemen verbunden sind.

Der wichtigste Teil der Davis-Theorie zur Überwindung von Legasthenie ist die Beobachtung, dass Desorientierung entsteht, wenn ein Symbol – ein geschriebenes Wort – kein inneres Bild erzeugt und deshalb für den Legastheniker auch keine Bedeutung hat. Diese Desorientierung verursacht dann ihrerseits Fehler. Wenn wir einem Legastheniker zeigen, wie er Desorientierung verhindern kann, sobald sie entsteht; wenn wir ihm helfen, die symbolische Information zu finden und zu beherrschen, welche sie ausgelöst hat, dann verschwinden allmählich die Probleme, die er mit Lesen, Rechnen, Schreiben und Rechtschreibung hat. Und die »alten Lösungen« verschwinden gleich mit, weil sie nicht mehr gebraucht werden und auch nicht mehr hilfreich sind.

2.
Orientierung und Desorientierung

Das Prinzip der Orientierung hat hauptsächlich mit der Wahrnehmung zu tun. Unsere Wahrnehmung sagt uns, wo wir in unserer Umgebung sind. Wir sind im Zustand der Orientierung, wenn wir unseren Standort und unsere Lage wahrnehmen. Wir verwenden all unsere Sinne, um uns zu orientieren: Sehen, Hören, Tasten, Gleichgewicht, Bewegung, Geruch, Geschmack sowie Zeitgefühl. Wenn wir auf Grund unserer Wahrnehmungen wissen, wo sich die Dinge in unserer Umgebung befinden, dann können wir uns in die richtige Beziehung zu ihnen bringen. Wenn Sie Ihr Auto fahren wollen, setzen Sie sich nicht auf den Rücksitz. Ein Zustand der Orientierung kann nur bestehen, wenn die Wahrnehmungen zutreffend sind. Darauf aufbauend, würde ich *Orientierung* folgendermaßen definieren:

(Substantiv) 1. ein Zustand, in dem jemand die Umwelt korrekt wahrnimmt.
2. sich angemessen in die Umgebung hineinstellen, sich orientieren.
(Verb, transitiv) 3. sich wieder angemessen in die Umgebung hineinstellen. 4.
sich so ausrichten, dass die Wahrnehmung korrekt ist.

Komplizierter ist es, den Begriff der Desorientierung zu definieren. Es wäre leicht, einfach zu sagen, *Desorientierung* ist das Gegenteil von *Orientierung*. Auf Grund der obigen Definition von Orientierung wäre Desorientierung dann:

(Substantiv) 1. ein Zustand, in welchem jemand die Umwelt nicht korrekt wahrnimmt. 2. sich nicht angemessen in die Umgebung hineinstellen, sich desorientieren.
(Verb, transitiv) 3. sich in die Umgebung nicht wieder richtig hineinstellen. 4. sich nicht so ausrichten, dass die Wahrnehmung korrekt ist.

Ich will nicht, dass dies komplizierter klingt als es sowieso schon ist, dennoch möchte ich zwischen einfachem Verwirrtsein und tatsächlich verzerrter Wahrnehmung unterscheiden. Für unsere Zwecke sollten wir den Begriff »Desorientierung« darauf begrenzen, dass die Wahrnehmung, die jemand von seiner Umgebung hat, nicht korrekt ist.

EIN NATÜRLICHER ZUSTAND VON DESORIENTIERUNG

Indem wir Orientierung und Desorientierung definieren, deuten wir an, dass es eine natürliche Orientierung gibt. Unserer Erfahrung nach stimmt das. Aber das scheint anzudeuten, dass jeder Mensch eine natürliche Orientierung hat, bei der die Wahrnehmungen korrekt sind, und genau das sollte wiederum nicht angenommen werden. Unsere Forschungen und Erfahrungen haben ergeben, dass natürliche Orientierung zwei Seiten hat: *Beständigkeit* der Wahrnehmung und *Genauigkeit* der Wahrnehmung. Eine natürliche (oder gewohnte) Orientierung stellt zwar beständige Wahrnehmungen her, aber diese können richtig oder falsch sein. Den meisten Menschen genügt die beständige Wahrnehmung - sie erscheint ihnen korrekt. So sieht jeder Mensch die Farbe Rot ein wenig anders. Wenn zwei Menschen roten Mohn anschauen, kommt dieser dem einen mehr orange, dem anderen mehr purpurn vor.

Alle Menschen desorientieren

Nicht nur Legastheniker erleben Desorientierung. Die meisten Menschen sind hin und wieder desorientiert.

Wenn Sie sich zum Beispiel einige Male schnell um sich selbst drehen und dann innehalten, werden Sie desorientiert sein. Ihr Sehvermögen wird beeinträchtigt sein, die Umgebung wird sich scheinbar immer noch drehen und Sie werden Schwierigkeiten haben, geradeaus zu gehen oder aufrecht zu stehen, besser gesagt »sich angemessen in die Umgebung hineinzustellen«.

Es gibt noch ein gutes Beispiel: Sie sitzen in einem stehenden Fahrzeug und außerhalb des Fahrzeuges bewegt sich etwas. Dadurch entsteht bei Ihnen die falsche Wahrnehmung, dass Sie sich bewegen. Denken wir etwa an eine Autowaschanlage: Man bekommt leicht das Gefühl sich zu bewegen, wenn die Wasserstrahlen an den Fenstern vorbeirauschen. Die visuelle Wahrnehmung von Bewegung verursacht eine Desorientierung, welche dann den falschen Eindruck einer eigenen Bewegung vermittelt. Das Gleiche kann passieren, wenn Sie an einer roten Ampel stehen. Möglicherweise haben Sie den Eindruck, dass Ihr Wagen *vorwärts* rollt, obwohl in Wirklichkeit der Wagen vor Ihnen *rückwärts* rollt.

Wir können einen Zustand von Desorientierung auch mit chemischen Stoffen herbeiführen. Zu viel Alkohol kann den Eindruck vermitteln, dass der Raum sich dreht oder auch unseren Zeitsinn und unsere Sprache verzerren. Der Alkohol verursacht Desorientierung, also nimmt die Person ihre Umgebung nicht mehr korrekt wahr. Deshalb schwankt ein Betrunkener, kann vielleicht nicht auf einem Bein stehen oder erbricht womöglich.

Sehr starke Emotionen können ebenfalls einen Zustand von Desorientierung bewirken. Tiefgründige Furcht oder extreme Angst kann einen Menschen desorientieren und eine Panikattacke verursachen. Ist ein Mensch dann desorientiert und beginnen sich seine Wahrnehmungen zu verzerren, sieht er möglicherweise etwas, das gar nicht stattfindet. Das Zeitgefühl wird verzerrt sein, ebenso wie viele andere Wahrnehmungen, zum Beispiel die der Bewegung. Im Allgemeinen wird die Person ihre eigenen schlimmsten Ängste erleben.

Wir sollten auch bedenken, dass es verschiedene Grade der Desorientierung gibt. Sich schnell um sich selbst zu drehen, hat nicht unbedingt einen Sturz zur Folge. Zu viel Alkohol verursacht nicht unbedingt Erbrechen. Furcht bedingt nicht immer eine voll ausgewachsene Panikattacke. Die Desorientierung, die ein Legastheniker erfährt, kann in einem ähnlichen Maße variieren.

Das Experiment mit der Schwindelmaschine

1982 wollte ich sehen, ob die Symptome von Desorientierung bei legasthenischen und nicht-legasthenischen Gehirnen verschieden sind. Ich führte einen einfachen Versuch durch, bei dem ich eine Scheibe mit aufgemalter Spirale auf einen alten Plattenspieler montierte, ihn hochkant hinstellte und dann Legastheniker und Nicht-Legastheniker bat, in die Spirale zu starren und abzuwarten, ob diese sie desorientierte. Die Symptome waren einheitlich. Niemand konnte sagen, wie schnell die Scheibe rotierte. Allen fiel es schwer, einzuschätzen, wie viel Zeit vergangen war, Zungenbrecher zu wiederholen und im Gleichgewicht zu bleiben. Vielen wurde sogar schlecht.

Meine legasthenischen Schüler erkannten die Verzerrungen sofort als ähnlich, wenn nicht sogar identisch mit denjenigen, die sie beim Lesen erlebten. Ein Jugendlicher wurde während des Experiments ganz aufgeregt und sagte: »Das ist es! Das ist meine Legasthenie! So fühlt es sich an, wenn ich lesen muss!« Später, als wir fertig waren, meinte er: »Wenn ich nur meinen Vater dazu bringen könnte herzukommen und sich vor dieses Ding zu setzen. Wenn er dann in den Eimer erbrechen müsste, könnte ich ihm vorwerfen, er sei nur faul!« Nicht-Legastheniker, vor allem Eltern, konnten durch diesen Versuch die Probleme ihrer Kinder wesentlich besser verstehen.

Wenn Ihnen die oben genannten Beispiele bekannt vorkommen, dann können Sie verstehen, was ein Legastheniker im Zustand der Desorientierung fühlt, sieht oder hört.

Bald nach dem Beginn meiner Forschung wurde mir klar, dass alle legasthenischen Symptome beim Lesen im Grunde Symptome von

Desorientierung waren. Wenn ein Legastheniker ausreichend verwirrt ist, wird er spontan desorientieren, ohne es zu merken.

Bei Problemen, die mit ADS, Mathematik oder Handschrift zu tun haben, ist das nicht so. Hier treten die Folgen der Desorientierung im Laufe der frühkindlichen Entwicklung auf, lange ehe ein Kind alt genug ist, zur Schule zu gehen. Für manche Kinder wirken ihre natürliche Orientierung und ihre mentale Fähigkeit sich zu desorientieren schon in einer sehr frühen Entwicklungsphase zusammen. Dabei bringt die verzerrte Wahrnehmung ihrer Umgebung sie dazu, eine alternative Realität oder ein anderes Verständnis von so wichtigen Lebensbegriffen wie Konsequenz, Ursache und Wirkung, Veränderung und so weiter zu entwickeln. Das Etablieren dieser alternativen Realitäten kann zur Entwicklung von ADS und, bis zu einem gewissen Grad, zu Schwierigkeiten mit Mathematik und der Handschrift führen.

Um eine solide Grundlage für diese Entwicklungstheorie zu haben, müssen wir uns noch eingehender damit beschäftigen, wie Desorientierung die Entwicklung beeinflussen kann.

DESORIENTIERUNG UND KINDLICHE ENTWICKLUNG

Im Laufe unseres Lebens lehrt die Erfahrung jeden von uns all das, was wir brauchen, um weiterzuleben. Als Kinder lernen wir das, was wir brauchen, um als Erwachsene zu leben. Weil diese Lektionen auf Erfahrung beruhen, wird das so Angenommene verinnerlicht und damit zu einem Teil von uns. Dieser Prozess ist universell.

Durch diesen Lernprozess wachsen und reifen wir. Er ist so natürlich, dass es den meisten Menschen niemals einfallen würde ihn zu hinterfragen. Um aber bestimmte Lernbehinderungen zu verstehen, müssen wir seine Verlässlichkeit hinterfragen. Denn verschiedene Faktoren können diesen natürlichen Prozess derart negativ beeinflussen, dass er zur Behinderung beiträgt.

Der Einfluss von Desorientierung auf eine Lebenserfahrung

Wenn eine Gruppe von Menschen eine gemeinsame Lebenserfahrung durchmacht, lernt dadurch trotzdem jeder Einzelne etwas anderes. Das bereits vorhandene Erfahrungswissen eines jeden wird zu einem Filtersystem, durch welches das gegenwärtige Geschehen interpretiert wird. Dies wiederum begrenzt oder beeinflusst unser Verhalten in einer bestimmten Umgebung.

Als Sie noch ein Kind waren, hat Sie vielleicht mal jemand gefragt, ob Sie Achterbahn fahren wollen. Sie haben entweder ja oder nein gesagt. Wenn Sie gefahren sind, hat es Ihnen entweder gefallen oder Sie wollten es nicht noch einmal tun. Diese Reaktionen kamen durch die Begrenzungen des bei Ihnen bereits vorhandenen mentalen Filtersystems zustande. Und die Erfahrung der Achterbahnfahrt beeinflusste dann Ihr zukünftiges Verhalten.

Wenn wir betrachten, welchen Einfluss Desorientierung auf eine Lebenserfahrung hat, dann passiert mehr als nur die Begrenzung von innen durch das Filtersystem. Der Lernprozess wird beeinflusst werden und das wird wiederum das Filtersystem verändern.

Wir gewinnen Wissen nur durch Lebenserfahrungen, die uns bewusst werden. Wir nehmen nur Lebenserfahrungen wahr, die wir sehen, fühlen, hören, schmecken und riechen. Wenn Sie im Schlaf ein leichtes Erdbeben erlebten, wäre es Ihnen nicht bewusst. Sie würden kein Wissen dadurch gewinnen, weil Sie es nicht bewusst erlebt hätten. Wenn das Rütteln Sie jedoch aufgeweckt hätte, dann würden Sie sehen, fühlen und hören was passiert. Es wäre Ihnen nicht nur bewusst, sondern Sie würden durch diese Lebenserfahrung auch neues Wissen erwerben.

Also hängt die Realität einer Lebenserfahrung davon ab, ob sie wahrgenommen wird. Die Richtigkeit des Wissens, das durch eine Lebenserfahrung gemacht wird, hängt wiederum davon ab, wie korrekt die Wahrnehmung war.

Desorientierung verzerrt die Wahrnehmung. Eine verzerrte Wahrnehmung beeinträchtigt unser Gefühl für die Realität. Deshalb verursacht Desorientierung eine falsche oder alternative Realität einer Lebenserfahrung. Eine Lektion fürs Leben, die innerhalb einer alternativen Realität gelernt wird, wird nicht dieselbe sein wie diejenige, die man im orientierten Zustand lernt.

Kurzzeit-Desorientierung

Weil es so unkompliziert ist, können wir leicht nachvollziehen, wie sich eine Desorientierung bei einem Legastheniker auswirkt, der mit Lesen Schwierigkeiten hat. Dem Betreffenden begegnen beim Lesen Wörter, deren Bedeutung bei ihm kein Bild hervorruft. Diese Wörter verursachen ein leeres Bild im Denkprozess. Die leeren Bilder enthalten ein Gefühl von Verwirrung. Indem immer mehr leere Bilder dazukommen, steigert sich das Gefühl der Verwirrung bis zu dem Punkt, an dem der Betreffende die Verwirrung nicht länger aushält. Dadurch wird eine Desorientierung ausgelöst und die Wahrnehmung wird verzerrt.

Nun zeigen sich die Symptome – vielleicht verdrehen sich manche Buchstaben, vielleicht verschwinden manche Wörter, oder Wörter und Buchstaben fügen sich in einer anderen Reihenfolge wieder zusammen. Das Einzige, was diese Symptome einschränken könnte, ist das Vorstellungsvermögen des desorientierten Menschen. Für den Bruchteil einer oder für mehrere Sekunden erlebt der Betreffende eine alternative Realität. Die einzig mögliche Lektion, die aus dieser Erfahrung gelernt werden kann, ist das Produkt der alternativen Realität, die durch die Symptome ausgelöst wurde. Dies ist die negative Wirkung von Desorientierung.

Doch die kurzzeitige Desorientierung hat auch positive Wirkungen. Sie kann zum Beispiel nützlich sein, um Gegenstände in der Umgebung zu erkennen. Der Betreffende sieht etwas und weiß nicht, was es ist. Der Mensch ist für einen kurzen Moment desorientiert und kann sich den Gegenstand mental von allen Seiten ansehen. Es ist ein wenig, wie wenn man ein 3D-Modell im Computer dreht, um auch die anderen Seiten zu betrachten. Aufgrund dieser verschiedenen Ansichten wird der Gegenstand erkannt und die Desorientierung hört auf.

Diese Art Desorientierung ist oft sehr kurz. Zwar kann sie unzählige Male pro Tag auftreten, aber sie dauert jeweils nur so lange, bis die Verwirrung aufgelöst wird, normalerweise nur den Bruchteil einer Sekunde. Obwohl der Mensch eine alternative Realität erlebt hat, war die Wirkung positiv, weil er den Gegenstand sofort richtig erkannt hat. Die Lebenslektion aus dieser Erfahrung ist, dass es leicht war, den Gegenstand zu erkennen.

Nun, da wir sehen, wie das funktioniert, fragen wir weiter: »Wie kann Desorientierung ADS und Probleme mit dem Rechnen und der Handschrift verursachen?« Wir können aus diesen beiden Beispielen noch keine komplette Antwort geben. Wir werden tiefer vordringen müssen als nur bis zu der einfachen Ebene der Desorientierung, mit der Gegenstände erkannt werden und welche die Symptome von Legasthenie beim Lesen verursacht.

Langzeit- Desorientierung
Manche Phasen der Desorientierungen gehen nicht von einem Augenblick zum anderen vorbei; sie dauern mitunter sehr lange an.

Diese Art von Desorientierung kann in Stunden gemessen werden, anstatt in Bruchteilen von Sekunden. Während der Desorientierung erlebt der Betroffene eine lang andauernde alternative Realität. Irgendwie haben einige wichtige Lektionen, welche die unerwünschten Verhaltensweisen von ADS verhindern würden, in diesen alternativen Realitäten gefehlt, ebenso wichtige Begriffe, die erforderlich sind um Rechenvorgänge zu begreifen. Wahrscheinlich sind falsche oder ungenaue Begriffe in das persönliche Filtersystem eingebaut worden.

Wir wollen uns einmal anschauen, wie es dazu kommt, dass ein Kind daran gehindert wird nur eine wichtige Lebenslektion zu erlernen - Konsequenz (etwas passiert als Folge von etwas anderem). Wenn wir bedenken, dass das Leben aus einem kontinuierlichen Strom von Konsequenzen oder Resultaten besteht, wie könnte das jemandem entgehen? Es scheint unmöglich zu sein, diese Lektion nicht zu lernen, es sei denn der Betreffende hätte bereits einen anderen Begriff von »Konsequenz« geformt.

Sich selbst unterhalten

Bilder-Denker benutzen oft Langzeitdesorientierung um sich selbst zu unterhalten. Desorientierung vermag die Türen zur Phantasie weit zu öffnen. Ein Kind könnte diese Fähigkeit schon als Baby entdecken. Durch diese Entdeckung öffnet sich eine phantasievolle, kreative Welt, eingebettet in das eigene Denkvermögen und nur durch die eigene Vorstellungsgabe begrenzt. Für das Kind ist dies eine Welt ohne Einschränkungen oder Grenzen - eine Welt ohne Konsequenzen. Der Strom von Konsequenzen, den andere Menschen in der wirklichen Welt erleben, wird teilweise ersetzt durch einen laufenden Strom kreativer Vorstellungen innerhalb einer Phantasiewelt, in der das Kind die Hauptrolle spielt.

Fast jeder Mensch hat diese Art von alternativer Realität schon einmal in besonders lebhaften Träumen erlebt. Ein Bilder-Denker, der seine Phantasie zur eigenen Unterhaltung verwendet, erlebt Tagträume oder »wache Träume«, die genauso lebhaft sind. Sie unterscheiden sich dadurch von Träumen, dass sie als Realität erlebt werden. Außerdem erlaubt die Desorientierung dem Betreffenden, in die alternative Realität einzugreifen.

Wenn ein Kind aus Gewohnheit viel Zeit in einer ausgedachten Welt verbringt, erlebt es nichts als dauerhaft. Seine Freunde und Feinde existieren nur für das Kind. Die ausgeführten Handlungen sind nur für es selbst real. Ein Betrachter sieht nur ein Kind, das alleine spielt. Das Kind selbst erlebt seine eigene Realität, sein eigenes Leben. Obwohl alles nur Spiel ist, werden die gelernten Lebenslektionen in sein Filtersystem eingebaut. In seiner Phantasiewelt existiert die Konsequenz nicht: Alles passiert einfach so und das Kind kann es nach Lust und Laune geschehen lassen.

Andere fehlende Begriffe

Der Begriff der Konsequenz ist nicht die einzige Lebenslektion, die durch eine alternative Realität ersetzt oder verändert werden kann. In der folgenden Liste finden Sie einige Begriffe, deren Fehlen für Lernschwächen bezeichnend ist.

Begriff	Lektion im wirklichen Leben	Lektion in der alternativen Realität
Veränderung:	etwas wird zu etwas anderem	alles ist ganz einfach nur

Begriff	Lektion im wirklichen Leben	Lektion in der alternativen Realität
Ursache:	macht, dass etwas passiert	alles ist ganz einfach nur
Wirkung:	Etwas, das verursacht wird	alles kann passieren
Vorher:	etwas passiert früher	nur das Jetzt existiert
Nachher:	etwas passiert später	nur das Jetzt existiert
Zeit:	das Messen von Veränderung	nur das Jetzt existiert
Reihenfolge:	wie die Dinge aufeinander folgen, eins nach dem anderen	alles ist ganz einfach nur
Ordnung:	Dinge am richtigen Platz, in der richtigen Lage, im richtigen Zustand	die Dinge sind, was sie sind die Dinge sind, wie sie sind
Unordnung:	Dinge nicht am richtigen Platz, nicht in der richtigen Lage, nicht im richtigen Zustand	die Dinge sind, was sie sind die Dinge sind, wie sie sind

Selbstwahrnehmung

Abgesehen davon müssen wir noch etwas berücksichtigen. Nimmt ein Kind einen oder mehrere der oben aufgelisteten Begriffe alternativ wahr, dann hat es möglicherweise keine korrekte Wahrnehmung von sich *selbst*. Es ist vielleicht nicht in der Lage, sich im Verhältnis zu anderen in seiner Umgebung, wie Familienmitglieder oder Bekannte, korrekt wahrzunehmen. Das Kind wird vielleicht nicht erkennen, dass andere Menschen Gefühle, Bedürfnisse, Wünsche oder Rechte haben. Für dieses Kind existieren diese Begriffe möglicherweise gar nicht.

Nun sollten Ihnen die Begriffe Orientierung und Desorientierung geläufig sein und Sie sollten verstehen, wie sie die Wahrnehmung beeinflussen können, die jemand von seiner Umgebung hat. Auf der Basis dieses Modells erkennen wir, wie die Symptome verschiedener Lernbehinderungen sich entwickeln könnten. Jetzt wollen wir dieses Modell auf Aufmerksamkeits-Probleme anwenden.

3.
Aufmerksamkeits-Defizit-Syndrom

Erlauben Sie mir, eine typische Szene zu schildern, bevor wir in die entwicklungsmäßigen Gesichtspunkte des Aufmerksamkeits-Defizit-Syndroms eintauchen. Sie beleuchtet das allgemeine Unverständnis, das diesem Zustand entgegenschlägt. Die beiden Hauptpersonen sind ein fünf- oder sechsjähriger Junge und seine Kindergärtnerin.

EINE TYPISCHE ADS-SZENE

Unser Junge ist ein typisches ADS-Kind – intelligent, kreativ, phantasievoll und hyperaktiv. Er denkt hauptsächlich in Bildern und hat schon viel Zeit damit verbracht, sich durch Desorientierung selbst zu unterhalten.

Unsere Kindergärtnerin hat ihren Beruf gewählt, weil sie Kinder sehr gerne mag. Aber ihre volle Kindergartengruppe fordert sie sehr. Obwohl sie versucht, niemanden zu verurteilen, hat sie unseren Jungen schon am ersten Tag als »so ein Kind« identifiziert. Er ist pausenlos in Bewegung und hört ihr nie zu. Durch sein Verhalten im Gruppenraum macht er eine schon schwierige Situation noch schlimmer.

Die ersten paar Tage sind für alle Kinder nicht leicht, aber die meisten finden irgendwann in den Ablauf hinein, nur dieser Junge nicht. Womöglich wird sein Verhalten sogar noch schlimmer. Er gibt nie Ruhe. Er ist immer überall.

Auf dem Hof kommt es eines Morgens zum Eklat. Die Kindergärtnerin sieht, wie er sich an sechs oder sieben Kindern vorbeidrängelt, die an der Rutsche anstehen. Er drückt sie einfach beiseite, klettert hinauf und rutscht vor ihnen herunter. Das schockiert sie. Sein Gebaren ist nicht nur unhöflich, es ist auch gefährlich. Sie kann ein solches Verhalten nicht dulden.

Also fasst sie ihn an den Schultern, als er an ihr vorbeigeht, um noch einmal zu rutschen. Er versucht sich loszumachen, aber sie hält ihn fest. Sie beugt sich zu ihm hinunter und sagt mit ihrer strengsten Stimme: »*Sieh mich an!*«.

Wenn er sie anschaut, sagt sie zu ihm: »*Was du getan hast, ist falsch. Du musst warten, bis du dran bist! Verstehst du mich? Du rutschst erst, wenn du dran bist!*«.

Der Junge schaut sie direkt an, nickt und sagt: »*Ja!*«

Die Kindergärtnerin lässt seine Schultern los und stellt sich wieder gerade hin. Er rennt sofort zur Leiter, schiebt sich an einigen Kindern vorbei, klettert hinauf und rutscht herunter.

Jetzt ist sie wirklich entsetzt. Frustriert packt sie ihn an den Schultern, bringt ihn weg vom Hof und verordnet ihm eine »Auszeit« oder was immer sonst an Disziplinarmaßnahmen erlaubt ist.

Die Kindergärtnerin ist verwirrt und unsicher, was sie als Nächstes tun soll. Der Junge sagte, er verstehe sie, und tat dann genau das, was sie ihm gerade verboten hatte. Ohne Intervention, Verhaltenstherapie oder vielleicht eine Droge wie Ritalin sieht sie keine Hoffnung, ihn zu erreichen oder gar zu kontrollieren.

Eine Analyse

Was gerade vorgefallen ist, hat die Kindergärtnerin verwirrt. Aufgrund ihrer Erfahrung und ihres Verständnisses der Situation erscheint ihre Schlussfolgerung selbstverständlich. Schließlich denkt sie aufgrund ihrer Ausbildung und Erfahrung, Verhaltenstherapie und Ritalin seien die einzigen Möglichkeiten, mit denen sie diesen Jungen erreichen könne.

Aber dies ist nicht wirklich eine Lösung, weil sie das eigentliche Problem nicht berührt. Die Kindergärtnerin erfasst nicht, dass sie es vielleicht deswegen so sieht, weil sie ADS nicht versteht, weil sie denkt, der Junge habe sich vielleicht so benommen, um sie zu ärgern. Ihre Schlussfolgerung erscheint logisch, aber sie ist falsch.

Wenn man die Neigung des Jungen, in Bildern zu denken, sein Erfahrungswissen und seine eingeschränkte Fähigkeit, dasjenige zu verstehen, was sie ihm gesagt hat, bedenkt, dann tat er genau was sie sagte. So sieht es in der Realität aus.

Damit wir das verstehen, müssen wir berücksichtigen, dass der Junge keinen richtigen Begriff von seinem *Selbst* oder von *Veränderung* hat. Sein Erfahrungswissen von *Konsequenz* ist falsch, ebenso sein Begriff von *Zeit*, *Reihenfolge* und *Ordnung*.

Er hat sich entweder ein unrichtiges Verständnis dieser Begriffe geschaffen oder auch gar keines. In der alternativen Realität, die er sich mittels Desorientierung erschafft, *verändert* sich nur dann etwas, wenn er Lust hat. Konsequenz existiert überhaupt nicht. Einfache Ideen wie »gut« und »böse« werden aus diesem Blickwinkel heraus verstanden. Gut ist, was er mag; böse oder schlecht ist, was er nicht mag. Richtig ist, was er will; falsch ist, was er nicht will.

Ohne zutreffende Vorstellungen von den Begriffen *Veränderung*, *Konsequenz* und *Zeit* kann der Begriff *Reihenfolge* nicht existieren und die Begriffe *Ordnung* und *Unordnung* auch nicht.

Wort für Wort
Schauen wir uns einmal an, was die Kindergärtnerin zu ihm gesagt

hat, und interpretieren wir das Gesagte so, wie er es vom Standpunkt des Bilder-Denkers aus verstanden haben mag.

Sie sagt zu ihm »*Was du getan hast, ist falsch!*«
In ihm geht Folgendes vor:

- Das Wort »was« erzeugt kein Bild, also bedeutet es ihm nichts.
- Das Wort »du« bedeutet er selbst. Sein Bild dafür ist das, was er im Spiegel sieht.
- »getan hast« versteht er aus zwei Gründen nicht. Erstens drückt es eine Vergangenheit von »tun« aus, die er nicht registriert, weil er kein Verständnis von »vorher« und »nachher« hat. Zweitens erzeugt dieses Wort auch kein Bild, also bedeutet es sowieso nichts. Dieses Wort ist nur ein leerer Fleck in seiner Vorstellung, also hat er immer noch lediglich ein Bild von seinem Spiegelbild.
- Das Wort »ist« erzeugt ebenfalls kein eigenes Bild. Weil vorher das Wort »du« kam, verändert sich sein Spiegelbild nicht.
- Das Wort »falsch« hat keine Bedeutung, außer vielleicht, dass die Kindergärtnerin ihn nicht mag. Sein mentales Bild ist nun, dass sie ihn an den Schultern hält.

Demnach hat der Junge aus dem ersten Satz verstanden, dass sie ihn an den Schultern hält. Seine Interpretation ist wahrscheinlich: »Sie mag mich nicht.«

Dann sagt sie: »*Du musst warten, bis du dran bist!*«
In ihm geht Folgendes vor:

- Das Wort »du« ruft wieder ein mentales Bild von ihm selbst hervor.

- Das Wort »musst« erzeugt kein Bild, keine Bedeutung. Das Bild verändert sich nicht.
- Das Wort »warten« kann nicht verstanden werden. Warten hängt mit Zeit zusammen. Der einzige Zeitbegriff, den er hat, ist die Gegenwart; wenn er also etwas sieht, dann nur, dass sie ihn an den Schultern hält.
- Das Wort »bist« erzeugt kein Bild, hat keine Bedeutung. Das Bild verändert sich nicht.
- Das Wort »du« ruft wieder ein mentales Bild von ihm selbst hervor.
- Das Wort »dran« erzeugt kein Bild. Es hängt zusammen mit Zeit, Reihenfolge und Ordnung. Nichts davon kann er begreifen.
- Das Wort »bist« erzeugt kein Bild, hat keine Bedeutung. Das Bild verändert sich nicht. Keine Veränderung heißt, er hat immer noch das Bild, dass sie ihn an den Schultern hält.

Am Ende des Satzes zeigt sein mentales Bild nach wie vor, dass sie ihn an den Schultern hält. Seine Interpretation ist wahrscheinlich immer noch, dass sie ihn nicht mag.

Sie sagt: »*Verstehst du mich?*«
In ihm geht Folgendes vor:

- Das Wort »verstehst« erzeugt kein Bild, hat keine Bedeutung.
- Das Wort »du« ruft wieder ein Bild von ihm selbst hervor.
- Das Wort »mich« erzeugt ein Bild davon, dass sie ihn an den Schultern hält.

Am Ende des Satzes zeigt sein mentales Bild nach wie vor, dass sie ihn an den Schultern hält. Das Einzige, was er daraus versteht, ist wahrscheinlich immer noch, dass sie ihn nicht mag.

Sie sagt: »*Du rutschst erst, wenn du dran bist!*«
In ihm geht Folgendes vor:

- Das Wort »du« erzeugt wieder ein Bild von ihm selbst.
- Das Wort »rutschst« verändert das Bild von ihm selbst in ein Bild von ihm selbst, wie er die Rutsche hinunterrutscht.
- Das Wort »erst« bedeutet ihm nichts, verändert das Bild nicht.
- Das Wort »wenn« bedeutet ihm nichts, verändert das Bild nicht.
- Das Wort »du« verstärkt das Bild von ihm selbst.
- Das Wort »dran« bedeutet ihm nichts, verändert das Bild nicht.
- Das Wort »bist« bedeutet ihm nichts, verändert das Bild nicht.

Am Ende des Satzes sieht er sich die Rutsche hinunterrutschen. Er versteht, er soll hinunterrutschen.

Er sagt »Ja!« als Antwort auf das, was er verstanden hat. Und dann tut er es sofort. Er geht die Leiter hinauf, indem er die anderen Kinder beiseite schiebt, während ihm die Kindergärtnerin ungläubig nachschaut.

Doppeltes Missverständnis

Auf Grund dessen, was er verstehen konnte, tat der Junge genau das, was ihm die Kindergärtnerin seiner Ansicht nach gesagt hatte. Da sie das jedoch nicht wusste, hat sie ihn nicht verstanden.

Es stimmt, dass sein Verhalten unhöflich und vielleicht sogar gefährlich war. Es sollte wirklich korrigiert werden. Aber weder eine Auszeit noch sonstige Strafen, noch Ritalin werden das Verständnis bringen, das dieser Junge braucht, um sein Verhalten zu verändern.

ADS VERSTEHEN

Bevor wir uns daran machen, Aufmerksamkeitsstörungen zu korrigieren, wäre es hilfreich zu wissen, was die Medizin darüber sagt. Das *MSD Manual* ist ein Nachschlagewerk, das im Medizinstudium und von Ärzten benutzt wird. Es beinhaltet und definiert alle bekannten Krankheiten und Zustände und beschreibt heutige diagnostische Verfahren. Die folgenden Ausschnitte sind der vierten (1988) und der sechsten deutschen Ausgabe (1999) entnommen.

Ich habe nur die Teile der Definition verwendet, die wir brauchen, um uns das Verständnis zu erleichtern und das hervorgehoben, was unsere Abhandlung betrifft.

AUFMERKSAMKEITSSTÖRUNGEN (ADS)
(Hyperaktivität, Hyperkinese)

»Eine dauernde oder häufig vorliegende Verhaltensweise, die mit nicht altersentsprechender Unaufmerksamkeit und Impulsivität mit oder ohne Hyperaktivität einhergeht.«

Diese Definition der American Psychiatric Association (Diagnostisches und Statistisches Manual, 4. überarbeitete Auflage, DSM-IV) verlagert den Fokus von übertriebener körperlicher Aktivität. Obwohl die Etablierung von Aufmerksamkeitsstörungen als Diagnose sehr schwierig ist, konnte keine Studie das Gegenteil beweisen. Aufmerksamkeitsstörungen sind an Lernstörungen beteiligt und können das Verhalten von Kindern mit jeglichem IQ beeinflussen, mit Ausnahme von Kindern mit mäßiger bis hochgradiger geistiger Retardierung. Sie betreffen ungefähr 5 bis 10 Prozent der Schulkinder, dies entspricht ungefähr der Hälfte der Überweisungen an Spezialkliniken. Aufmerksamkeitsstörungen mit Hyperaktivität und Impulsivität sieht man zehnmal häufiger bei Jungen als bei Mädchen. Die **Ätiologie ist unbekannt**, es gibt diverse Theorien, um die Konzentrationsstörungen auf biochemischer, sensomotorischer oder physiologischer Ebene zu erklären.

Symptomatik und Diagnostik: Hauptzeichen der Konzentrationsstörungen mit oder ohne Hyperaktivität sind Unaufmerksamkeit und Impulsivität. Aufmerksamkeitsstörungen mit Hyperaktivität werden diagnostiziert, wenn die Befunde auf eine Überaktivität hinweisen und Impulsivität des Verhaltens offensichtlich ist. Manche Kinder mit Aufmerksamkeitsstörungen, aber ohne Hyperaktivität, sind normalaktiv. Die meisten aber zeigen Ruhelosigkeit, kurzes Aufmerksamkeitsvermögen und geringe Selbstkontrolle. Diese Zeichen unterscheiden sich qualitativ von denen, die man bei Verhaltens- oder Angststörungen sieht. **Unaufmerksamkeit** wird beschrieben als *Unfähigkeit, eine angefangene Aufgabe zu Ende zu führen, leichte Ablenkbarkeit [scheinbare Unaufmerksamkeit] und Probleme [sich auf Aufgaben zu konzentrieren, die länger andauernde Aufmerksamkeit erfordern]*.

Impulsivität *bedeutet unbedachtes Handeln [kann sich nur schwer mit anderen abwechseln], Schwierigkeiten, eine Aufgabe zu planen, und konstantes Ausweichen von einer Aktivität auf die nächste.* Das Kind reagiert besonders leicht mit Impulsivität, wenn es unsicher ist oder eine Aufgabe ihm besondere Aufmerksamkeit abverlangt. Ein **hyperaktives** Kind *kann nicht lange sitzen bleiben bzw. stillsitzen und bewegt sich übertrieben.*

Die Diagnose ist oft sehr schwierig. Es gibt keine spezifischen organischen Symptome oder neurologische Hinweise auf die Erkrankung und keinen spezifischen gültigen Test. Die Diagnose kann nur aus dem Verhalten des Kindes in Abhängigkeit von individuellen und äußeren Faktoren gestellt werden. Checklisten und Leitschemata werden zur Einteilung herangezogen, können aber oft zwischen Aufmerksamkeitsstörungen und anderen Verhaltensstörungen nicht unterscheiden. Sie basieren oft auf subjektiven, von wenig ausgebildeten Personen erhobenen Beobachtungen.

Wie Sie sehen können, herrscht bei ADS und ADHS große Unsicherheit. Sie sind schwer zu diagnostizieren; die Ursache (Ätiologie) ist unbekannt; die Personen, welche die grundlegenden Beobachtungen für die Diagnosestellung liefern, sind oft wenig ausgebildet. Während die Mediziner beschreiben können, wie sich ein Mensch mit ADS verhält, wissen sie nicht genau, was die Ursache ist oder wie es ohne Drogen wie etwa Ritalin zu behandeln wäre. Während Ritalin die Symptome verändern mag, ändert es jedoch nichts an den zugrunde liegenden Problemen.

ADS und Desorientierung

Die allgemeine Definition von ADS ist fast ausreichend: *Nicht altersentsprechende Unaufmerksamkeit und Impulsivität mit oder ohne Hyperaktivität.* Eine Komponente fehlt jedoch: Spontane Desorientierung. Desorientierung ist etwas sehr Wichtiges im Leben eines Menschen mit ADS. Sie passiert leicht und oft. Meistens wird sie durch Gefühle ausgelöst, wie Langeweile, Neugier, Verwirrung und Angst.

Bei der Untersuchung der spontanen Desorientierung habe ich herausgefunden, dass es zweierlei auslösende Emotionen gibt: Vermeidung und Hinwendung.

In einer langweiligen Situation würde sich die Person desorientieren, um der Langeweile zu entgehen. Dies würde normalerweise als Tagträumen eingestuft oder aber als Unaufmerksamkeit. Der Schüler ist in Wirklichkeit sehr wohl aufmerksam, aber er widmet sich einer imaginären inneren Welt, die interessanter ist als die reale.

Andererseits könnte es etwas Unerwartetes in der Umgebung geben, etwa eine Bewegung außerhalb des Klassenzimmerfensters. Die dadurch verursachte Neugierde kann eine Desorientierung auslösen, die der Person erlaubt, das unbekannte Ereignis zu untersuchen. Dieses Verhalten wird in Schulen im Allgemeinen als Unaufmerksamkeit oder Ablenkbarkeit eingestuft. Dabei handelt es sich nicht um einen generellen Mangel an Aufmerksamkeit, sie ist nur am falschen Ort.

Durch Hinwendung verursachte Desorientierung kann auch das Gegenteil von Unaufmerksamkeit zur Folge haben. Der Schüler konzentriert sich so sehr auf eine Tätigkeit, dass alles andere in der Umgebung versinkt. Eine Person mit ADS könnte beispielsweise in ein Videospiel desorientieren, in ein Fernsehprogramm oder einen Kinofilm, und zwar so sehr, dass das Gebäude einstürzen könnte, ohne dass die Person es bemerkt. Viele Eltern von Kindern mit ADS haben mir berichtet, der Lehrer sage, ihr Kind könne nicht fünf Minuten ruhig sitzen und zuhören. Dennoch können die Eltern dasselbe Kind manchmal stundenlang nicht von einem Videospiel losreißen.

Um ADS wirklich zu verstehen, müssen wir die Entwicklungsvorgänge aus Kapitel 2 mit in Betracht ziehen, in der typische Verhaltensweisen wie Impulsivität, Zwanghaftigkeit und Missachtung der Rechte von anderen beschrieben werden. Wir müssen auch bedenken, wie eine im Augenblick auftretende, spontane Desorientierung Unaufmerksamkeit, Ablenkbarkeit und unangemessene Reaktionen auf Gegebenheiten des realen Lebens auslösen kann.

ADS-Verhalten untersuchen

Unsere Auffassung von den direkten und indirekten (entwicklungsbedingten) Wirkungen von Desorientierung liefert für alle Symptome von ADS, egal ob mit oder ohne Hyperaktivität, eine schlüssige Erklärung.

Aufgrund dieses Verständnisses könnten wir den Zustand korrekt als *nicht altersentsprechende Unaufmerksamkeit und Impulsivität mit oder ohne Hyperaktivität, begleitet von spontaner Desorientierung* definieren.

Die Definition macht deutlich, dass dieses Problem von zwei Seiten aus angegangen werden muss, weil es durch zwei Faktoren ausgelöst wurde: Zum einen durch die Entwicklungskomponente, etwa wenn Lektionen aus einer alternativen Realität in das Filtersystem eingebaut werden, zum anderen durch immer wiederkehrende Episoden spontaner Desorientierung.

Insgesamt bedeutet das Korrigieren dieses Problems nichts anderes als das Bemühen, die unerwünschten Verhaltensweisen zu verringern oder abzustellen. Diese Verhaltensweisen sind:

- **Hyperaktivität**: *Jemand kann nicht lange sitzen bleiben bzw. stillsitzen und bewegt sich übertrieben.*

- **Hypoaktivität**: Sie wird im *MSD Manual* nicht einzeln aufgeführt, kann jedoch als ADS *ohne Hyperaktivität* definiert werden. Hypoaktive Kinder werden oft als lethargisch, tagträumend, faul oder antriebslos eingestuft.

- **Impulsivität**: *unbedachtes Handeln, Unfähigkeit zu warten, bis man an der Reihe ist, Schwierigkeiten, eine Aufgabe zu planen, konstantes Ausweichen von einer Aktivität auf die nächste.*

- **Unaufmerksamkeit**: *Unfähigkeit, eine angefangene Aufgabe zu Ende zu führen, leichte Ablenkbarkeit, scheinbare Unaufmerksamkeit*

Das *MSD Manual* liefert uns zwar eine Beschreibung von ADS, aber keine Erklärung dafür, warum oder wie es entsteht. Wir können nun untersuchen und bestimmen, ob eine symptomatische Verhaltensweise aus dem Entwicklungsaspekt, aus der spontanen Desorientierung oder eben manchmal aus beidem resultiert. Auf diese Art und Weise können wir die Mechanismen von ADS näher unter die Lupe nehmen.

Hyperaktivität und Hypoaktivität

Sowohl Hyperaktivität als auch Hypoaktivität entstehen aus spontaner Desorientierung, da jede Desorientierung von einem veränderten Zeitempfinden begleitet wird. Biomechanisch gesehen ist unser Zeitgefühl ein Produkt der chemischen Reaktionen unseres Gehirns. Einige Studien weisen darauf hin, dass Kinder mit ADS erhöhte Dopamin-Werte haben. Ich denke, dies ist eine direkte Folge der Desorientierung.

Je mehr Dopamin die Synapsen des Gehirns umgibt, desto schneller wird sich unsere innere Uhr bewegen. Umgekehrt verhält es sich genauso: Je weniger Dopamin, desto langsamer die innere Uhr. Ist während einer Desorientierung die Dopamin-Produktion chronisch erhöht, wird die innere Uhr des Betreffenden schneller ticken, ebenso umgekehrt. Unsere Wahrnehmung von Zeit wird durch die Geschwindigkeit unserer inneren Uhr bestimmt. Wenn die innere Uhr schneller wird, scheint die Uhr an der Wand langsamer zu werden und umgekehrt. Mit anderen Worten: Wir haben hier einen Umkehreffekt. Der hyperaktive Mensch, dessen innere Uhr schneller geht, erlebt also *mehr* Zeit in einer Stunde als die Menschen um ihn herum. Dem hyperaktiven Menschen kommt die Welt zu langsam vor. Umgekehrt kommt dem hypoaktiven (lethargischen) Menschen die Welt entsprechend zu schnell vor.

Tatsächlich ist eine Stunde vergangen. Dem Hypoaktiven Schüler (links) kommt es wie eine halbe Stunde vor, dem hyperaktiven (rechts) wie zwei.

Die Vorstellung, mehr Zeit als andere Menschen zu haben, erklärt die Hyperaktivität allerdings noch nicht ganz. Es gehört noch ein weiteres Puzzlestück dazu: Jede Desorientierung hat außerdem zur Folge, dass sich die Wahrnehmung des Gleichgewichts und der Bewegung umkehrt. Wenn wir desorientiert sind, fühlen wir uns aus dem Gleichgewicht. Falls wir still sitzen, wenn es passiert, dann haben wir das Gefühl, uns zu bewegen, so wie in Kapitel 2 beschrieben. Falls wir uns aber bewegen, wenn die Desorientierung auftritt, dann werden wir uns fühlen, als ob wir still säßen oder uns schneller oder langsamer bewegten, als es wirklich der Fall ist.

Viele von uns, die regelmäßig desorientieren, haben dafür eine einfache Lösung parat: Indem wir das Entgegengesetzte tun, können wir die Wirkung umkehren. Mit anderen Worten: Wenn wir das Gefühl haben, uns zu bewegen, obwohl wir still sitzen, können wir das Gefühl still zu sitzen erzeugen, indem wir uns ein wenig bewegen.

Wenn wir dies tun, ist uns die Bewegung nicht bewusst und wir brauchen sie auch nicht sichtbar zu machen. Durch Zappeln, Fußwackeln, Fingertrommeln oder andere nervöse Aktivitäten senden wir eine Bewegungswelle durch unseren Körper, die uns das Gefühl gibt, ruhig zu sitzen. Diese Lösung wird von einem Betroffenen meist erst entdeckt, wenn er neun oder zehn Jahre alt ist. Vorher verursacht das falsche Gefühl Körperbewegungen, die dann als der »aktive« Teil der Hyperaktivität gesehen werden. Im Zustand der Desorientierung hat das Kind nämlich ständig das Bedürfnis sich zu bewegen.

Vor vielen Jahren hatte ich einen Schüler, der extrem hyperaktiv war. Seine Mutter wusste einfach nicht mehr weiter und ich versuchte ihr zu erklären, womit es zusammenhing. Ich sagte ihr, dass es ihrem Sohn tatsächlich übel werden könne, sofern er gezwungen würde, sich ruhig zu verhalten, wenn er desorientiert war. Sie ließ mich wissen, dass sie meine Erläuterung ein wenig weit hergeholt fand. Dennoch willigte sie in ein Experiment mit ihrem Sohn ein, um sich ein Bild von dem zu machen, was ich meinte. Also bastelte ich dem Jungen aus Zeitungspapier einen Hut, der absichtlich ein wenig zu klein war. Damit der Hut auf seinem Kopf blieb, musste der Junge vollkommen ruhig dastehen. Ich befestigte an der Wand auf seiner Augenhöhe ein beschriebenes Blatt Papier. Seine Aufgabe war es nun, den Hut auf dem Kopf zu behalten, während er bewegungslos dastand und den Text las. Der geschriebene Text sollte für die Desorientierung sorgen. Nachdem der Hut einige Male heruntergefallen war, schaffte es der Junge, etwa die Hälfte des Textes zu lesen, ehe er in einen Eimer erbrach. Nun verstand seine Mutter das Problem.

Die hyperaktive Komponente von ADS ist eindeutig das Produkt von zwei Wirkungen der Desorientierung: Zum einen die Beschleunigung der inneren Uhr, zum anderen die Umkehrungen in der Empfindung des Gleichgewichtes und der Bewegung. Das hyperaktive Kind hat wesentlich mehr Zeit, also füllt es sie mit zusätzlicher Aktivität. Hypoaktivität ist die andere Seite der Medaille und hat den gegenteiligen Effekt. Das Kind hat weniger Zeit als andere Menschen, also tut es auch weniger als der durchschnittliche Mensch.

Impulsivität

Impulsivität entsteht hauptsächlich durch die Entwicklungskomponente von ADS, wenn auch nicht vollständig. Die Komponente *unbedachtes Handeln* wird durch den in der alternativen Realität gebildeten Begriff der *Konsequenz* verursacht. *Die Unfähigkeit zu warten, bis man an der Reihe ist*, wird bedingt dadurch, dass das innere Verständnis der Begriffe *Zeit*, *Reihenfolge* und *Ordnung* fehlt. Dies wurde bereits als aus der Entwicklung kommend definiert. *Schwierigkeiten eine Aufgabe zu planen* sind ebenfalls eine typische Folge, wenn die inneren Begriffe *Reihenfolge* und *Ordnung* fehlen.

Konstantes Ausweichen von einer Aktivität auf die nächste ist hingegen eher eine Manifestation von spontaner Desorientierung. Wenn ein Kind mehr Zeit zur Verfügung hat als andere um es herum, fühlt es sich durch das Tempo seiner Umwelt schnell gelangweilt. Verbunden mit dem Stimulus zur Bewegung kann dies einen Zustand bedingen, der wie ein zwanghaftes Wechseln zwischen Aktivitäten aussieht. Für das Kind fühlt sich jedoch alles normal an.

Unaufmerksamkeit

In erster Linie ist Unaufmerksamkeit eine Folge von spontaner

Desorientierung, aber ganz stimmt das nicht. *Die Unfähigkeit, eine ange-fangene Aufgabe zu Ende zu führen*, ist eine interessante Mischung aus Ursachen und Wirkungen. Dabei verursacht die Wirkung von Impulsivität oder *konstantes Ausweichen von einer Aktivität auf die nächste*, dass Aufgaben nicht zu Ende geführt werden. Wir halten sie hauptsächlich für eine Folge von spontaner Desorientierung, aber sie wird auch durch das entwicklungsbedingte Fehlen der Begriffe *Konsequenz, Zeit, Reihenfolge* und *Ordnung* verursacht. Das Kind kann sich vielleicht nicht vorstellen, irgendetwas *fertig* zu machen, weil dieser Begriff in seiner Welt ganz einfach nicht existiert.

Die Komponente, *leichte Ablenkbarkeit*, ist wiederum eine interessante Kombination mehrerer Faktoren. Ein in dieser Art begabtes Kind reagiert bewusster und neugieriger auf die Umwelt als andere Menschen. Ein Kind, das oft gelangweilt ist, lässt sich leicht ablenken. Aber selbst wenn es nicht gelangweilt ist, wird etwas Neues in seiner Umgebung sofort seine Aufmerksamkeit erregen. Selbst wenn das ADS korrigiert ist, wird diese Person bewusster und neugieriger sein als andere, und deshalb wird ihr Verhalten zu einem gewissen Grad bestehen bleiben. Sobald das Kind lernt, mehrere Dinge parallel zu tun, wird es seine Aufmerksamkeit auf zwei verschiedene Interessengebiete gleichzeitig richten können, anstatt ständig von dem einen zum anderen zu springen. Dies wird es dem Lehrer leichter machen, den Schüler dazu zu bringen, ihm zuzuhören, aber die beste Lösung wäre, wenn das, was im Klassenzimmer passiert, das Allerinteressanteste in seiner ganzen Umgebung wäre.

Der Hauptaspekt zur Ablenkbarkeit sind: *Probleme, sich auf Aufgaben zu konzentrieren, die länger andauernde Aufmerksamkeit erfordern*. Zu diesem Punkt stellt das *MSD Manual* neue Kriterien vor - Konzentration und länger andauernde Aufmerksamkeit. Konzentration wird hergestellt, indem die Aufmerksamkeit auf ein kleines Gebiet oder Unternehmen begrenzt wird. Anhaltende Aufmerksamkeit bedeutet nichts anderes, als das Interesse aufrechtzuerhalten. Wie bereits erwähnt, hat ein Mensch mit ADS keine Schwierigkeiten, aufmerksam zu sein, wenn die Aufgabe oder Aktivität ihn interessiert. Es liegt nicht in der Verantwortung der Schüler, dafür zu sorgen, dass der Unterricht interessant ist; diese Aufgabe obliegt dem Lehrer. Ein breit gefächertes Bewusstsein für die Umgebung wird naturgemäß die Fähigkeit einschränken, sich zu konzentrieren. Ob das gut oder schlecht ist, bleibt Ansichtssache. Ich persönlich halte es für einen großen Vorteil.

Im Gegensatz zu den Ammenmärchen, die über ADS im Umlauf sind, stammt die Theorie vom *scheinbaren Mangel an Aufmerksamkeit* meist von Lehrern und Ärzten, die den Fehler gemacht haben, die Aufmerksamkeitsverlagerung als einen *Mangel* an Aufmerksamkeit anzusehen. Dabei hat dieses Kind mehr Aufmerksamkeit zur Verfügung, als es braucht. Es hat sogar so viel davon, dass es sie auf die ganze Umgebung ausbreiten muss.

Tatsache ist, dass Kinder mit ADS so viel an Aufmerksamkeit zur Verfügung haben, dass sie fast alle früher oder später lernen, mehrere Dinge gleichzeitig zu tun. Sie machen das, indem sie ihre Aufmerksamkeit in zwei oder mehr Segmente teilen, die sie dann anscheinend gleichzeitig auf mehrere Interessengebiete richten. Allerdings müssen sie es von alleine lernen, denn in der Schule wird es ihnen nicht beigebracht.

Ich denke, man sollte den Begriff »Unaufmerksamkeit« neu definieren. Anstatt von der Unfähigkeit, *eine angefangene Aufgabe zu Ende zu führen, leichter Ablenkbarkeit, scheinbarer Unaufmerksamkeit und Problemen, sich auf Aufgaben zu konzentrieren, die länger andauernde Aufmerksamkeit erfordern,* zu sprechen, könnte man ganz einfach sagen: *Jemandem fällt es schwer, bei der Sache zu bleiben.* Dieser Wortlaut ist Lehrern gut bekannt und es ist eine Situation, die wir behandeln können.

Wir haben nun das, was das MSD Manual über ADS sagt, mit einer neuen Theorie über den Ursprung der ADS-Symptome verglichen. Alle grundlegenden Symptome von ADS werden in dem neuen Modell aufgeführt und erklärt. Also macht es Sinn, dass dieser Zustand korrigierbar sein müsste.

Wenn man einmal die wahre Natur eines Problems kennt, kann man Strategien entwickeln, um jeden einzelnen Aspekt anzugehen, einen nach dem anderen. Wenn man alle Bestandteile eliminiert hat, hat man effektiv das Problem gelöst.

4.

Probleme mit Rechnen: Dyskalkulie

Das Wort *Dyskalkulie* bedeutet, dass jemand Schwierigkeiten mit dem Rechnen oder der Mathematik hat. Von *Akalkulie* spricht man, wenn jemand überhaupt nicht rechnen kann.

Pädagogen und Erziehungspsychologen meinen mit diesen Bezeichnungen, dass jemand Probleme damit hat zu lernen, wie man beim Zusammenzählen, Abziehen, Malnehmen und Teilen mit Zahlen umgeht. Sie können auch bedeuten, dass jemand Probleme hat, mit Hilfe von Zahlen und Symbolen die Beziehungen zwischen Mengen und Größen zu untersuchen oder auszudrücken.

Ein Schüler mit Dyskalkulie verrechnet sich vielleicht bei einfachen Aufgaben und kommt zu Ergebnissen wie: 2 x 5 = 7. Hier erkennt man den Bezug zur Legasthenie beim Lesen auf den ersten Blick. Mathematische Symbole haben eine eigene Sprache, demnach können sie, genauso wie die Buchstaben des Alphabets, falsch gelesen oder vertauscht werden. Ein weiteres recht häufiges Symptom ist das Zählen mit Hilfe der Finger oder mittels aufgemalter Striche, anstatt mit Ziffern. Oft geht eine Dyskalkulie mit verwandten Problemen auf anderen Gebieten einher. Ein Schüler, der nicht richtig rechnen kann, hat vielleicht auch Schwierigkeiten damit:

- rechts und links zu unterscheiden,
- Anordnungen einer vorgegebenen Reihenfolge zu befolgen,
- Landkarten zu lesen,

- die Uhr zu lesen,

- pünktlich zu sein,

- Noten zu lesen,

- sich im Sport oder beim Tanzen geschickt zu bewegen,

- sich an die korrekte Reihenfolge von Dingen zu erinnern.

MATHEMATIK UND RECHNEN

Ehe wir uns mit den soeben geschilderten Problemen beschäftigen, müssen wir jedoch die Ausdrücke *Mathematik* und *Rechnen* (Arithmetik) klar definieren. Im Gegensatz zum landläufigen Verständnis bedeuten sie nämlich längst nicht dasselbe. Mathematik wird im *The New Lexicon Webster's Dictionary* folgendermaßen definiert: *Wissenschaft, um die Beziehungen zwischen Mengen und Größen zu untersuchen und durch Zahlen und Symbole auszudrücken.* Im selben Wörterbuch wird Arithmetik so definiert: *Die Handhabung von Zahlen durch Addition, Subtraktion, Multiplikation und Division.*

Dieses Wörterbuch, das meiner Ansicht nach eines der besten ist, stellt nicht einmal eine Verbindung zwischen den beiden Begriffen her. Außerdem wird darin behauptet, dass Mathematik eine Wissenschaft sei, obwohl sie meiner Meinung nach nur ein von der Wissenschaft verwendetes Werkzeug ist. Mathematik zu verwenden, also zu rechnen, ist eine Kunst und keine Wissenschaft. Zugegebenermaßen hat diese Kunst sehr strenge Regeln, aber es ist und bleibt eine Kunst.

Anhand der folgenden Überlegung wird der Unterschied deutlicher: Rechenvorgänge sind die Werkzeuge, mit denen die Mathematik *erschaffen* wird. Mathematik ist die Erforschung der unbekannten Wildnis und Rechnen ist die Werkzeugsammlung, mit deren Hilfe diese erkundet und dokumentiert wird. Man könnte also sagen, dass Mathematik ausgeführt wird, indem die geeigneten Rechenwerkzeuge verwendet werden.

Für einen in Wörtern denkenden Erwachsenen sind diese Definitionen deutlich und genau. Für ein in Bildern denkendes Kind können sie dagegen wie eine solide Backsteinmauer sein oder wie ein schwarzes Loch im All. Deshalb will ich an dieser Stelle präzise Definitionen für diese beiden Worte formulieren, die genau zu unseren Zielen passen.

Rechnen: *Eine Menge durch Zählen oder durch die Handhabung von Zahlen bzw. Ziffern durch Zusammenzählen, Abziehen, Malnehmen und Teilen bestimmen.*

Mathematik: *Die Kunst, Mengen festzustellen die verwendet werden, um Beziehungen zwischen Mengen und Größen zu untersuchen und auszudrücken, und zwar mittels der Verwendung von Zahlen, Ziffern und Symbolen.*

Laut dieser Definitionen haben das Rechnen und die Mathematik den gleichen Zweck: Mengen festzustellen. Es folgen spezifische Definitionen für einige der Wörter, die in diesem Kapitel verwendet werden.

Zahl: *Die Menge, die vorhanden ist oder bedacht wird.*
Ziffer: *Ein Symbol, das eine Menge darstellt.*
Menge: *Der tatsächliche Wert, die tatsächliche Summe oder Anzahl, der bzw. die vorhanden ist oder bedacht wird.*

ZAHLEN UND ZIFFERN

Den umgangssprachlichen Gebrauch dieser beiden Wörter habe ich für unsere Zwecke ein klein wenig verändert. Ich unterscheide hier nämlich deutlich zwischen einer *Zahl* und einer *Ziffer*. Im allgemeinen Sprachgebrauch werden sie nämlich in der Regel als gleichbedeutend verwendet. Um aber Rechen- und andere mathematische Vorgänge durchführen zu können, müssen wir den Unterschied zwischen beiden kennen. Stellen Sie sich ein Haus mit der Hausnummer 231 vor. Sie ist über die Tür gemalt. Die *Zahl* des Hauses ist eins, weil hier eben nur ein einziges Haus steht, welches durch die *Ziffer* 231 identifiziert wird. Die gemalte 231 über der Tür stellt eine Serie symbolischer Ziffern dar.

Mengen bestimmen

Eine weitere Veränderung hat mit dem Wort *Menge* zu tun. Eine Menge kann bestimmt werden, indem man einfach erkennt, wie viele Dinge vorhanden sind, oder aber durch *Zählen*. Fallen zwei oder drei Äpfel von einem Baum herunter, wissen die meisten Menschen sofort, wie viele am Boden liegen. Wenn erst einmal mehr Äpfel am Boden liegen, als man auf den ersten Blick sehen kann, wird die Sache komplizierter. Um deren Anzahl festzustellen, müssen wir jeden einzelnen Apfel mit Hilfe einer Reihenfolge von Ziffern identifizieren.

Unter Zählen versteht man das Feststellen einer Menge, indem man eine Reihenfolge von Ziffern verwendet. Bei wirklichen Dingen und Mengen ergibt dies durchaus einen Sinn. Wenn Sie aber anfangen, die Häuser in einer bestimmten Straße zu zählen, bis Sie zu einem Haus kommen, über dessen Tür die Ziffer 231 gemalt ist, dann werden

Sie ganz sicher bei einer anderen Ziffer in der Reihenfolge angekommen sein.

BILDERDENKEN UND MATHEMATIK

Für viele Schüler sind die Probleme mit der Mathematik und dem Rechnen auf die Art zurückzuführen, wie dieses Fach in der Schule vermittelt wird. Der Unterricht spielt sich typischerweise hauptsächlich in Worten ab und mit Begriffen, die in Wörter gefasst sind. Aber die Prinzipien und Funktionen von Rechnen und Mathematik sind nicht sprachlicher Natur, sondern bildhaft. Sie können sehr leicht visualisiert werden, auch wenn es schwer ist, die einzelnen Begriffe mit Worten zu erklären.

Ich konnte zum Beispiel mit acht Jahren schon komplizierte Aufgaben aus der Trigonometrie lösen, obwohl ich als »geistig behindert« galt. Meine Mutter fürchtete, dass man mich einen »Idiot Savant« nennen würde, also bestand sie darauf, dass ich dem Rechenunterricht fernbleiben müsse. Den Algebra-Unterricht in der neunten Klasse durfte ich trotz ihrer Anweisung dann jedoch wieder besuchen. Obwohl ich jede einzelne Algebra-Gleichung lösen konnte, bin ich in diesem Fach durchgefallen, weil ich nicht erklären konnte, wie ich zu der Antwort gekommen war. Der Lehrer verlangte von mir, dass ich mit einem Bleistift auf dem Papier rechnete und dabei Ziffern verwendete. Und das konnte ich nicht. Als ich fünfzehn Jahre alt war, zeigte mir endlich eine Freundin, wie man mit einem Bleistift rechnet. Von da an konnte ich den jeweiligen Lösungsweg auch auf dem Papier darstellen.

Verbale und nonverbale Begriffsbildung

Um zur Wurzel eines Mathematik-Problems vorzudringen, müssen wir die Variablen bedenken, die es beeinflussen. Also wollen wir zunächst einiges von dem, was wir schon behandelt haben, kurz rekapitulieren. Das Wichtigste, was wir bedenken wollen, sind die beiden verschiedenen Arten zu denken, die wir im ersten Kapitel abgehandelt haben: Verbale Begriffsbildung bedeutet, hauptsächlich im Klang von Worten und Symbolen zu denken. Nonverbale Begriffsbildung bedeutet, hauptsächlich in Bildern zu denken.

»Logisch durchdenken« verglichen mit »Lösung sehen«

Beide Arten zu denken können eingesetzt werden, um eine Menge zu bestimmen. Wer beim Rechnen in Worten denkt, geht logisch vor, indem er Mengen mittels einer Reihenfolge erinnerter Schritte bestimmt. Das heißt, der Betreffende »redet« sich selbst mental durch eine Reihe erinnerter Prozesse hindurch, »um die Lösung zu finden. Je schwieriger die Aufgaben werden, desto mehr Regeln gibt es, an die er sich erinnern muss, desto mehr einzelne Schritte gibt es, die vollzogen werden müssen, mit mehr Ordnungen und Reihenfolgen, die eingehalten werden müssen. Bis wir beim Teilen von dreistelligen Ziffern angekommen sind, ist alles schon hochkompliziert.

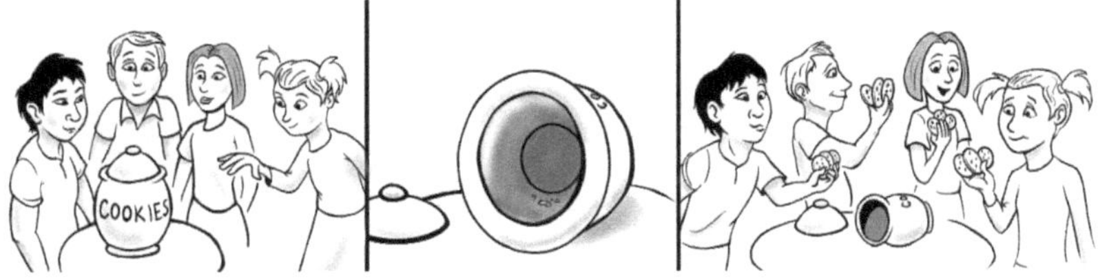

Rechenaufgaben können visuell gelöst werden, ohne die einzelnen Schritte zu verwenden.

Jemand, der bildhaft rechnet, bewegt dagegen lediglich eine Serie mentaler Bilder, die zum richtigen Ergebnis führen. Lassen Sie uns doch mal eine einfache Aufgabe anschauen: Vier Freunde haben eine Dose mit zwölf Keksen und wollen sie gerecht unter sich aufteilen. Wie viele Kekse bekommt dann jeder von ihnen?«

Jemand, der in Worten denkt, durchläuft diesen Prozess in etwa so:

1. *zwölf Kekse*
2. *verteilt auf vier Freunde*
3. *jeder bekommt gleich viel*
4. *das bedeutet zwölf Kekse geteilt durch vier Freunde*
5. *also zwölf geteilt durch vier*
6. *zwölf geteilt durch vier ist drei*
7. *also bekommt jeder der vier Freunde je drei Kekse*
8. *also ist die Lösung drei.*

Jemand, der in Bildern denkt, sieht in etwa folgende Bilderserie ablaufen:

1. *eine Keksdose mit ihm selbst und drei anderen Kindern darum herum*
2. *dann nimmt jedes Kind einen Keks*
3. *dann nimmt jedes Kind noch einen Keks*
4. *dann nimmt jedes Kind noch einen Keks und nun ist die Dose leer*
5. *also hat er jetzt drei Kekse und das ist die Lösung*

Der Wort-Denker arbeitet sich durch die Aufgabe hindurch, indem er Symbole verwendet, während der Bilder-Denker unterschwellig ein Muster von Formen und Farben innerhalb von mentalen Bildern erkennt. In diesem Beispiel benötigte der Wortdenker acht Schritte und mehrere Sekunden, um die Lösung herauszufinden, während der Bilder-Denker nur fünf Schritte und den Bruchteil einer Sekunde brauchte.

Der Wort-Denker könnte jeden dieser Schritte beschreiben und genau erklären, wie er zu der Lösung gekommen ist. Der Bilder-Denker wäre sich nicht einmal der Bilder bewusst, welche er verwendet hat. Es ist alles so schnell passiert, dass er es nicht erklären oder beschreiben kann. Soll er es trotzdem tun, so würde die beste Erklärung, mit der er aufwarten kann, in etwa lauten: »Ich bekomme nur drei Kekse.« Für die meisten Lehrer wird diese Antwort nicht ausreichend sein.

Die beschriebenen Vorgänge also können beide verwendet werden, um eine einfache Aufgabe zu lösen, und beide liefern die richtige Lösung. In Bildern denkende Schüler rechnen mit einer natürlichen, räumlich-visuellen Methode, aber in den Klassenzimmern, in denen Mathematik, Ingenieurswesen, wissenschaftliche Fächer, Buchhaltung oder ein anderes Fach, bei dem man rechnen muss, unterrichtet werden, ist nur die Methode der Wort-Denker akzeptiert.

Trotzdem müssen wir auf der räumlich-visuellen Methode aufbauen. Ein Bilder-Denker gebraucht durchaus die Grundprinzipien des Rechnens. Die Rechenregeln, so wie sie in der Schule vermittelt werden, sind nur ein Ausdruck dieser auf Sprache reduzierten Prinzipien. Unser Ziel ist daher, dem Schüler bei diesem Übergang behilflich zu sein.

Schwierigkeiten mit Symbolen

Manche Schüler können nicht sehr gut im Klang von Worten denken. Vielleicht können sie es sogar überhaupt nicht. Wir müssen bedenken, dass es für sie keinesfalls natürlich oder normal ist, sich in Gedanken durch eine Aufgabe »hindurchzureden«.

Genauso problematisch ist es für sie, sich numerische Manipulationen vorzustellen. Das heißt, es fällt ihnen schwer, zu rechnen, in- dem sie sich Ziffern vor einem leeren Feld vorstellen, zum Beispiel an einer Tafel oder auf einem Blatt Papier. Dies mag für einen Wort-Denker kaum nachzuvollziehen sein, aber die Erklärung ist einfach: Für einen Wort-Denker bedeuten die Wörter *Ziffer* und *Zahl* dasselbe. Für einen Bilder-Denker aber ist eine Zahl die Menge tatsächlich vorhandener Objekte. Eine Ziffer ist nur ein Symbol, das auf dem Papier erscheint. Es ist leicht, sich etwas Wirkliches, Reales vorzustellen, weil seine Bedeutung ihm schon innewohnt. Bei Symbolen ist das nicht so. Ein Symbol hat lediglich eine zugewiesene Bedeutung, die ihm nicht innewohnt. Die Wichtigkeit oder Bedeutung eines Symbols muss aus der Erinnerung eines Menschen kommen.

MENGEN ERKENNEN

Um das Rechnen zu verstehen, müssen wir den visuellen Aspekt von mentalen Bildern untersuchen. Ein mentales Bild kann eine Anzahl von Formen enthalten. Das Aussehen und die Farbe der Formen bestimmen die Identität der einzelnen Teile. Nehmen wir zum Beispiel das Bild einer Landschaft, in dem Bäume, ein See und im Hintergrund ein schneebedeckter Berg zu sehen sind. Wodurch unterscheidet sich der Baum von dem See und dem Berg? Es sind seine Form und Farbe, die uns ermöglichen, diesen Teil des Bildes als einen Baum zu erkennen.

Wie viele Bäume gibt es in dem Bild? Hier wird eigentlich gefragt: Wie viele Teile des Bildes erkennen wir als Bäume? Das Wesen des

Rechnens besteht darin, die Menge der individuellen Teile zu bestimmen. Dies ist das Grundprinzip, aus dem alle Rechenregeln abgeleitet werden. Hier fangen das wirkliche Verstehen und das Ausführen des Rechnens erst an.

WIRKUNGEN DER DESORIENTIERUNG

Für jemanden, der nicht desorientiert, geht die Zeit ziemlich gleichmäßig dahin. Jede Sekunde ist genauso lang wie die andere. Minuten und Stunden haben ebenfalls eine gleichmäßige Länge. Noch bevor er in die Schule kommt, wird dieser Mensch ein inneres Gefühl für den Ablauf der Zeit entwickeln.

Obwohl Bilder-Denker von sich aus mit den Prinzipien des Rechnens denken können, so stellt Desorientierung durchaus immer noch ein Problem dar. Jemand, der oft desorientiert, kann in der Schule Schwierigkeiten haben, wenn er rechnen lernt, und zwar aufgrund der Symbole und der Sprache, die verwendet werden.

Diese Probleme können selbst dann auftreten, wenn ein Kind keine Langzeit-Desorientierungen erlebt oder sich aus Gewohnheit in eine irreale Welt hineinträumt. Schon mehrere kurze Desorientierungen am Tag können genügen, um den Schüler zu verwirren und sein Erleben der Dinge zu verändern.

Zeitschwankungen

Weil Desorientierungen die Wahrnehmung der Zeit verändern, scheint sie für den Betreffenden nicht gleichmäßig abzulaufen. Dadurch entwickelt sich bei ihm kein inneres Gefühl für den Ablauf der Zeit. Wird dies nicht behandelt und korrigiert, haben viele Schüler ihr Leben lang Schwierigkeiten mit den verschiedenen Gesichtspunkten von Zeit. Die Welt um sie herum wird nach ihrem Empfinden langsamer oder schneller ablaufen, noch dazu in einer Art, die sie weder erkennen noch kontrollieren können. Dies ist der Grund warum Schüler mit Rechenproblemen oft auch Schwierigkeiten mit der Pünktlichkeit, dem Ausführen von Anweisungen oder jeglicher Aktivität haben, die das Befolgen einer Reihenfolge erfordert.

Eine falsche Zeitwahrnehmung führt unweigerlich zu Schwierigkeiten im Rechnen, weil ein Mensch ohne innewohnendes *Zeitgefühl* niemals eine korrekte Vorstellung von einer *Reihenfolge* entwickeln kann. Wenn die Begriffe Zeit und Reihenfolge fehlen oder nicht korrekt sind, sind die Begriffe *Ordnung* und *Konsequenz* ebenfalls nicht richtig ausgebildet.

Vorher, während und nachher

Der Grund dafür ist in den mechanischen Abläufen zu suchen, die man zum Rechnen mittels Logik und Beweisen braucht. Wenn man Mathematik oder Rechenaufgaben löst, wird immer nach der Konsequenz einer spezifischen Handlung gefragt. Von dem mechanischen Ablauf her gesehen, tut man beim Lösen einer Rechenaufgabe Folgendes: Man verwendet die Begriffe von Zeit, Reihenfolge und Ordnung, um ein Resultat zu bekommen. Wenn wir zum Beispiel sechs Kekse haben und noch zwei Kekse dazuzählen, wie viele Kekse sind es dann insgesamt? Die Konsequenz davon, dass man zwei den Sechsen hinzufügt, ist acht. Der Grund für die Zahl acht sind die beiden zusätzlichen Kekse, die zu den sechs bereits vorhandenen dazugezählt wurden.

Zeit als mathematischer Begriff

Konsequenz wird eigentlich durch den Begriff Zeit bestimmt, eine Veränderung fand statt. Für unsere Zwecke definieren wir Zeit ganz einfach als *das Messen von Veränderung im Vergleich zu einem Standard*. Wir messen mit Uhren nicht wirklich die Zeit selbst; wir messen nur die Veränderung. Die Standards beruhen darauf, dass die Erde sich um ihre eigene Achse und um die Sonne dreht. Unsere Uhren zählen demnach lediglich in Harmonie mit diesen Standards.

Wenn also zwei neue Kekse zu den sechs vorhandenen hinzukommen, beinhaltet die gemessene Veränderung acht Kekse, die nun insgesamt vorhanden sind. Acht ist die Konsequenz der Veränderung, die stattgefunden hat. Aus dieser Perspektive gesehen wird die Lösung einer jeden Rechenaufgabe in derselben Form wie Zeit ausgedrückt, weil die Lösung die gemessene Veränderung ist.

Wir wollen uns das Keksbeispiel nun noch einmal ansehen und seine Beziehung zu den Begriffen Konsequenz, Zeit, Reihenfolge und Ordnung auswerten, so wie sie in Kapitel 2 beschrieben sind: »Wenn wir sechs Kekse haben und wir zählen noch zwei Kekse dazu, wie viele Kekse haben wir dann?«

Begriffe

- Konsequenz: *Etwas passiert als Folge von etwas anderem.*
- Zeit: *Das Messen von Veränderung.*
- Reihenfolge: *Die Art und Weise, wie Dinge aufeinander folgen.*
- Ordnung: *Dinge am richtigen Platz, in der richtigen Lage und im richtigen Zustand.*

Auswertung

- Vorher: »Wenn wir sechs Kekse haben« - *Ordnung* - sechs Kekse existieren am selben Ort.
- Während: »und wir zählen noch zwei Kekse dazu« - *Reihenfolge* - zwei Kekse folgen sechs Keksen, daher wiederum Ordnung - zwei zusätzliche Kekse existieren am selben Ort.

- Nachher: »wie viele Kekse« - Zeit - Messen der Veränderung »haben wir dann?« - *Konsequenz* - zwei zusätzliche Kekse zu den sechs Keksen ergibt acht Kekse.

Das Prinzip ist stets gleich, egal ob wir die Umlaufbahn eines Planeten ausrechnen, die Schubkraft einer Rakete oder die Anzahl Kekse, die aus der Dose genommen wurden. Mechanisch werden all diese Aufgaben unter Verwendung derselben vier Grundbegriffe gelöst. Sobald einer oder mehrere dieser Begriffe fehlen, kann man nicht mehr nachvollziehen, wie Mathematik und Rechnen funktionieren. Wenn man etwas ausrechnet, wendet man dann nur auswendig gelernte Vorgänge an, ohne wirklich zu verstehen, warum etwas geschieht.

Hat Ihr Schüler einmal die Fähigkeit erlangt, seine Wahrnehmung bewusst zu orientieren, wird er diese Grundbegriffe durch Symbolbeherrschung meistern können, indem er Szenen aus Knete herstellt. Dann ist er bereit, Rechenprinzipien bildhaft zu erlernen und schließlich dazu überzugehen, mit Ziffern auf Papier zu rechnen. Nun sollte er dem Unterricht ganz normal folgen können.

5.
Probleme mit der Handschrift: Dysgraphie

Bevor die Schreibmaschine seinerzeit Einzug in unsere Büros hielt, galt eine gute Handschrift als unerlässlich. Sekretäre und Schreiber brachten alle legalen und geschäftlichen Dokumente in untadeliger Schrift aufs Papier. Auch im Privatleben verwandten die Menschen viel Zeit darauf, persönliche Briefe an Freunde und Verwandte zu schreiben. Nun gibt es eine Debatte darüber, ob gute Handschrift überhaupt noch relevant ist in der heutigen Welt, in der Computer, E-Mails und Co. den Alltag bestimmen. Wenn ein Schüler lernen kann, eine Tastatur und ein Rechtschreibprogramm zu verwenden, reicht das heutzutage womöglich aus.

Von Hand schreiben ist eine Kunst, die bestimmte Fertigkeiten verlangt. Manche Menschen mögen sie in unserer Zeit als entbehrlich ansehen, aber unser Schulsystem hält eine leserliche Handschrift nach wie vor für einen unverzichtbaren Bestandteil des Grundschullehrplans. Ein Kind mit *Dysgraphie* (Schreibschwäche) oder *Agraphie* (Unfähigkeit zu schreiben) wird in der Regel wahrscheinlich als »lernbehindert« eingestuft und in einen Förderunterricht geschickt. Ich denke, die meisten Menschen werden mir zustimmen, dass es sinnvoll ist, wenn man Formulare ausfüllen oder einen Einkaufszettel schreiben kann, den man später im Laden auch lesen kann. Ein Mensch mit Dysgraphie oder Agraphie hat ein Problem, das nicht nur lästig ist.

BJUYT KIOP M LKJHGFDSA:@WERTYUIOP:.-98VB54329W RT
                                                HA
                        HARTFORD, DEC. 9.
DEAR BROTHER:
I AM TRYING T TO GET THE HANG OF THIS NEW F
FANGLED WRITING MACHINE, BUT AM NOT MAKING
A SHINING SUCCESS OF IT. HOWEVER THIS IS THE
FIRST ATTEMPT I..EVER HAVE MADE, & YET I PER-
CEIVETHAT I SHALL SOON & EASILY ACQUIRE A FINE
FACILITY IN ITS USE. I SAW THE THING IN BOS-
TON THE OTHER DAY & WAS GREATLY TAKEN WI:TH
IT. SUSIE HAS STRUCK THE KEYS ONCE OR TWICE,
& NO DOUBT HAS PRINTED SOME LETTERS WHICH DO
NOT BELONG WHERE SHE PUT THEM.
THE HAVING BEEN A COMPOSITOR IS LIKELY TO BE
A GREAT HELP TO ME,SINCE O NE CHIEFLY NEEDS
SWIFTNESS IN BANGING THE KEYS.THE MACHINE COSTS
125 DOLLARS.THE MACHINE HAS SEVERAL VIRTUES
I BELIEVE IT WILL PRINT FASTER.THAN I CAN WRITE.
ONE MAY LEAN BACK IN HIS CHAIR & WORK IT. IT
PILES AN AWFUL STACK OF WORDS ON ONE PAGE.
IT DONT MUSS THINGS OR SCATTER INK BLOTS AROUND,
OF COURSE IT SAVES PAPER.
                        SUSIE IS GONE,
NOW, & I FANCY I SHALL MAKE BETTER PROGRESS;
WORKING THIS TYPE-WRITER REMINDS ME OF OLD
ROBERT BUCHANAN, WHO, YOU REMEMBER, USED TO
SET UP ARTICLES AT THE CASE WITHOUT PREVIOUS-
LY PUTTING THEM IN THE FORM OF MANUSCRIPT.I
WAS.LOST IN ADMIRATION OF SUOH MARVELOUS
INTELLECTUAL CAPACITY.
                        LOVE TO MOLLIE,
            YOUR-BROTHER,
                        SAM

*Im Jahre 1874 kaufte Mark Twain (Samuel L. Clemens) für 125 US-Dollar eine
Schreibmaschine und schrieb darauf einen begeisterten Brief an seinen Bruder.*

Obwohl manche Menschen das Problem herunterspielen mögen, so ist es doch häufig eine Quelle extremer Verlegenheit und trägt zu vermindertem Selbstwertgefühl bei.

MEDIZINISCHE DEFINITIONEN

Für unsere Zwecke können wir *Dysgraphie* ganz einfach definieren: *Schwierigkeiten beim Schreiben mit der Hand haben*, und *Agraphie*, die ernstere Ausprägung, als: *Die Unfähigkeit, von Hand zu schreiben*. Folgende Symptome sind hierfür typisch:

- schlechte oder unleserliche Handschrift,
- ungeschickte oder verkrampfte Stifthaltung,
- die einzelnen Zeilen sind nicht gerade, auch wenn auf liniertem Papier geschrieben wird,
- die einzelnen Buchstaben innerhalb der Wörter sind unterschiedlich groß,
- Wörter und Buchstaben haben ein unregelmäßiges Erscheinungsbild (ein Buchstabe kann innerhalb desselben Schriftstückes ganz verschieden aussehen),
- es fällt schwer, innerhalb der Linien zu bleiben; der Seitenabstand wird nicht eingehalten; die Zwischenräume zwischen

den Wörtern sind unregelmäßig.

Bei Agraphie ist das wichtigste Symptom die Unfähigkeit, ein Schreibwerkzeug zu halten und zu führen.

Nun wollen wir uns einmal ansehen, was die medizinische Wissenschaft über Probleme mit der Handschrift zu sagen hat. Mein zuverlässiges *MSD Manual* erwähnt sowohl Agraphie als auch Dysgraphie, allerdings nur als einen Aspekt der Aphasie. Diese wird definiert als: *Einschränkung oder Verlust der Sprachfunktion mit Beeinträchtigung des Wortverständnisses oder der Wortbildung (bzw. nichtverbaler Wortäquivalente) aufgrund einer Schädigung oder Degeneration der Sprachzentren des Kortex.*

Eine Schädigung des Gyrus frontalis inferior (der unteren Stirnwindung des Frontallappens der Großhirnrinde) unmittelbar vor der fazialen und lingualen Region des motorischen Kortex (Broca-Region) verursacht eine expressive oder motorische Aphasie. Dabei sind Wortverständnis und Begriffsbildungsvermögen des Patienten relativ gut erhalten, aber die Fähigkeit der Sprachbildung und des Ausdrucks ist gestört. Meist betrifft die Schädigung die Sprache (Dysphasie) wie auch das Schreiben (Agraphie, Dysgraphie).

Es entbehrt nicht einer gewissen Ironie, dass ausgerechnet der Berufsstand der Mediziner, der für seine schlechte Handschrift berüchtigt ist, Gehirnschäden für dieses Problem verantwortlich macht. Man mag kaum glauben, dass derart viele Gehirne durch das Medizinstudium geschädigt werden. Selbst das amerikanische Nationale Zentrum für Lernschwächen definiert Dysgraphie als »eine neurologische Störung, die das Schreiben betrifft«.

Wir haben entdeckt, dass Probleme mit der Handschrift meistens durch diverse andere Faktoren verursacht werden und nicht durch Schädigungen des Gehirns. Damit meine ich übrigens jegliche Verletzung des Gehirns durch Krankheit, Trauma oder genetischen Defekt.

Manche Aspekte dieser Behinderung kann man leicht in Verbindung mit Leseschwäche bringen, wenn man bedenkt, dass Lesen die Umkehrung von Schreiben ist. Beim Lesen erkennt das Gehirn Wörter auf dem Papier und formt Begriffe daraus. Beim Schreiben formt das Gehirn aus Begriffen Wörter auf dem Papier.

In vielen Fällen erledigen sich die Probleme dadurch, dass wir die Leseschwäche erfolgreich behandeln, weswegen es sehr unwahrscheinlich ist, dass Schädigungen des Gehirns irgendetwas damit zu tun haben.

In vielen anderen Fällen, in denen tatsächlich Schädigungen des Gehirns nachgewiesen wurden, konnten wir Probleme der Handschrift erfolgreich behandeln. Wir erzielten Verbesserungen in der Handschrift, die unübersehbar und dauerhaft waren. Da wir diese Schädigungen mit Sicherheit nicht rückgängig machen konnten, vermute ich, dass sich neue Nervenbahnen geöffnet haben und die verletzte Stelle dadurch umgangen werden konnte. Dieser Prozess ist vergleichbar mit der Arbeit eines Physiotherapeuten, der jemandem nach einem Unfall oder Schlaganfall dabei hilft, seine motorischen Fähigkeiten wiederzuerlangen.

SIEBEN URSACHEN FÜR PROBLEME MIT DER HANDSCHRIFT

Jede Schwierigkeit mit der Handschrift hat zwei Problemfelder: einmal die fehlenden spezifischen Fertigkeiten, zum anderen der Grund, warum diese Fertigkeiten noch nicht entwickelt wurden. Wenn wir eine solche Schwäche bei jemandem beobachten, dann nehmen wir nur die mangelnden Fertigkeiten wahr. Doch wir müssen uns den

Menschen anschauen, um herauszufinden, warum er sie nicht entwickelt hat. Während der jahrelangen Arbeit mit Schülern habe ich sieben mögliche Ursachen unterscheiden gelernt, warum jemand mit der Handschrift ein Problem haben könnte:

- Schädigungen des Gehirns,
- physische Krankheit und Missbildung,
- absichtlich schlechte Handschrift,
- keine oder ungenügende Unterweisung,
- Desorientierung,
- mehrfach überlagerte mentale Bilder,
- ungenügende natürliche Orientierung.

Nicht all diese Aspekte haben mit Legasthenie zu tun, also können wir auch nicht jeden einzelnen davon direkt angehen - sondern nur die letzten vier auf dieser Liste. Mit den ersten drei Punkten zu arbeiten, sprengt den Rahmen dieses Buches, also werde ich nur einen kurzen Überblick anbieten.

Schädigung des Gehirns

Eine Schädigung des Gehirns kann von einem Geburtsfehler, einer Krankheit oder von einer durch einen Unfall verursachten Verletzung herrühren. Ist das Gehirn tatsächlich geschädigt, wird die Krankengeschichte der jeweiligen Person dies dokumentieren. Ich spreche hier nicht davon, dass jemand vermutet, ein Kind *könnte* vielleicht einmal von der Schaukel gefallen sein. Ich meine vielmehr dokumentierte Komplikationen bei der Geburt oder lang anhaltendes hohes Fieber, ein Unfall, der eine Kopfverletzung zur Folge hatte, oder wenn jemand beinahe ertrunken ist.

Wir haben hier keine Strategie, die immer funktioniert, aber wir waren manchmal erfolgreich, indem wir das Problem genau so angingen wie die Dyspraxie (die Ungeschicklichkeitsform der Legasthenie), die durch ungenügende natürliche Orientierung bedingt ist. Befolgen Sie einfach die in Kapitel 24 beschriebene Strategie und die dazugehörigen Anweisungen und beobachten Sie, was passiert.

Physische Krankheit und Missbildung

Physische Missbildungen können angeboren, die Folge einer Krankheit oder eines Unfalls sein. Diese Kategorie beinhaltet aber auch medizinische Zustände wie Zerebralparese, Muskeldystrophie, Multiple Sklerose und Polio. In diesen Fällen sollte jedoch immer eine Krankengeschichte vorhanden sein, die den jeweiligen Zustand dokumentiert. Probleme mit der Handschrift, die mit einer physischen Krankheit einhergehen, liegen außerhalb der Reichweite unseres Ansatzes.

Absichtlich schlechte Handschrift

Dass jemand absichtlich schlecht schreibt, ist eine häufige Ursache für eine unleserliche Handschrift. In diesem Fall besteht keine direkte Verbindung zur Legasthenie. Ein jeder kann sich das angewöhnen und meistens will man irgendetwas anderes verbergen. Oft versucht jemand, eine Rechtschreibschwäche hinter einer unleserlichen Schrift zu verstecken. Unleserlich schreiben könnte auch ein Mittel sein, um Unsicherheiten hinsichtlich Interpunktion, Grammatik oder Satzbildung zu vertuschen. Wenn der Leser sich sehr viel Mühe geben muss, um das Geschmiere zu entziffern, dann wird er hier und da ein falsch geschriebenes Wort, ein fehlendes Komma, einen fehlenden Punkt oder auch fehlende Großschreibung von einzelnen Wörtern vielleicht übersehen. Nach einer Weile wird es zur Gewohnheit so zu schreiben, und der Betreffende merkt vielleicht nicht einmal, dass er es tut.

Im Allgemeinen hat eine absichtlich schlechte Handschrift keine spezifischen Symptome, weswegen sie auch besonders schwer zu identifizieren ist. Sie könnten nach einem zugrunde liegenden Problem suchen, indem Sie Kenntnisse des Betreffenden in Rechtschreibung, Interpunktion und Grammatik überprüfen, aber selbst dann ist es wohl noch schwierig. Wahrscheinlich ist der beste Weg ein Ausschlussverfahren. Finden Sie keine andere Ursache für die unleserliche Schrift, dann ist es wahrscheinlich Absicht. Vorsätzlich unleserlich zu schreiben ist nicht direkt mit Bilderdenken oder Desorientierung verbunden, deshalb werden wir diesen Punkt nicht weiterverfolgen und auch keine spezielle Lösungsstrategie anbieten.

Wenn Sie aber mit einem Kind arbeiten, das ADS hat, könnte es Ihnen zunächst so vorkommen, als ob das Kind absichtlich so unleserlich schriebe, was jedoch nicht der Fall ist. Diese Kinder schreiben normalerweise völlig unleserlich, unter Druck dagegen ziemlich ordentlich. Dies kann gerade für Eltern sehr frustrierend sein, da sie wissen, dass ihr Kindes es durchaus besser machen könnte, aber nicht tut. Es scheint, als ob das Kind faul sei, es ihm gleichgültig sei oder es widerspenstig sei. Meistens hängt dieses Problem mit der Geschwindigkeit seiner inneren Uhr zusammen. Es kann fast wie ein Wunder scheinen, aber mit den einfachen Werkzeugen der Orientierung (Kapitel 9) und der Nutzung eines Energiereglers (Kapitel 13) sollte das Problem von selbst verschwinden.

Keine oder ungenügende Unterweisungen

Dieser Punkt ist im Grunde so selbstverständlich, dass er leicht zu übersehen ist. Ein Schüler könnte Probleme mit der Handschrift haben, weil man ihm schlichtweg niemals gezeigt hat, wie man richtig schreibt oder weil der Grundschulunterricht nicht ausreichte, um diese Fertigkeit genügend auszubilden. Nicht alle Menschen auf der Welt haben die Möglichkeit, zur Schule zu gehen. Manchmal ist ein Kind häufig krank oder fehlt viel und verpasst so wichtigen Unterricht, den es auch nie ausreichend nachholt.

Diese Mängel haben nicht direkt etwas mit Bilderdenken oder Desorientierung zu tun, aber Letztere kann indirekt zu dem Problem beitragen. Die Fähigkeit zu desorientieren erlaubt einem Schüler, physisch anwesend zu sein, ohne dem Geschehen auch mental zu folgen. Eine alternative Realität oder Tagtraum, durch die Desorientierung hervorgerufen, wird den besten Unterricht vereiteln. Und es gibt möglicherweise eine weitere Verbindung.

Im Laufe der Jahre habe ich mit einigen älteren Schülern gearbeitet, die schon sehr früh als legasthenisch eingestuft worden waren. Da sie laut Gesetz gefördert werden müssen, versuchten die Schulen, ihnen Hilfe anzubieten. Dabei musste man Kompromisse machen. Oft fand die Leseförderung in einer kleinen Gruppe oder sogar im Einzelunterricht statt. Dieser Extraunterricht wurde aber nicht zusätzlich zum regulären Unterricht, sondern *an Stelle* dessen angeboten. Wenn die Schüler dann in der dritten Klasse angelangt waren, nahm man sie in ein Förderprogramm auf, das hauptsächlich aus lautierendem Lesen bestand. Viele erzählten mir, dass sie sich an eine Unterweisung im Schreiben überhaupt nicht erinnern könnten.

Um festzustellen, ob das Problem Ihres Schülers hier seine Ursache hat, fragen Sie ihn am besten, ob er ausreichenden Unterricht im

Schreiben erhalten hat. Falls nicht, ist die Antwort ganz einfach: Holen Sie diesen Unterricht nach. Wenn ein Schüler allerdings keinen ausreichenden Schreibunterricht bekam, weil er stattdessen Förderunterricht hatte, dann gibt es wahrscheinlich noch einige andere Lernprobleme, die vorher beseitigt werden müssen.

Desorientierung

Diese Kategorie folgt demselben Modell von Reiz und der darauf folgenden Reaktion wie die Leseschwäche. Der Betreffende ist zunächst orientiert. Dann begegnet ihm ein entsprechender Reiz und er desorientiert, meist nur für den Bruchteil einer Sekunde. Während der Desorientierung wird seine Handschrift schief. Wir haben dieses spezielle Problem nur selten bei Kindern beobachtet, doch es wurde fast immer von einer Leseschwäche begleitet.

Wir haben im Laufe der Jahre festgestellt, dass es zwei Gruppen von Auslösern für Desorientierung bei der Handschrift gibt: *Linien- und Form*-Auslöser sowie *Bewegungen*. Weder Linien noch Formen oder Bewegungen können von sich aus eine Desorientierung auslösen, demnach muss es etwas zwischen dem Auslöser und der Desorientierung geben – und zwar eine Emotion. Bei der Leseschwäche löst Verwirrung die Desorientierung aus. Für das Problem mit der Handschrift könnte es sowohl Verwirrung als auch etwas anderes sein.

Nun haben wir die einzelnen Teile eines Auslösers benannt – Linie, Form oder Bewegung – die ein Gefühl auslösen, das seinerseits Desorientierung verursacht. Emotionen stammen eigentlich aus der Lebenserfahrung des Betreffenden. Irgendwo in der Vergangenheit dieser Person gibt es ein reales Erlebnis, das diese Emotion enthielt. Auf irgendeine Weise erinnert eine Linie in einer bestimmten Richtung, eine bestimmte Form oder eine bestimmte Bewegung die Person genau an dieses Erlebnis. Indem sie dieses Erlebnis nun unbewusst an einer Linie, Form oder Bewegung festmacht, wird die Emotion in die Gegenwart transportiert. Der Betreffende beginnt, die vergangene Emotion unbewusst in der Gegenwart zu erleben, was eine Desorientierung zur Folge hat.

Diese Art von Problem erkennt man, indem man jemandem beim Schreiben genau zusieht. Sie werden Symptome von Desorientierung bemerken, die gerade mal den Bruchteil einer Sekunde andauern. Die Desorientierung wird eine gleichbleibende, wiederkehrende Anomalie oder geringfügige Verschiebung in der Handschrift verursachen, die durch eine unwillkürliche winzige Bewegung der Muskulatur ausgelöst wird. Jedes Mal, wenn eine Linie in einer bestimmten Richtung gezogen werden muss, desorientiert der Schüler, wodurch die Anomalie entsteht. Oder jedes Mal, wenn der Schüler eine bestimmte Form zeichnen oder eine bestimmte Bewegung ausführen soll, ist sie wieder da. Die Anomalie wird immer wieder an genau derselben Stelle und in demselben Zusammenhang auftreten.

Die Verschiebung wird beim Formen der Linie oder der Form auftreten, die der Schüler zu zeichnen versucht. Zum Beispiel wird das O vielleicht nicht rund sein; es könnte wie ein D aussehen oder wellige senkrechte Linien haben.

Ein Schüler mit diesem Problem wird oft winzig klein schreiben. Es wird ihm schwer fallen, die Buchstaben größer zu machen.

Es kann aber auch sein, dass der Schüler insgesamt durch Wörter desorientiert wird. In dieser Situation löst das bloße Schreiben von Wörtern schon eine Desorientierung aus. Es folgen zwei weit verbreitete Symptome, die auf dieses Problem hinweisen:

- Auf unliniertem Papier kann der Schüler keine geraden Linien einhalten. Manchmal kann er das nicht einmal auf liniertem

Papier.

- Meistens ist die Größe der Buchstaben nicht einheitlich, vor allem nicht bei Druckschrift. Unmotiviert werden womöglich Buchstaben mal aus dem großen, mal aus dem kleinen Alphabet gewählt. Ältere Schüler verwenden womöglich nur große Druckbuchstaben.

Wenn dies der Fall ist, korrigieren Sie zunächst die Leseschwäche, ehe Sie mit der Handschrift arbeiten. Auf diesem Weg wird das Handschriftproblem womöglich verschwinden, ohne dass Sie eigens daran arbeiten mussten. Falls dies nicht der Fall ist, finden Sie in Kapitel 22 spezielle Übungen, um die auslösende Emotion aufzuspüren und zu beseitigen.

Mehrfach überlagerte mentale Bilder

In diesem Fall ist Desorientierung nicht direkt der Grund für die Schwäche. Aber schon allein die Tatsache, dass ein Mensch ein Bilder-Denker ist, kann ihn dazu bringen, dieses Problem zu entwickeln. Meist liegt es daran, dass Außenstehende nicht nachvollziehen können, was alles passieren kann, wenn einem Bilder-Denker bildhafte Modelle vorgelegt werden. Im Zuge des Unterrichts gibt die Lehrerin dem Schüler aus Versehen mehrfache Modelle davon, wie Schrift aussehen sollte. Zum Beispiel soll ein Vorschulkind lernen, seinen Namen in der in seiner Einrichtung gepflegten Schrift zu schreiben. Er zeichnet:

Beim ersten Mal hat es noch nicht ganz geklappt, also zeichnet die Lehrerin es als Vorlage links daneben in der richtigen Form.

Der Schüler versucht es noch einmal.

Es stimmt immer noch nicht ganz, also zeichnet die Lehrerin daneben noch ein Beispiel.

Was die Lehrerin hier tut, erscheint vernünftig. Der Schüler erhält

Vorlagen, denen er folgen soll. Doch leider sind die beiden Vorlagen nicht identisch.

Für die meisten Schüler ist das kein Problem, aber bei einem Bilder-Denker kann sich daraus eine *Agraphie* entwickeln, das schwerwiegendste Handschriftproblem.

Der bilderdenkende Schüler macht im Geiste eine exakte mentale Kopie von dem Modell seiner Lehrerin. Beim zweiten Modell tut er es noch einmal. Vor seinem nächsten Schreibversuch schaut er sich innerlich beide Vorlagen an, legt sie jedoch nicht nebeneinander. Die Bilder überlagern sich. Da die Modelle nicht identisch sind, sieht der Schüler nun ein Durcheinander von mehreren Linienformen. Das mentale innere Bild, dem er zu folgen versucht, kann man jedoch unmöglich zeichnen.

In dieser Situation passiert nun Folgendes: Jedes Mal, wenn die Lehrerin eine weitere Vorlage anbietet, auch wenn es sich nur ganz wenig von den bisherigen unterscheidet, legt der Schüler es im Geiste über die anderen und vergrößert dadurch das Problem noch mehr. Je mehr Unterricht der Schüler also bekommt, desto größer wird sein Problem. Je mehr Vorlagen er erhält, desto schwerer wird es für ihn, überhaupt etwas hinzuschreiben. Schließlich sieht sein inneres Bild so aus:

Als natürliche Reaktion darauf wird der Schüler den Stift immer fester halten, bis seine Finger ermüden und verkrampfen. Er wird den

Stift immer fester aufs Papier drücken, bis die Spitze abbricht oder das Papier ein Loch bekommt. Mit jedem Versuch, seinen Namen zu schreiben, wird sein ganzer Körper noch angespannter. Schließlich wird er an dem Punkt ankommen, an dem es für ihn unmöglich ist, einen Stift überhaupt in der Hand zu halten oder zu führen. Der bloße Gedanke daran, seinen Namen schreiben zu müssen, könnte extreme Angst in ihm auslösen. Es ist keineswegs ungewöhnlich, dass ein Kind mit Agraphie Medikamente gegen Bluthochdruck, Depression oder ADS einnimmt.

All diese Zeichen deuten an, dass in diesem Fall mehrfach überlagerte mentale Bilder die Ursache sind, die beseitigt werden muss.

Ungenügende natürliche Orientierung

Als Letztes wollen wir uns mit dem Problem beschäftigen, das mit dem Zustand einhergeht, der als Dyspraxie (Ungeschicklichkeit) bekannt ist. Dyspraxie wird meistens mit »auditiver Verarbeitungsstörung« in Verbindung gebracht, aber wir sprechen auch vom »Ungeschicktes-Kind-Syndrom«. Bei dieser Störung, die zwischen zwei und vier Prozent der Bevölkerung betrifft, wird im Allgemeinen angenommen, dass ein neurologisches Defizit vorliegt, das die motorische Entwicklung hinauszögert oder unmöglich macht. Schlechte Handschrift ist nur eines von vielen möglichen Symptomen. Weitere sind:

- Allgemein gesprochen: Unbeholfenheit. Der Betreffende ist ungeschickt, hat womöglich Schwierigkeiten, gleichmäßig zu gehen, sich die Schuhe zu binden, oder irgendeine Tätigkeit auszuführen, die eine gewisse Feinmotorik erfordert.
- Die Verwechslung von rechts und links. Dem Betreffenden fällt es schwer, rechts und links zu bestimmen oder die Mittel-

linie seines Körpers mit Händen oder Füßen zu kreuzen.

* Wahrnehmungsschwierigkeiten sowie Schwierigkeiten mit der Sprache. Dem Betreffenden fällt es womöglich schwer, Sprache zu verstehen, oder er zeigt Sprachauffälligkeiten.

Forscher haben herausgefunden, dass dieser Zustand oft von Legasthenie, ADS, Dysgraphie oder Rechenproblemen *begleitet* wird. Wir nennen es ganz einfach »die unbeholfene Art von Legasthenie«.

Wir haben herausgefunden, dass Dyspraxie immer dann auftritt, wenn sich die natürliche Orientierung eines Menschen an einer sehr ungünstigen Stelle befindet. Für diese Menschen liegt sie aus Gewohnheit vor dem Körper und unterhalb der Augenlinie. Dadurch zeigen sich die klassischen Symptome einer gemischten Hemisphären-Dominanz, etwa die Verwechselung von rechts und links. Allerdings kann sich auch eine Mittellinienbarriere aufbauen, bei der jemand unfähig ist, Hände oder Füße über die Mittellinie seines Körpers hinaus zu bewegen.

Diese Barriere an der Mittellinie hindert außerdem die Augen daran, die Mittellinie zu kreuzen, und kann deshalb die Wahrnehmung beeinträchtigen. Für Personen mit dieser Schwäche ist die Hälfte der Welt einfach abgeschnitten. Für sie existiert die Welt auf der anderen Seite der Mittellinienbarriere ganz einfach nicht. Diese Anomalie betrifft nicht nur die visuelle Wahrnehmung, sondern verzerrt zugleich die auditive Wahrnehmung. Der Betreffende hört Töne eventuell verzerrt, entweder zu laut, zu leise, oder als kämen sie aus der falschen Richtung. Dies erklärt, warum diese Störung oft auch als auditives Problem betrachtet wird.

Die Symptome dieser Anomalie sind leicht zu erkennen, sofern der betreffende Schüler in einem Alter ist, in dem seine motorischen Fähigkeiten eigentlich schon entwickelt sein müssten. Er wird Sie in der Regel nicht direkt ansehen, wenn Sie mit ihm sprechen. Tut er es doch, wird sich oft ein Auge schließen oder in eine andere Richtung abweichen. Die Kinder haben außerdem häufig scheinbar »schwere Füße« und wirken extrem unbeholfen. Beim Lesen halten sie das Buch nicht gerade vor sich, sondern auf einer Seite, manchmal sogar in einem Winkel von neunzig Grad. Beim Schreiben wird das Papier ebenfalls seitlich gelegt, oft in einem Winkel, dass die Schrift senkrecht anstatt von links nach rechts verläuft.

Das Handschriftproblem, das mit dieser Barriere an der Mittellinie einhergeht, tritt hauptsächlich dann auf, wenn ein Buchstabe gezeichnet werden muss, der über diese Mittellinie hinausgeht. Das Problem ist aber noch sehr viel größer. Wenn wir den Druckbuchstaben »A« direkt anschauen, erkennen wir die Symmetrie darin. Die diagonalen Linien sind gerade und treffen sich oben in der Mitte. Die horizontale Linie ist gerade und verbindet die diagonalen Linien jeweils in ihrer Mitte. Jemand mit einer Mittellinienbarriere kann den Buchstaben nicht direkt anschauen; er kann nur etwa die Hälfte davon sehen. Um den ganzen Buchstaben zu sehen, muss er die Stelle, die er betrachtet, so lange verschieben, bis der ganze Buchstabe sich auf einer Seite der Mittellinie befindet. Allerdings geht dabei die Symmetrie des Buchstabens verloren. Die diagonalen Linien erscheinen gebogen und treffen sich nicht in der Mitte. Das Problem mit der Handschrift entsteht durch die verzerrte Wahrnehmung. Versucht der Schüler nun, den Buchstaben zu zeichnen, bildet er bestenfalls die visuellen Verzerrungen davon ab.

Insgesamt lässt sich Folgendes sagen: Das Gehirn des Betreffenden hat noch nie gerade diagonale oder vertikale Linien gesehen. Die Unfähigkeit, sie direkt anzuschauen, verursacht daher eine visuelle Verzerrung. Wenn das Gehirn diese Linien nie gesehen hat, kann es der Hand auch nicht sagen, wie sie diese zeichnen soll.

Auch nach jahrelanger Übung wird ein Mensch mit Dyspraxie, der nicht gelernt hat, sich zu orientieren, keine geraden diagonalen oder vertikalen Linien ziehen können. Wenn er das Blatt um neunzig Grad dreht, fällt ihm das Schreiben ein wenig leichter, trotzdem muss er immer noch vertikale und diagonale Linien zeichnen.

Ein Kind mit Dyspraxie hat eine Behinderung, die der Lehrer weder sieht noch versteht, wenn er ihm das Schreiben beibringen will. Weil das Kind in den Buchstaben keine Symmetrie erkennen kann, wird auch der beste herkömmliche Unterricht keine Verbesserung bewirken. Es ist ganz gleich, wie oft man dem Schüler zeigt, wie das Geschriebene aussehen soll. Sein Gehirn kann die Vorlagen nicht richtig wahrnehmen, also wird er es nie richtig machen können.

Das Schreibproblem beschränkt sich jedoch nicht auf die Unfähigkeit, gerade vertikale und diagonale Linien zu ziehen. Sich kreuzende Linien stellen eine noch größere Hürde dar. Das Kind wird enorme Schwierigkeiten mit Buchstaben haben, die kreuzende diagonale Linien enthalten, wie die Buchstaben A, M, V und W, weil die fehlende Symmetrie die Wahrnehmung der Kreuzungspunkte verzerrt. Das A und das V sind schon schwer genug, da sie einen Kreuzungspunkt enthalten. Das M und das W, mit je drei Kreuzungspunkten, sind dagegen unglaublich schwer.

Dyspraxie bei Schülern zu erkennen, ist in der Regel relativ leicht, weil viele der oben beschriebenen Symptome problemlos zu erkennen sind. Sie können die Anomalie noch besser eingrenzen, wenn Sie den Schüler bitten, anhand einer Vorlage ein großes »A« und »W« in Druckschrift zu zeichnen. Um übereinander liegende Bilder zu vermeiden, sollten Sie den Schüler besser sogar bitten, die Buchstaben aus Knetmasse zu formen. Dazu sollte er aus Knetschlangen die Buchstaben nach dem Modell formen, das Sie vor ihn auf den Tisch gelegt haben. Falls es sich tatsächlich um Dyspraxie handelt, werden die

Buchstaben nicht symmetrisch sein. Die Linien werden nicht gerade sein und die Kreuzungspunkte werden nicht stimmen. Sie könnten in etwa folgendermaßen aussehen:

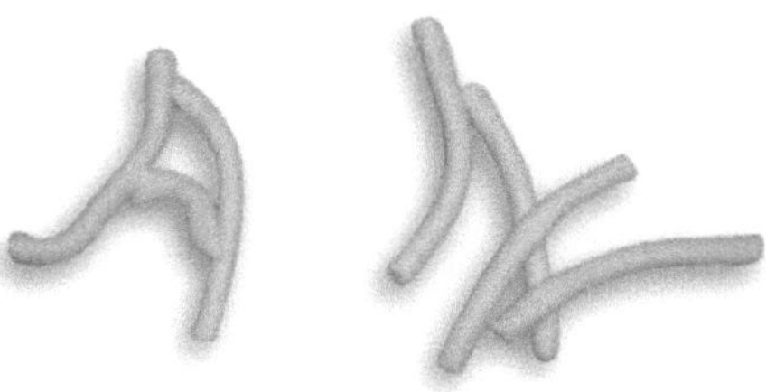

Die hier beschriebenen Punkte decken in etwa alle Möglichkeiten ab. Wenn Ihr Schüler ein Problem mit der Handschrift hat, ist die Ursache sehr wahrscheinlich eine der oben beschriebenen. Im Laufe der Jahre haben wir diverse Strategien zur Korrektur der letzten vier Punkte entwickelt, die alle direkt oder indirekt etwas mit Desorientierung und Bilderdenken zu tun haben. Die in Kapitel 20 bis 24 beschriebenen Strategien sind von uns erprobte Techniken, um diese Probleme zu beseitigen.

ZWEITER TEIL

Die grundlegenden Werkzeuge

6.
Einführung in die Sammlung der grundlegenden Werkzeuge

Die grundlegenden Verfahren der Orientierungsberatung und der Symbolbeherrschung, die in diesem Buch eingesetzt werden, sind dieselben, die wir in unserem ersten Buch, *Legasthenie als Talentsignal*, veröffentlicht haben. Das vorliegende Buch enthält drei weitere Verfahren, die bei der Arbeit mit den anderen Formen der Legasthenie Anwendung finden und bisher noch nicht veröffentlicht waren. Alle zusammen stellen sie eine »Sammlung grundlegender Werkzeuge« dar, die zusätzlich zu den speziellen Übungen zur Korrektur von ADS, Rechen- und Handschriftproblemen verwendet werden. Die Einführung zu den einzelnen Teilen wird Ihnen sagen, welche der grundlegenden Werkzeuge in welcher Reihenfolge notwendig sind. Hier ist ein kurzer Überblick über die grundlegenden Werkzeuge, die im Folgenden behandelt werden:

KAPITEL 7: MOTIVATION UND VERANTWORTUNG

Der erste Schritt bei der Korrektur jeglicher Lernbehinderung ist der Wunsch nach Veränderung. Dieses Kapitel gibt Ihnen Richtlinien und Hinweise an die Hand, wie Sie in Ihrem Schüler die nötige Motivation wecken und weiterentwickeln können, um sich mit seinem Lernproblem zu beschäftigen.

KAPITEL 8: WAHRNEHMUNGSDIAGNOSE

Es gibt zwei Verfahren, die eingesetzt werden können, um einen orientierten Zustand herzustellen - Orientierungsberatung und Ausrichtung. Diese kurze Untersuchung wird Ihnen zeigen, welches der beiden für die Art, wie Ihr Schüler hauptsächlich denkt, das angemessenere ist. Wenn Ihr Schüler die Schritte der Untersuchung ohne Schwierigkeiten ausführen kann, sollten Sie die Orientierungsberatung einsetzen; falls nicht, dann verwenden Sie die Ausrichtung.

KAPITEL 9: ORIENTIERUNGSBERATUNG

Das ursprüngliche Orientierungsverfahren schafft einen »Orientierungspunkt«, der es dem Schüler erlaubt, seine physische Umgebung wahrzunehmen, ohne dass diese Wahrnehmung verzerrt ist. Dieses Verfahren ist am besten geeignet für Menschen, die primär durch Bilder lernen.

KAPITEL 10: LOSLASSEN UND ÜBERPRÜFEN DER ORIENTIERUNGSBERATUNG

Die Loslassübung dient der Entspannung des Schülers und hilft ihm, Stress und Spannungen abzubauen oder zu verhindern. Die Überprüfung ist ein einfaches Verfahren, mit dem während der ersten Tage nach der Orientierungsberatung die Lage des Orientierungspunktes überprüft wird.

KAPITEL 11: FEINEINSTELLUNG FÜR DIE ORIENTIERUNGSBERATUNG

Hier wird der Weg aufgezeigt, mit dessen Hilfe der Schüler die optimale Stelle für seinen Orientierungspunkt findet und auch lernt, diesen regelmäßig zu überprüfen.

KAPITEL 12: VERFAHREN DER AUSRICHTUNG

Die Ausrichtung ist ein Orientierungsverfahren für Menschen, die hauptsächlich kinästhetisch veranlagt oder jünger als sieben Jahre sind (in Kapitel 12 finden Sie mehr zu diesem Thema). Wenn Ihr Schüler mit der Wahrnehmungsdiagnose Schwierigkeiten hat, ist dies für ihn die richtige Art der Orientierung.

KAPITEL 13: ENERGIEREGLER EINSTELLEN

Dies ist ein gedanklicher Prozess, der dem Schüler erlaubt, seine innere Uhr zu kontrollieren und seine Energiemenge angemessen auf die anstehende Tätigkeit einzustellen. Dieses Verfahren wurde entwickelt, um Schülern zu helfen den »hyperaktiven« Anteil ihrer Aufmerksamkeitsstörung unter Kontrolle zu bringen. Allerdings haben wir herausgefunden, dass dies für alle Schüler nützlich ist, auch wenn sie keine Lernprobleme haben.

KAPITEL 14: GESCHICKLICHKEITSTHERAPIE

Wenn Ihr Schüler irgendwelche Symptome von Unbeholfenheit, mangelhafter Fein- oder Grobmotorik aufweist, dann sollten Sie diese Übung mit ihm nach der Feineinstellung oft wiederholen.

KAPITEL 15: BEHERRSCHUNG VON SYMBOLEN UND BEGRIFFEN

Mit Symbolbeherrschung meinen wir, dass der Schüler die Bedeutung und die Gestalt der Sprachsymbole mit Knetmasse modelliert. Die Symbole sind das Alphabet, Satzzeichen, Ziffern oder Worte. So kann man die Symbole mit ihrer Bedeutung verbinden. Wenn Ihr Schüler Anzeichen von Leseschwäche zeigt, werden Sie wahrscheinlich das ganze Korrekturprogramm durchlaufen wollen, so wie es in *Legasthenie als Talentsignal* beschrieben ist. Hier bieten wir nur noch einmal eine allgemeine Beschreibung der Symbolbeherrschung an, mit einer Anleitung für das Alphabet, Satzzeichen und Wörter. Die Beherrschung von Begriffen bedeutet, dass der Schüler eine Szene aus Knetmasse formt, die einen grundlegenden Begriff (oder ein Prinzip) darstellt, der als Fundament für das Lernen notwendig ist. Die modellierte Szene wird den Begriff des »Selbst« beinhalten. Dadurch kann der Schüler herausfinden, was dieser Begriff für ihn bedeutet und wie er mit seiner Umwelt und anderen Menschen umgeht.

KAPITEL 16: ORDNUNG SCHAFFEN

Kinder (und auch zahlreiche Erwachsene) mit ADS sind berüchtigt dafür, unorganisiert und unordentlich zu sein. Das trifft im Allgemeinen auch auf Personen zu, die Schwierigkeiten mit dem Rechnen haben. Unordentlichkeit hat mit vielen Aspekten dieser Problematik zu tun, einschließlich einem schlecht ausgeprägten Zeitsinn und einem mangelhaften Verständnis von grundlegenden Begriffen wie Konsequenz und Reihenfolge. Wenn Sie mit diesen Begriffen gearbeitet haben, könnte es an der Zeit sein, einige praktische Erfahrungen zu sammeln, indem Sie eine Ordnung schaffen und aufrechterhalten. Diese Übungen sind so angelegt, dass sie auch das persönliche Verantwortungsgefühl fördern. Sie können sie mit jedem anwenden, der lernen soll, Ordnung zu schaffen und aufrechtzuerhalten.

DIE ORIENTIERUNGSMETHODE AUSWÄHLEN

Der erste Schritt bei diesen grundlegenden Verfahren besteht darin, sich zu entscheiden, welche Methode der Orientierung Sie am besten einsetzen sollten. Die folgenden Richtlinien können Ihnen dabei helfen:

- Wenn Sie mit einem Kind unter sieben Jahren arbeiten, verwenden Sie die Ausrichtung. Sie ist nachweislich schon bei Fünfjährigen erfolgreich.
- Wenn Sie mit einem Kind arbeiten, das älter als sieben ist, führen Sie die Wahrnehmungsdiagnose durch.
- Falls der Betreffende sich ohne weiteres ein Stück Kuchen auf seiner Hand vorstellen und es von verschiedenen Seiten aus anschauen kann, wählen Sie die Orientierungsberatung.
- Wenn der Betreffende den Aufforderungen in der Wahrnehmungsdiagnose nur schwer folgen kann, lernt er wahrschein-

lich kinästhetisch. Das bedeutet, dass Sie die Ausrichtung verwenden.

- Die Orientierungsberatung eignet sich insbesondere für jemanden, der eher einen visuellen Lernstil hat. Das trifft allerdings nicht auf jeden Legastheniker zu. Manche sind eher kinästhetisch veranlagt, andere sogar auditiv. Bei diesen Personen kann es schwierig oder sogar unmöglich sein, eine Orientierungsberatung durchzuführen. Dies bedeutet jedoch nicht, dass es ihnen generell unmöglich ist, einen orientierten Zustand zu erleben oder ihre Desorientierung zu kontrollieren. Es bedeutet nur, dass sie einen anderen Weg brauchen, um dorthin zu gelangen.

Vordergründig betrachtet ist keines der beiden Orientierungsverfahren wertvoller als das andere. Das Ziel beider Methoden ist es immer, dass eine Person einen orientierten Zustand jederzeit bewusst herstellen kann. Der Unterschied liegt allein in der Leichtigkeit der Anwendung: Je leichter jemand ein Werkzeug benutzen kann, um so wirkungsvoller ist es für ihn. Deshalb stehen zwei Orientierungsverfahren zur Wahl.

Für die Arbeit in der Schule haben wir das Programm der Davis Lernstrategien entwickelt. Hierfür haben wir die Davis-Methoden für den Gebrauch im Unterricht abgewandelt. Wir fanden heraus, dass alle jungen Schüler von einem Werkzeug zur Orientierung profitierten, ob sie nun ein Lernproblem hatten oder nicht. Die Grundschüler erlernten dafür ein Verfahren, das wir *Aufmerksamkeit* nennen. Es ist eine Abwandlung der Ausrichtung und wird unter Anleitung des Lehrers mit der ganzen Klasse gleichzeitig durchgeführt.

Nur ein Verfahren verwenden

Es könnte logisch erscheinen, dem Schüler beide Verfahren zu vermitteln und ihn anschließend selbst wählen zu lassen, welches besser für ihn geeignet ist. In dieser einfachen Logik verbirgt sich jedoch ein Fehler. Das wäre nämlich so, als ob man einem Waldarbeiter in die eine Hand eine Axt und in die andere Hand eine Kettensäge gäbe und ihn dann auffordern würde, einen Baum zu fällen. Wahrscheinlich könnte er diese Aufgabe mit jedem der beiden Werkzeuge erfüllen, aber nicht mit beiden gleichzeitig. Er würde dabei sicherlich die Axt mit der Motorsäge oder die Motorsäge mit der Axt treffen. Keines der beiden Werkzeuge wäre dann von Nutzen und zudem könnten beide beschädigt werden. Natürlich sind die Axt und die Kettensäge physische Werkzeuge. Sie können in einem Werkzeugkasten aufbewahrt und einzeln hervorgeholt werden. Die Orientierungsverfahren sind mentale Vorgänge und lassen sich daher nicht so leicht trennen.

Die Erfahrung hat uns gezeigt, dass es bei dem Versuch, beide gleichzeitig zu benutzen, zu unvorhersehbaren Verzerrungen in der Wahrnehmung des Schülers kommen kann. Diese lassen sich möglicherweise nur sehr schwer wieder rückgängig machen und der Schüler könnte eine Abneigung gegen den Gebrauch beider Werkzeuge entwickeln.

Das geistige Auge

Ganz gleich, ob Sie das Verfahren der Orientierung oder das der Ausrichtung verwenden, Sie werden den Schüler auffordern, die Welt mental von einem bestimmten Ort im Raum aus zu betrachten und einen bestimmten »Punkt« als optimale Stelle hierfür zu schaffen. Dieser Begriff ist für Nicht-Legastheniker nicht immer wirklich nachzuvollziehen, weil sie die Welt bereits automatisch von einem festen Orientierungspunkt aus betrachten. Er mag zwar nicht immer ganz genau an der idealen Stelle liegen, aber er ist stabil. Ein Legastheniker, der schon früh im Leben gelernt hat, mit seiner Desorientierung umzugehen, neigt dazu, seine Orientierung zu verändern, um die Welt auf verschiedene Arten wahrzunehmen.

Die meisten Menschen haben offenbar das Gefühl, dass sie ihre Umgebung von einem Ort aus betrachten, der sich irgendwo hinter ihren Augen befindet. Wenn sie in Worten denken, ist dieser Ort oft ein stabiler Punkt innen am Hinterkopf.

Ganz gleich, wo er sich befindet, dieser Punkt ist der Standort dessen, was ich ursprünglich »das Zentrum der Wahrnehmung« nannte oder aber das »geistige Auge«. Von diesem vorgestellten Ort im Raum aus erhalten wir die meisten Wahrnehmungsreize – einschließlich Klang, Gleichgewicht, Bewegung und erinnerten mentalen Bildern.

Legastheniker bilden spontan dreidimensionale mentale Bilder von ihrer Umwelt und das geistige Auge bewegt sich an verschiedene Orte, um die unterschiedlichen Perspektiven einzufangen. Wenn ein Legastheniker den Buchstaben b für ein d hält, hat er ihn wahrscheinlich von hinten wahrgenommen – das geistige Auge ist also hinter das Blatt gesprungen. Das ist sehr praktisch, wenn man sich mit dreidimensionalen Gegenständen beschäftigt, aber um zweidimensionale Symbole korrekt zu erkennen, muss das geistige Auge an einem Ort stabilisiert sein, von wo aus die Wahrnehmungen verlässlich und korrekt sind. Das ist das Einzige, was die Orientierung bewirkt. Wir schaffen einen mentalen Standpunkt im Raum, von dem aus die Wahrnehmung optimal ist. Dieser Punkt liegt in der Regel fünfzehn bis dreißig Zentimeter oberhalb und hinter dem Kopf. Er ist immer auf der Mittellinie des Körpers.

Wenn Sie die Beschreibungen der beiden Verfahren lesen, werden

Sie feststellen, dass beide das gleiche Resultat erzielen sollen. Anhand der sich anschließenden Übungen zur Feineinstellung soll der Schüler den speziellen Ort finden, von dem aus alle Wahrnehmungen so genau wie möglich sind.

Wenn Sie alle Schritte des für Ihren Schüler besser geeigneten Orientierungsverfahrens beendet haben, können Sie sich dem Gebiet zuwenden, auf dem Ihr Schüler die größten Probleme hat. Hoffentlich haben Sie durch die Lektüre der vorangegangenen Kapitel bereits herausgearbeitet, woran Sie gemeinsam arbeiten müssen. Sobald Sie also das Einverständnis Ihres Schülers haben, folgen Sie den Anweisungen wie bei einem Rezept. Wenn Sie das Richtige ausgewählt haben, sollten Sie von Anfang an positive Resultate erzielen.

DER RAT EINER MUTTER

(Dieser Brief wurde ursprünglich auf dem »Davis Dyslexia Discussion Board« unter www.Dyslexiatalk.com veröffentlicht.)

Ich habe die Orientierungsberatung mit meiner Tochter durchgeführt. Sie war zu der Zeit fast dreizehn und wir waren beide sehr erstaunt! Ich habe so gut wie überhaupt nichts verstanden, sie hingegen schon! Wenn man selbst kein Legastheniker ist, wird man wahrscheinlich kaum glauben können, dass es funktioniert. Die Anweisungen in dem Buch Legasthenie als Talentsignal haben bei uns perfekt funktioniert. Einfach die Anweisungen Schritt für Schritt befolgen, nichts auslassen — und es wird für den Schüler klappen. Seien Sie ruhig zuversichtlich. Ich war völlig verblüfft! Meine Tochter konnte alles visualisieren, genau wie es im Buch beschrieben ist, und ich machte (wenn auch manchmal ungläubig) einfach immer weiter, bis wir fertig waren. Suchen Sie sich einen ruhigen Ort, an dem es möglichst keine Ablenkungen gibt, kein Telefon, keine Klingel, kein Hundegebell. Lassen Sie sich für die Wahrnehmungsdiagnose und die Orientierung zwei Stunden Zeit. Das wird Ihnen genügend Zeit für kleine Pausen lassen und auch für die Loslassübung, falls Sie sie brauchen sollten. Nachdem wir fertig waren, war meine Tochter fast außer sich, so »cool« fand sie das Ganze. Ich wünschte, ich könnte nachvollziehen, was sie gespürt hat. Wahrscheinlich habe ich eben kein so außergewöhnliches, einfallsreiches dreidimensionales Gehirn wie sie. Dies ist ein gutes Beispiel für all die Dinge, die man einfach tun sollte, ohne vorher groß zu fragen. Jedem, der es versucht, wünsche ich hiermit viel Glück — haben Sie keine Angst, tun Sie es einfach!

Connie Kronberg-Talbert

7.
Motivation und Verantwortung

Dies sind die beiden wichtigsten Fragen, die geklärt werden müssen, ehe Sie sich daranmachen, eine Lernschwäche zu korrigieren. Es gibt eine einfache Wahrheit, die nicht übersehen werden kann: Der einzige Mensch, der ein Lernproblem tatsächlich korrigieren kann, ist derjenige, der es hat. Ihre Rolle als Helfer oder Mentor besteht lediglich darin, seine Bemühungen um die notwendigen Veränderungen zu erleichtern und ihn zu fordern. Weder können Sie ihm die Anstrengung abnehmen, noch können Sie ihn dazu zwingen.

Die in diesem Buch beschriebenen Werkzeuge werden nur funktionieren, wenn Ihr Schüler willig mitarbeitet. Verspürt er nicht den aufrichtigen Wunsch nach Veränderung, stehen Ihre Chancen, ihn erfolgreich bei der Korrektur seines Problems zu unterstützen, sehr schlecht. Ist er nicht motiviert, werden Sie bei dem Versuch, ihn zu verändern, nur Ihre Zeit verschwenden. Deshalb ist der Schritt, den Schüler zu motivieren, der wichtigste in dem gesamten Prozess.

Der Erfolg des gesamten Korrekturprozesses hängt außerdem von der Zuweisung der Verantwortung ab. Damit meine ich nicht »Last«, »Verpflichtung« oder »Zwang«. Das Wesentliche an der Verantwortung sind *die Fähigkeit und Bereitschaft, etwas zu kontrollieren*. Verantwortung kann jemand nur übernehmen, wenn er fähig *und* bereit ist, eine erwünschte Veränderung herbeizuführen oder eine unerwünschte Veränderung zu verhindern. Wenn jemand zwar fähig, aber nicht bereit ist, kann er letztlich auch nicht verantwortlich sein. Wenn er dagegen bereit, aber nicht fähig ist, kann er es ebenso wenig. Jedes Mal, wenn wir diesen einfachen Begriff ernsthaft verletzen, müssen wir mit einem emotionalen oder psychologischen Trauma rechnen. Falls Sie ausprobieren wollen, wie es sich anfühlt, verrückt zu sein, dann versuchen Sie einmal für etwas verantwortlich zu sein, das Sie nicht verändern können. Frustration und Schuldgefühle sind ganz typische Produkte einer missbrauchten Verantwortung.

Die richtige Einstellung sieht demnach folgendermaßen aus: Der Person, mit der Sie arbeiten, muss die Verantwortung dafür übertragen werden, ihre eigenen Lernprobleme zu korrigieren, und sie muss diese auch annehmen. Zu Beginn wird Ihr Schüler noch nicht das Wissen und die Fähigkeit haben, dies zu tun. Als Erstes müssen Sie daher in ihm die Bereitschaft wecken, die Verantwortung für die Verbesserung seines Zustandes zu übernehmen. Dann erst können Sie ihm helfen, sich das Wissen und die Fertigkeiten anzueignen, die er dazu braucht.

In diesem Buch können Sie nachlesen, was im Einzelnen dazu notwendig ist. In dem Maße, wie Sie dem Schüler helfen, diese Ratschläge in die Tat umzusetzen, werden sie zu seinem Wissen. Mit ein wenig Übung in der Anwendung des neuen Wissens werden seine Fähigkeiten rasch wachsen. Ihre Aufgabe ist es, den Schüler zu unterstützen, indem Sie ihm die Anleitung und die Werkzeuge an die Hand geben, die es ihm ermöglichen, das nötige Wissen und die Fähigkeiten zu erwerben.

IHRE EIGENE VERANTWORTUNG

Ihre Aufgabe als Helfer beinhaltet ebenfalls Verantwortung. Sie müssen nicht nur die Anweisungen lesen und befolgen können. Sie müssen auch bereit und fähig sein, den Schüler mit Anweisungen zu unterstützen. Und Sie müssen in der Lage sein, diese Anweisungen so zu geben, dass Sie die Verantwortlichkeit des anderen Menschen nicht verletzen.

Allem voran müssen Sie jedoch sicher sein, dass der Schüler motiviert ist, das Problem zu lösen. Ist der Schüler nämlich nicht wirklich motiviert oder nicht willens die Verantwortung zu übernehmen, müssen Sie ihn erst ausreichend motivieren. Denn nur dann kann er die Verantwortung für die notwendigen Veränderungen übernehmen, die ihn zum Erfolg führen werden. Ihren Schüler dahin zu bringen, ist womöglich für Sie beide die allergrößte Hürde. Ist er dagegen erst einmal motiviert, sollte es vergleichsweise leicht sein, ihm zu helfen, sich die erforderlichen Fähigkeiten anzueignen.

Bei diesem Bemühen gibt es drei einzelne Aspekte, die alle Motivation brauchen. Erstens muss der Schüler sich bewusst werden, dass überhaupt ein Problem besteht. Zweitens muss er den Wunsch hegen, dieses Problem zu überwinden. Drittens müssen die Bereitschaft und ein freiwilliges Engagement vorhanden sein, Zeit, Mühe und Energie zu investieren, ohne die kein Erfolg erzielt werden kann. Falls einer dieser drei Aspekte fehlt oder auch nur ein wenig wackelig ist, wird Ihre Aussicht auf Erfolg fast gleich null sein.

Für Eltern gilt das in gleicher Weise, weil die Rolle des Helfers nichts mit der Elternrolle zu tun hat. Es ist vielmehr die Rolle eines Förderers, Anleiters, Trainers und Mentors. Wenn Sie diese Übungen durchführen, muss Ihr Kind zu Ihrem Schüler werden. Ist das Kind nicht wirklich motiviert, können Sie nicht einfach darauf bestehen, dass es mitmacht. Sie können ein Kind vielleicht zwingen, das zu tun, was Sie wollen, aber es wird daraus keinen besonderen Nutzen ziehen. Besonders bei jüngeren Kindern sind die Schwierigkeiten den Eltern oft viel klarer als den Kindern selbst. Ihr Kind kann Ihre Motivation nicht mit Ihnen teilen, sondern jeder von Ihnen muss seine eigene haben.

Fragen, die Sie sich stellen müssen

Wenn Sie also mit Ihrem Kind arbeiten wollen, sollten Sie zunächst Ihre eigene Motivation als Helfer überdenken:

- Wissen Sie, dass Ihr Kind ein Problem hat?
- Würden Sie Ihrem Kind gerne helfen, sein Problem zu überwinden?
- Sind Sie bereit, all die Zeit, Mühe und Energie einzusetzen, die Sie brauchen, um Ihrem Kind bei der Lösung des Problems zu helfen?
- Sind Sie bereit, dass Ihr Kind zu Ihrem Schüler wird?
- Sind Sie bereit, Verantwortung für und Kontrolle über den Korrekturprozess zu übernehmen?
- Werden Sie Ihrem Kind zum richtigen Zeitpunkt die Kontrolle für das Überwinden des Problems überlassen können?

Wenn Sie diese Standpunkte wirklich einnehmen können, dann haben Sie grünes Licht für die weitere Arbeit. Falls die Antwort auf nur eine der obigen Fragen ein bisschen unklar war, empfehle ich Ihnen, dass jemand anderes diesen Unterricht an Ihrer Stelle erteilt oder dass Sie professionelle Hilfe in Anspruch nehmen. Suchen Sie einen Davis-Berater in Ihrer Nähe auf. Sie finden sie im Internet unter www.legasthenie-adhs-dyskalkulie.com/berater für den deutschsprachigen Raum und für Europa, oder unter www.dyslexia.com weltweit.

Offenheit und Ehrlichkeit im Umgang mit Ihrem Schüler

Im Laufe der Jahre haben mich Eltern bei den Vorgesprächen zu einem Davis-Korrekturprogramm manchmal gebeten, ihren Kindern gegenüber das Wort »Legasthenie« nicht zu verwenden. Diese Eltern versuchten, ihre Kinder vor der emotionalen Realität ihrer Probleme zu schützen. Sie wollten nicht, dass die Kinder leiden.

Das ist zwar verständlich, aber sie taten meiner Ansicht nach das denkbar Schlechteste für ihre Kinder, indem sie ihnen eine unrichtige Darstellung der Realität vermittelten. Das kann nur dazu führen, ein Kind zu einem unangemessenen Verständnis seiner eigenen Existenz zu zwingen. Außerdem birgt es das Potenzial für zusätzliche emotionale und psychische Probleme in der Zukunft. Ein Kind in dieser Weise zu beschützen, bedeutet, es in einer ungesunden Weise über sich selbst denken zu lassen.

Irgendwann wird das Kind mit der Wahrheit konfrontiert, aber dann wird es nicht mehr rational reagieren können. Diese Situationen waren für mich immer besonders traurig, weil es extrem schwer, wenn nicht gar unmöglich ist, einen Schüler zu motivieren, dessen Problem derart verleugnet wurde. Manchmal musste ich ablehnen, mit einem solchen Kind zu arbeiten und es nach Hause schicken, ohne dass sich an seinem Problem etwas geändert hätte. Ich hätte dem Kind durchaus helfen können, wenn es gewusst hätte, dass es meine Hilfe braucht. Aber dazu hätte ich offen mit ihm über sein Problem sprechen müssen und darüber, dass es Hilfe braucht.

Je mehr sich eine Person darüber im Klaren ist, dass sie ein Problem hat, desto eher wird sie bereit sein, eine Lösung dafür zu finden. Das Gegenteil trifft natürlich genauso zu: Wenn jemand gar nicht weiß, dass er ein Problem hat, wird es im Extremfall unmöglich sein, ihn zu einer Lösung zu motivieren. Auch in schwierigen Fällen können

Sie jedoch leicht einen Zugang zu einem Schüler finden, wenn Sie diese drei Schritte befolgen:

1. Versichern Sie sich, dass der Schüler erkennt, dass er ein Problem hat.
2. Verschaffen Sie sich Gewissheit, dass der Schüler sein Problem auch lösen will.
3. Versichern Sie sich, dass der Schüler bereit ist, die erforderliche Zeit und Energie aufzuwenden, um das Problem zu lösen.

Dies sind die drei Schritte zur Motivation. Die Menschen sind verschieden, daher wird das Bedürfnis des Einzelnen, sich zu verändern, auch unterschiedlich stark sein. Jeder Schüler wird aber so manches mit anderen gemeinsam haben. Um jemanden zu irgendetwas zu motivieren, müssen wir seine Aufmerksamkeit und Energie in die Richtung lenken, in die wir gehen wollen. Außerdem muss er sich das wünschen, was wir ihm anbieten können.

WAS SIE SAGEN KÖNNEN

1. **Fragen Sie den Schüler, ob es Problem gibt und machen Sie ihm bewusst, dass er eines hat.** Dazu wird es nötig sein, das Problem aus seiner Perspektive zu schildern. Schließlich wollen Sie negative Gefühle aufdecken, die aus diesem Problem resultieren. Der Schüler wird es vielleicht nicht so sehen oder ausdrücken, wie Sie es erwarten. Womöglich erscheint es ihm nur als etwas Indirektes, als ein Resultat der von Eltern und Lehrern beobachteten Lernbehinderung. Auf jeden Fall muss in ihm das unangenehme Gefühl entstehen, das er ein

Problem hat.

2. **Fragen Sie den Schüler, ob er will, dass das Problem gelöst wird.** Mit dieser Frage bringen Sie ihn dazu, sich zum einen vorzustellen, wie es wäre, das Problem nicht zu haben, zum anderen, wie sich das anfühlen würde. Der Unterschied zwischen dem Gefühl, das Problem zu haben und dem Gefühl, das Problem nicht zu haben, wird eine Emotion zur Folge haben, die seine Motivation fördert. Wenn diese Emotion da ist, können Sie ihm eine mögliche Lösung aufzeigen.

3. **Bieten Sie dem Schüler Ihre Hilfe an und holen Sie seine Einwilligung ein, alles Notwendige zu tun, damit das Problem gelöst wird.** Der Schüler muss einverstanden sein, die Zeit und Energie aufzuwenden, die zur Beseitigung des Problems erforderlich sind.

Hier folgen nun einige typische Strategien, die wir verwenden, wenn wir das Davis-Programm professionell anbieten.

Motivation bei ADS und ADHS

Diese Lernprobleme stellen eine viel größere Herausforderung dar als die Probleme mit Lesen, Rechnen oder Handschrift. Zunächst einmal wird der Schüler wahrscheinlich jünger und weniger reif sein als die Schüler mit anderen Problemen. Es liegt in der Natur von ADS, dass der Schüler sein Problem gar nicht erst erkennt. Wenn überhaupt, dann denkt er vielleicht, dass es sich um ein Problem handelt, das andere Menschen mit ihm haben, aber das nicht sein eigenes ist.

Wenn Sie also nach einem Weg suchen, ein Kind mit ADS zu

motivieren, können Sie das Problem nicht direkt ansprechen. Sie müssen bedenken, dass der Begriff „Konsequenz" dem Kind wahrscheinlich nichts bedeutet, also wird Ihnen die Logik von Ursache und Wirkung in diesem Fall nicht weiterhelfen.

Sie müssen etwas finden, was das Kind nicht hat, sich aber wünscht. Es wird noch nicht verstehen, dass sein ADS-Verhalten es daran hindert, genau das zu bekommen, was es möchte. Im Laufe der Jahre haben wir herausgefunden, dass die meisten Kinder mit ADS eines ganz genau wissen: *Andere Menschen mögen sie nicht.* Viele denken sogar, dass selbst ihre Eltern und Geschwister sie nicht mögen. Es ist ihnen sehr deutlich bewusst, dass sie wenige oder gar keine richtigen Freunde haben. Unserer Erfahrung nach wollen die meisten jedoch wenigstens einen Freund haben. Sie wollen, dass jemand – irgendjemand - sie mag. Also bauen wir auf diesem Wunsch nach Freundschaft auf, zunächst, damit sie uns zuhören und dann, um sie zu motivieren.

Wir fragen nicht: »Weißt du, dass du ein Problem hast?« Stattdessen fragen wir: »Würde es dir gefallen, wenn dich jemand mag?« Oder: »Hättest du gerne Freunde?« Gelegentlich haben wir sogar schon gefragt: »Willst du, dass ich dich mag?« Oder: »Hättest du gerne, dass ich dein Freund bin?«

Diese Strategie öffnet die Türe für erste Motivationsansätze, wie etwa: »Ich glaube, dabei kann ich dir helfen. Willst du es versuchen?« Wenn sie »Ja« sagen, haben wir ihre Einwilligung, mit der Arbeit anzufangen.

Die Motivationsstrategie »*Soll dich jemand mögen?*« funktioniert nicht immer. Wenn Sie damit kein Glück haben, finden Sie heraus, was der Betreffende wirklich erreichen will, locken Sie ihn damit und bauen Sie dadurch die Motivation auf. Wenn er versteht, dass Sie ihm zu dem verhelfen können, was er wirklich will, sind Sie auch in der Lage, es mit ihm gemeinsam zu erreichen.

Motivation zum Rechnen

Wenn ein Schüler nicht motiviert ist, Rechnen zu lernen, wird auch der beste Unterricht nicht fruchten. Ich sage Ihnen, wie ich in den meisten Fällen vorgehe, aber Sie kennen Ihren Schüler besser, also passen Sie, wie immer, wenn Sie mit diesem Buch üben, die folgenden Beispiele und Formulierungen an Ihre jeweilige Situation an.

Helfer: *»Ich habe gehört, du hast ein Problem mit dem Rechnen. Stimmt das?«*

Schüler: *»Ich mache viele Fehler. Ich verstehe nicht, was der Lehrer meint.«* (Diese Antwort bedeutet Ja.)

Helfer: *»Würdest du gerne lernen, wie man ganz leicht rechnet?«*

Schüler: *»Ich hab's versucht, aber ich kann's einfach nicht.«*

Helfer: *»Ja, aber die Frage ist, würdest du es gerne können?«*

Schüler:*»Ja, aber es ist zu schwer.«* (Diese Antwort bedeutet Ja.)

Helfer: *»Wenn es leicht und einfach wäre, würdest du es dann probieren wollen? «*

Schüler: *»Also gut, aber wenn es zu schwer wird, dann höre ich auf.«* (Diese Antwort bedeutet Ja. Mehr Einwilligung brauchen Sie nicht.)

Motivation für eine bessere Handschrift

Die Problematik ist so vielfältig, dass eventuell ein einleitendes Gespräch notwendig ist, damit Sie herausfinden, was der Schüler am besten nachvollziehen kann. Kann er zum Beispiel richtig lesen, was er selbst geschrieben hat? Bereiten so alltägliche Dinge, wie sich Notizen zu machen oder einen Einkaufszettel zu schreiben, ihm Probleme? Oder findet er seine Handschrift einfach nur hässlich? Macht es ihn

nervös, wenn er versucht, den Anweisungen des Lehrers im Schreibunterricht zu folgen?

Wenn das Gespräch das eigentliche Problem aufgezeigt hat, können auch die motivierenden Fragen gestellt werden. Es folgt ein Beispiel:

Helfer: »*Weißt du, dass [dasjenige, was Sie im Gespräch herausgefunden
haben) ein Problem ist?*«
Schüler: »*Meine Lehrerin sagt das immer.*«
Helfer: »*Also weiß die Lehrerin, dass du ein Problem hast. Weißt du es
auch?*«
Schüler: »*Ja, ich kann das nicht so gut.*« (Diese Antwort bedeutet Ja)
Helfer: »*In diesem Buch hier stehen ein paar gute Tricks, mit denen ich dir
helfen könnte. Es ist anders, als ihr es in der Schule macht.*«
Schüler: »*Wie anders?*«
Helfer: »*Wir sollten erst herausfinden, was wirklich dein Problem ist und es
dann lösen. Willst du das versuchen?*«
Schüler: »Okay.« (Diese Antwort bedeutet Ja).

Die Motivation aufrechterhalten

Ganz gleich, mit welchem Ziel Sie anfangen, machen Sie es Ihrem
Schüler immer wieder bewusst, während Sie die einzelnen Schritte des
Prozesses durcharbeiten. Wenn es das Ziel Ihres Schülers ist, von sei-
nen Mitschülern gemocht zu werden, beginnen Sie viele Sätze zum
Beispiel mit: »Wenn du willst, dass jemand dich mag ...« Oder: »Damit
dir das Rechnen leichter fällt ...« Dadurch wird Ihr Schüler Ihren
Anweisungen besser zuhören können. Es wird ihn an sein Ziel erin-
nern und er wird bei der Sache bleiben.

Wenn der Schüler in den Versuch eingewilligt hat, das Problem zu

lösen, ist die erste und zugleich schwerste Hürde genommen. Nun ist
es an der Zeit, das Problem mit Hilfe der richtigen Verfahren zu lösen.

8.

Wahrnehmungsdiagnose

In diesem Kapitel ist nun das Diagnoseverfahren beschrieben, so wie es in den Workshops für die Davis-Orientierungsbeherrschung unterrichtet wird. Wir haben es entwickelt, um feststellen zu können, ob eine Person mit einer Lernbehinderung oder anderen Wahrnehmungsstörung besser eine Orientierungsberatung oder eine Ausrichtung durchlaufen sollte. Wir praktizieren dieses Verfahren sowohl bei Kindern als auch bei Erwachsenen. Normalerweise wenden wir es jedoch bei Kindern unter sieben Jahren nicht an, weil für sie, wie bereits erwähnt, die Ausrichtung leichter zu verstehen und anzuwenden ist.

Das Diagnoseverfahren enthält genaue Beispiele, was Sie sagen können, wobei Sie sich jedoch nicht unbedingt wörtlich daran halten müssen, wenn Sie erst einmal wissen, worum es geht.

Jedem, der die einzigartige Wahrnehmungsfähigkeit eines Bilder-Denkers hat, sollte diese Übung sehr leicht fallen. Sie müsste für ihn eine Kleinigkeit sein. Wenn aber eine Person ganz offensichtlich non-verbal denkt und selbst dann, wenn man sie dazu auffordert, kein mentales Bild wahrnimmt, sollte man die Ausrichtung verwenden (Kapitel 12). Stress, physische Krankheit und auch bestimmte Medikamente können die mentale Wahrnehmungsfähigkeit beeinträchtigen. Wenn Sie dies vermuten, sollten Sie eventuell einen Davis-Berater um Hilfe bitten.

DIE DAVIS-WAHRNEHMUNGSDIAGNOSE

Leser von Ron Davis' erstem Buch *Legasthenie als Talentsignal* werden mit der folgenden Diagnose schon vertraut sein.

1. Begrüßung

Begrüßen Sie den Schüler und stellen Sie sich kurz vor. Erklären Sie ihm, falls nötig, worin die einzelnen Diagnoseschritte im Wesentlichen bestehen.

2. Klärung der Begriffe

<u>**Was Sie sagen:**</u>

Bist du Rechts- oder Linkshänder?

Zunächst einmal geht es um deine Phantasie. Du schließt die Augen und machst dir ein Bild von einem Gegenstand. Verstehst du, was ich meine?

<u>**Was Sie tun:**</u>

Schreiben Sie die Antwort für später auf.

Bei einem Ja, fahren Sie fort. Bei einem Nein bitten Sie den Schüler, sich mit geschlossenen Augen etwas Beliebiges vorzustellen. Falls er dazu nicht in der Lage ist, brechen Sie die Übung ab.

Zeichnen Sie zwei Kreise auf ein leeres Blatt.

<table>
<tr><td><u>**Was Sie sagen:**</u></td><td><u>**Was Sie tun:**</u></td></tr>
<tr><td>Dieser Kreis steht für dich.</td><td>*Zeigen Sie auf einen der Kreise.*</td></tr>
<tr><td>Dieser steht für mich.</td><td>*Zeigen Sie auf den anderen Kreis.*</td></tr>
<tr><td>Wenn du mich ansiehst, tust du es *von* hier.</td><td>*Zeigen Sie auf den Du-Kreis.*</td></tr>
<tr><td>Und du siehst *nach* hier, also auf mich.</td><td>*Zeichnen Sie einen Pfeil vom Du-Kreis zum Ich-Kreis.*</td></tr>
<tr><td>Wenn wir unsere Augen benutzen, wissen wir genau, von wo wir schauen. Aber wie ist es, wenn wir die Augen geschlossen halten und innerlich ein Bild betrachten?</td><td>*Zeigen Sie auf Ihre Augen.*</td></tr>
<tr><td></td><td>*Machen Sie eine kurze Pause.*</td></tr>
<tr><td>Wir machen genau dasselbe. Wir schauen von irgendeinem Ort *zu* diesem Bild hin.</td><td>*Zeigen Sie auf den Du-Kreis, wenn Sie »von« sagen. Zeigen Sie auf den Ich-Kreis, wenn Sie »zu« sagen.*</td></tr>
<tr><td>Den Ort, von dem aus wir schauen, nenne ich das GEISTIGE AUGE, denn mit ihm sehen wir, wenn wir uns etwas vorstellen.</td><td>*Versichern Sie sich, dass der Schüler alles verstanden hat.*</td></tr>
<tr><td>Magst du Kuchen?</td><td>***Achtung:*** *Die meisten Menschen mögen Kuchen, also nehmen wir das in diesem Beispiel einfach mal an.*</td></tr>
</table>

<table>
<tr><td>

<u>**Was Sie sagen:**</u>

</td><td>

<u>**Was Sie tun:**</u>

</td></tr>
<tr><td></td><td>

Wenn nicht, nehmen Sie Pizza oder einen anderen deutlich geformten Gegenstand, den sich der Schüler leicht vorstellen kann.

</td></tr>
<tr><td>

Welchen Kuchen magst du am liebsten?

</td><td>

Notieren Sie sich für später; welchen Kuchen er genannt hat.

</td></tr>
</table>

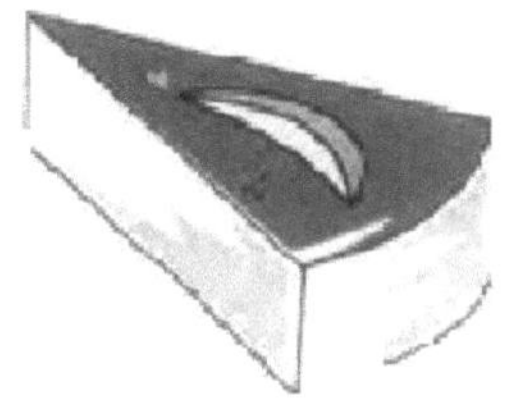

3. Diagnoseverfahren

<table>
<tr><td>

<u>**Was Sie sagen:**</u>

</td><td>

<u>**Was Sie tun:**</u>

</td></tr>
<tr><td></td><td>

Bitten Sie den Schüler, sich Ihnen direkt gegenüberzusetzen. Sitzen Sie ihm nahe genug, um ihn berühren zu können ohne aufzustehen, aber nicht so nahe, dass es ihm unangenehm ist.

</td></tr>
</table>

Was Sie sagen:	Was Sie tun:
Darf ich bei der Übung deine Hände berühren?	*Holen Sie sein Einverständnis ein.*
Wir werden beide Hände brauchen, also bitte ich dich, sie mir beide zur Verfügung zu stellen.	*Falls er Rechtshänder ist, nehmen Sie seine linke Hand (oder umgekehrt) und bringen Sie sie mit der Handfläche nach oben an die Stelle, wo man ein Buch zum Lesen hält.*
Stell dir vor, du hättest ein Stück __________ in dieser Hand. Sag mir bitte Bescheid, wenn es da ist.	

»Stelle dir vor, du hieltest ein Stück Schokoladenkuchen in der Hand.« (Berühren Sie seine Handfläche leicht.)

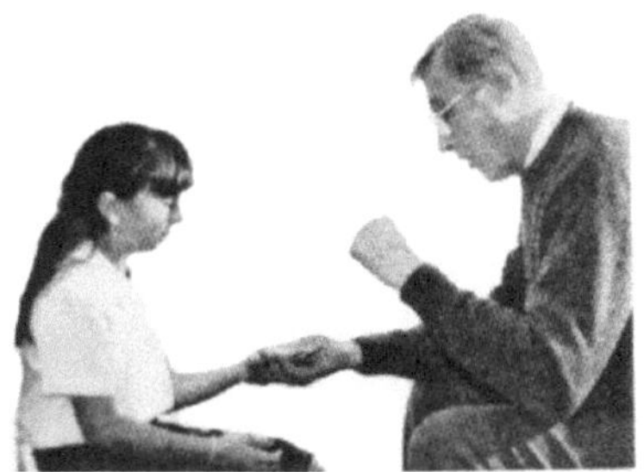

Beschreiben Sie den Kuchen mit den-selben Worten wie der Schüler, etwa: »Ein großes Stück Schokoladenku-chen« oder »Ein Stück Torte mit grünem Guss darauf.«

»Schließe die Augen.«

Schließe die Augen und halte sie geschlossen, bis ich dich bitte, sie wieder zu öffnen.

Das sagen Sie, sobald er ein inneres Bild des Kuchens hat (falls er die Augen nicht schon geschlossen hat).

Achtung: *Falls der Schüler das nicht kann oder das Bild nicht blei-ben will, können Sie entweder aufhö-ren oder ihm helfen, ein Bild herzu-stellen. Es bedeutet aber, dass die Orientierungsberatung schwierig sein wird. Verwenden Sie stattdessen das Ausrichtungsverfahren aus Kapitel 12.*

Stellen Sie durch einfache Fragen fest, wie der Kuchen in der Hand liegt. Machen Sie das, bis auch Sie ein klares Bild von dem Stück in

<u>**Was Sie sagen:**</u>

<u>**Was Sie tun:**</u>

der Hand des Schülers haben.

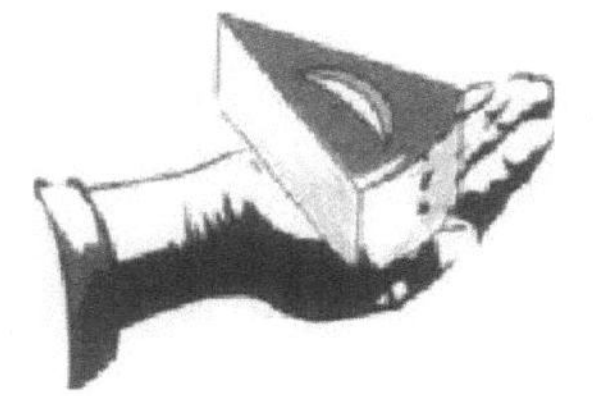

Falls Ihnen das nicht gelingt, machen Sie sich wenigstens eine ungefähre Vorstellung von dessen Größe, Lage und Form.

Ich möchte, dass du deine Wahrnehmung verlagerst und dein geistiges Auge hierhin bringst, wo der Finger ist, und dass du dir den Kuchen von *hier* aus anschaust.

Nehmen Sie den Zeigefinger seiner anderen Hand zwischen Ihren Daumen und Mittelfinger. Bringen Sie ihn an einen Punkt ein paar Zentimeter von seiner Stirn entfernt, und zwar auf der Seite seiner dominanten Hand und etwas höher als Augenhöhe. Die Augen des Schülers sollten während der gesamten Diagnose geschlossen bleiben.

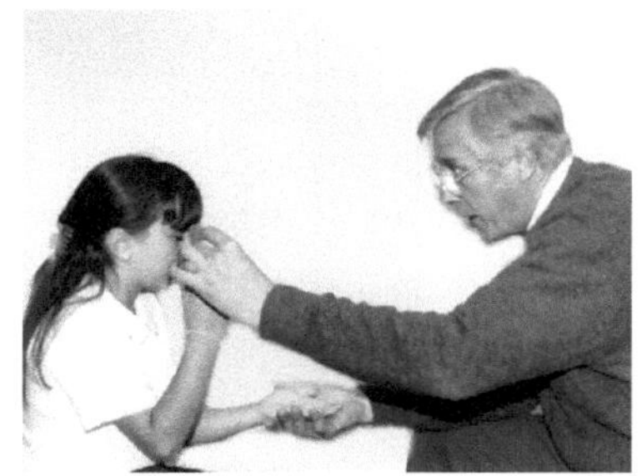

»Sieh den Kuchen von hier aus an.«
(Berühren Sie seinen Finger.)

Es ist, als ob du ein Stück weit nach oben kommst, um den Kuchen von woanders aus zu betrachten, und zwar von *hier* aus.

Berühren Sie seinen Zeigefinger mit dem Ihren, wenn Sie »hier« sagen.

Berühren Sie den Finger noch mal und warten Sie ein paar Sekunden.

Kannst du den Kuchen von *hier* aus sehen?

Berühren Sie den Finger noch mal.

Ich möchte, dass du dein geistiges Auge in deinem Finger behältst. Ich bewege jetzt deinen Finger. Dein geistiges Auge kommt mit. Okay?

Achtung: *Wenn der Schüler diese erste Bewegung nicht mühelos ausführen kann, hören Sie auf. Gehen sie zu Punkt 4 über. Erklären Sie, dass die Diagnose beendet ist und dass Sie die Ausrichtung benutzen werden.*

Achtung: *Bewegen Sie den Finger nicht, während Sie sprechen. Geben Sie Ihre Anweisung, bevor Sie den*

<table>
<tr><td>

</td><td>

</td></tr>
</table>

Was Sie sagen:	Was Sie tun:
	Finger bewegen, und halten Sie inne, wenn Sie wieder sprechen.
	*Bewegen Sie den Finger langsam und stetig in einem Bogen ein Stück weit um die offene Hand herum zu einer neuen Stelle. Der Finger sollte stets den gleichen Abstand zur offenen Hand haben, wie die Augen der Person. Sie suchen nach der Fähigkeit zu desorientieren, also das geistige Auge zu bewegen.*
Siehst du den Kuchen von hier aus?	*Berühren Sie den Finger.*
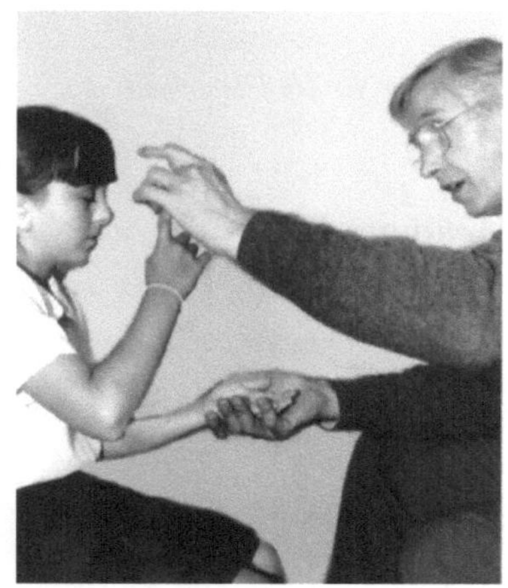 *»Kannst den Kuchen von hier aus sehen?«*	*Wenn der Schüler bejaht, stellen Sie Fragen, die eine verbale Antwort erfordern. Achten Sie auf die Zeit, die er dafür braucht, auf Veränderungen in der Sprechweise und auf jedes Anzeichen von Verwirrung oder Desorientierung. Der Schüler sollte den Kuchen innerlich so sehen, als ob er ihn von der Fingerspitze aus anschauen würde. Sobald Sie sicher sind, dass er sein geistiges Auge wirklich an die neue Stelle gebracht hat, können Sie zu Schritt 4 übergehen*

Was Sie sagen:	**Was Sie tun:**
	und die Diagnose beenden.
	Falls Sie nicht sicher sind, dass der Schüler sein geistiges Auge tatsächlich bewegt hat, dann machen Sie hier weiter.
Ich bewege deinen Finger jetzt noch mal. Und du bewegst dein geistiges Auge mit ihm. Okay?	*Bewegen Sie seinen Finger langsam und stetig weiter um die offene Hand herum. Bewegen Sie ihn nicht mehr als einen Viertelkreis (egal ob herum, darüber oder darunter) auf einmal.*
Kannst du den Kuchen von *hier* aus sehen?	*Berühren Sie den Finger noch einmal.*
	Falls der Schüler erneut bejaht, stellen Sie Fragen, um herauszufinden, ob er den Kuchen innerlich so sieht, als würde er ihn von der Fingerspitze aus anschauen.
	Wiederholen Sie den Vorgang, (die Bewegung des geistigen Auges und die Fragen), bis Sie sicher sind, dass der Schüler sein geistiges Auge tatsächlich bewegt hat.

4. Die Diagnose beenden

<u>**Was Sie sagen:**</u>	<u>**Was Sie tun:**</u>
Ich möchte jetzt dein geistiges Auge zu der Stelle zurückbringen, wo es war, als wir angefangen haben.	*Bewegen Sie den Finger langsam auf die Seite zurück, wo Sie angefangen haben. Halten Sie wenige Zentimeter von den Augen Ihres Schülers entfernt an.*
Nimm dein geistiges Auge aus dem Finger und betrachte den Kuchen wieder so wie am Anfang.	*Warten Sie einige Sekunden.*
Siehst du ihn nun wie am Anfang?	*Wenn er bejaht, bewegen Sie den Finger zu seinen Knien und lassen ihn los.*
Lass den Kuchen verschwinden und sage mir Bescheid, wenn er weg ist.	***Achtung:*** *Wenn der Schüler den Kuchen nicht ohne weiteres los wird, lassen Sie ihn die Augen ein paar Mal schnell öffnen und schließen.*
	Wenn er weg ist, berühren Sie den Handteller der offenen Hand.
Lege nun ein neues Stück Kuchen in deine Hand und sage mir Bescheid, wenn es da ist.	***Achtung:*** *Der Schüler soll dieses zweite Bild herstellen und wieder auslöschen, damit das geistige Auge mit Sicherheit an seinen ursprünglichen Platz zurückkehrt. Er ist durch das*

<u>**Was Sie sagen:**</u> | <u>**Was Sie tun:**</u>

Was Sie sagen:	**Was Sie tun:**
	Bewegen seines geistigen Auges desorientiert worden und sollte nun wieder orientiert sein.
Lass dieses Kuchenstück wieder verschwinden, und wenn es weg ist, öffne die Augen.	*Wenn er die Augen öffnet, bewegen Sie die offene Hand zu seinen Knien und lassen sie los.*

9.

Orientierungsberatung

Der Korrekturprozess beginnt damit, die Verzerrungen in der Wahrnehmung zu kontrollieren. Das heißt, man lernt die Desorientierungen absichtlich *an-* und *abzuschalten*. Viele der Symptome, die unsere Schüler haben, deuten auf eine Desorientierung hin, demnach kann ein Schüler sie abstellen, indem er die Desorientierung abstellt. Es mag zwar so aussehen, als sei das Problem damit bereits gelöst, aber die Orientierung ist nur der erste Schritt des Korrekturprozesses. Leser von *Legasthenie als Talentsignal* werden mit der Orientierungsberatung schon vertraut sein.

Die erste Sitzung der Davis-Orientierungsberatung dauert in der Regel kaum eine Stunde. Wir haben dieses Verfahren ursprünglich für Schüler mit einer »Lese«-Legasthenie entwickelt. Bei einem solchen Schüler ist die Wirkung der Arbeit unmittelbar zu erkennen. Am Ende einer erfolgreichen Sitzung kann er meistens schon wesentlich besser lesen. Man muss ihm nur hier und da helfen, damit er immer wieder auftretende Desorientierung bemerkt. Es kann wie von Zauberhand oder ein Wunder wirken, aber in Wirklichkeit erkennen wir nun die tatsächliche Lesefähigkeit dieses Schülers – und zwar nicht durch die Desorientierung getrübt. Einige der dokumentierten Fallgeschichten in unserem Archiv belegen, dass sich das Lesevermögen mancher Jugendlicher schon allein durch diese Orientierungsberatung bereits um bis zu acht Klassenstufen verbessert hat.

Man könnte annehmen, dass etwas, was eine derart dramatische

Wirkung hervorruft, schwer zu erlernen sei. Tatsächlich fällt es aber einem nonverbalen Denker sehr leicht. Das liegt daran, dass er es schon kann, und zwar seit er wenige Monate alt war. Er war sich dessen nur nicht bewusst. Die Orientierungsberatung befähigt ihn, diese Fertigkeit zu verstehen und gibt ihm zugleich die Möglichkeit, sie zu kontrollieren. Das folgende Verfahren klingt beim Durchlesen vielleicht wie eine Visualisierungsübung. Wenn es richtig gemacht wird, kann es aber an Wunder grenzende Ergebnisse erzielen. Es gibt nur wenige Regeln, die man dabei einhalten muss, und zwar:

1. Vergewissern Sie sich mittels der im vorangegangenen Kapitel beschriebenen Wahrnehmungsdiagnose, dass der Betreffende sein geistiges Auge bewegen kann.

2. Vergewissern Sie sich außerdem, dass der Betreffende diesen Prozess auch tatsächlich durchlaufen will. Er muss dazu bereit und sogar darauf gespannt sein. Wir führen dieses Verfahren normalerweise nicht mit Kindern unter sieben Jahren durch, weil sie die Desorientierung meistens noch nicht als Schulproblem erkannt haben. Von ihnen aus gesehen gibt es noch kein Problem, das gelöst werden müsste.

3. Suchen Sie sich einen angenehmen, ruhigen Ort, wo Sie nicht durch Lärm oder Unterbrechungen abgelenkt werden.

4. Behalten Sie stets eine freundliche, unterstützende Kontrolle bei, während Sie den Schüler durch die Schritte führen. Er sollte nicht darüber nachdenken müssen, was er da gerade tut, sondern nur Ihren Anweisungen folgen.

5. Vergewissern Sie sich, dass der Schüler weder müde noch hungrig ist oder Medikamente einnimmt, die seine Wahrnehmung oder sein Denken beeinflussen könnten.

Im Folgenden finden Sie eine Art Drehbuch für die erste Sitzung der Davis-Orientierungsberatung, wie sie im Davis Correction Center durchgeführt wird. Wird sie richtig angewendet, so hat sie eine Erfolgsquote von 97 Prozent. Sollten Sie keinen Erfolg haben, liegt es wahrscheinlich daran, dass Sie eine der oben genannten Regeln nicht beachtet haben.

DAVIS-ORIENTIERUNGSBERATUNG
VERFAHREN FÜR DIE ERSTE SITZUNG

1. Begrüßung und Vorstellung

Begrüßen Sie den Schüler und versuchen Sie, mit ihm in Kontakt zu kommen. Erklären Sie ihm, falls nötig, Ziel und Zweck des Verfahrens, wie zu Beginn dieses Kapitels beschrieben.

2. Klärung der Begriffe

Sollten Sie die Notizen nicht zur Hand haben, die Sie sich bei der Diagnose gemacht haben, fragen Sie den Schüler bitte, ob er Rechts- oder Linkshänder ist. Bestimmen Sie mit ihm zusammen einen Gegenstand, den er sich mühelos vorstellen kann, oder gebrauchen Sie dasselbe Kuchenstück oder was auch immer Sie bei der Diagnose benutzt haben.

Erklären Sie ihm, dass die Orientierung ein Zustand ist, in dem man »den richtigen Standort einnimmt, um die Dinge und Vorgänge in seiner Umgebung korrekt wahrzunehmen«.

Erklären Sie ihm anschließend, dass die Desorientierung ein Zustand ist, in dem das Gehirn nicht empfängt, was die Augen sehen oder die Ohren hören und in dem der Gleichgewichtssinn sowie der Bewegungssinn gestört sind und außerdem der Zeitsinn beschleunigt oder verlangsamt ist.

Was Sie sagen:	**Was Sie tun:**

Bevor wir die Sitzung beginnen, zeige ich dir alles kurz auf dem Papier. Dann gehen wir Schritt für Schritt durch den Prozess, okay?

Nehmen Sie ein leeres Blatt, und lassen Sie den Schüler sich so hinsetzen, dass er es gut sehen kann.

»Ich male dir genau auf, was wir tun werden, damit du weißt, was passieren wird.«

Es gibt zwei Gründe, warum wir das so machen: Erstens wollen wir keine Überraschungen und zweitens sollst du meine Anweisungen gut verstehen.

Notieren Sie sich den Namen des Schülers, Ihren Namen, das Datum, den Namen des Programms, welchen Gegenstand sich der Schüler vorstellen soll und ob er rechts- oder linkshändig ist.

Während ich dir den Prozess auf dem Papier erkläre, führe

bitte noch nichts davon aus. Das würde nur Verwirrung stiften. Höre mir einfach nur zu. Wenn etwas nicht klar ist, dann frage bitte nach. Anschließend gehen wir Schritt für Schritt durch den Prozess, okay?

Zeichnen Sie zwei Kreise auf dem Blatt. Machen Sie aus dem einen Kreis eine Draufsicht, aus dem anderen eine Seitenansicht eines Kopfes.

Dies sind zwei Ansichten von demselben Kopf, eine von oben und eine von der Seite.

Wie bei der Diagnose stellst du dir nun vor, du hättest ein Stück ________ in der Hand.

Zeichnen Sie vor jedes Kopfbild den Gegenstand aus der Diagnose, der visualisiert werden soll. Bei der Seitenansicht sollte er sich in einem Winkel von 45 Grad unter der Augenhöhe befinden.

Du wirst dein geistiges Auge in deine Fingerspitze verlegen, damit zur Seite gehen und dir den Kuchen von dort aus ansehen.

Tragen Sie in der Draufsicht rechts vom Kopf ein X ein, falls der Schüler Rechtshänder ist (bei Linkshändern entsprechend umgekehrt), um die Stellung des geistigen Auges anzuzeigen.

Zeichnen Sie vom Kuchen ausgehend eine Gerade mitten durch die Draufsicht. Die Linie sollte ein gutes Stück hinter dem Kopf enden. Zeichnen Sie dann eine Gerade vom Kuchen durch die Nasenwurzel der Seitenansicht. Auch diese Linie sollte ein gutes Stück hinter dem Kopf enden.

Wenn dein geistiges Auge in der Fingerspitze ist, stellst du dir eine gerade Linie vor, die vom Kuchen aus durch die Nase und den Kopf geht und etwa 30 Zentimeter hinter und über dem Kopf emporragt.

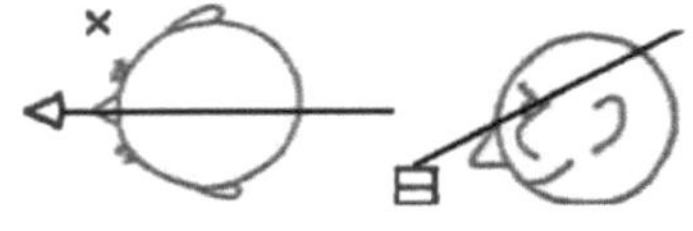

Wenn du die Gerade gezogen hast, gehst du mit deinem geisti-

Machen Sie auf jede der beiden Linien ein X.

gen Auge zu einem Punkt auf dieser Linie, einige Zentimeter über und hinter dem Kopf. Okay?

Weißt du, wie ein Anker funktioniert?

Du hast ein schweres Gewicht, an dem du ein Tau oder eine Kette befestigst. Du machst das Tau auch an deinem Boot fest und wirfst den Anker ins Wasser. Er sinkt in den Schlamm oder hakt sich an einem Stein oder etwas Ähnlichem fest. Wenn das Tau straff gespannt ist, hindert es das Boot daran, sich zu bewegen. Stimmt das?

Wir werden es genau wie mit einem Anker machen. Sobald sich dein geistiges Auge an der richtigen Stelle auf der Linie über und hinter dem Kopf

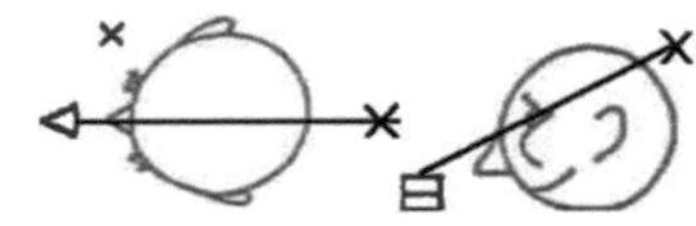

Vergewissern Sie sich auch, dass der Begriff »Ankertau« verstanden wurde.

Während der Erklärung zeichnen Sie die drei Ankertaue auf das Blatt.

befindet, wirst du ein Ankertau zu jedem Ohr herunterlassen und es jeweils oben an jedem Ohr befestigen. Dann wirst du ein drittes Ankertau zu deinem Kopf herunterlassen und es dort befestigen. Danach wirst du die Ankertaue zusammenziehen und an der Stelle befestigen, wo sich dein geistiges Auge befindet.

Hast du bis hierher alles verstanden?

Wenn die Ankertaue befestigt sind, brauchen wir die Linie zu dem Kuchenstück nicht mehr, und du wirst sie löschen, damit sie verschwindet. Wir werden auch den Kuchen nicht mehr brauchen, also wird auch er gelöscht.

Jetzt hast du nur noch die drei Ankertaue, die oben hinter deinem Kopf zusammenkommen.

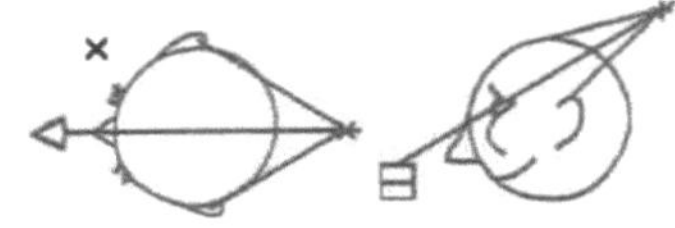

Simulieren Sie dies, indem Sie in einem der beiden Kopfbilder den Kuchen und die Linie mit einer Zickzacklinie ausstreichen.

Zeichnen Sie an einer anderen Stelle des Blattes drei Geraden, die sich in einem Punkt treffen. Ziehen Sie um den Schnittpunkt herum einen kleinen Kreis.

Die Stelle, wo die drei Taue zusammenkommen und enden, nennen wir den *Orientierungspunkt*. Es ist die *Stelle*, an der die Taue enden. Wir nennen sie *Ankertaue*. Sie verankern allerdings nicht das geistige Auge - das ist unmöglich - sondern den Orientierungspunkt, sodass er immer an derselben Stelle ist.

Hast du bis hierher alles verstanden?

Hier geht es uns um eine Gruppe von Nervenzellen mitten im Gehirn, welche die Desorientierung verursachen. Wenn diese Zellen *abgeschaltet* sind, empfängt das Gehirn genau, was die Augen sehen, was die Ohren hören, was der Gleichgewichts-, der Bewegungs- und der Zeitsinn empfinden. Aber

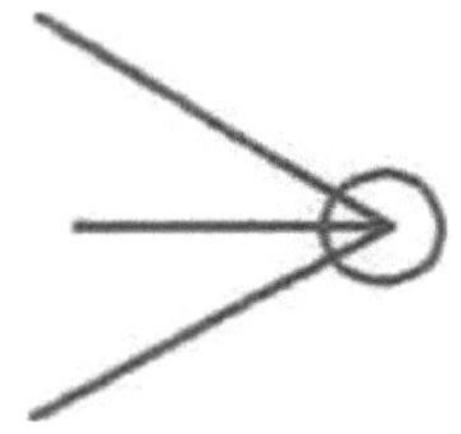

wenn diese Zellen *angeschaltet* sind, hat sich das geistige Auge bewegt und wir sind desorientiert. Dann empfängt das Gehirn weder das, was die Augen sehen und die Ohren hören, noch das, was der Gleichgewichts-, der Bewegungs- und der Zeitsinn empfinden, sondern das, was wir zu sehen und zu hören glauben. Unser Gleichgewichts- und Bewegungssinn verändern sich und unser Zeitsinn kann beschleunigt oder verlangsamt sein. Wir brauchen daher einen Schalter zum Abschalten dieser Zellen. Genau das ist der Orientierungspunkt. Er schaltet die Desorientierung ab.

Aber wie machen wir das? Wir bringen einfach das geistige Auge zum Orientierungspunkt. Dann sind diese Gehirnzellen automatisch abgeschaltet.

Tragen Sie am Schnittpunkt der Geraden in dem kleinen Kreis ein X ein.

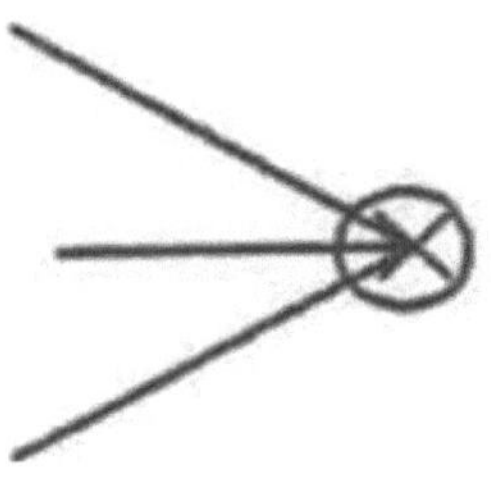

Wenn das geistige Auge sich hier befindet, sind die Gehirnzellen abgeschaltet. Aber wenn etwas geschieht, was uns desorientieren lässt, dann bleibt das geistige Auge nicht hier, sondern es bewegt sich.

Zeichnen Sie drei weitere Linien, die sich an einem Punkt treffen, und tragen an dem Punkt ein X ein.

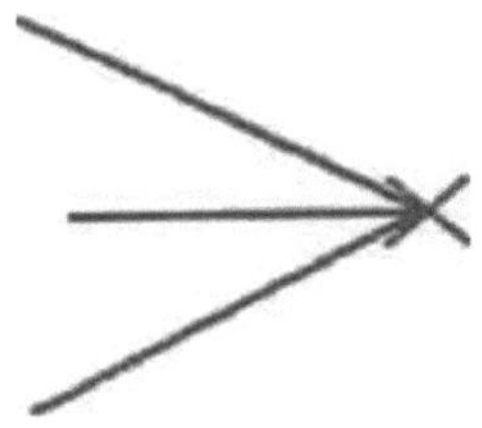

Es geht also weg und wir sind desorientiert. Wenn wir früher die Tätigkeit aufgaben, die uns desorientierte, etwas anderes taten, spazieren gingen oder

Zeichnen Sie einen Pfeil, der vom Schnittpunkt aus zur Seite weggeht.

einfach lange genug warteten, kam das geistige Auge zurück und wir waren wieder okay - bis etwas anderes eine neue Desorientierung hervorrief.

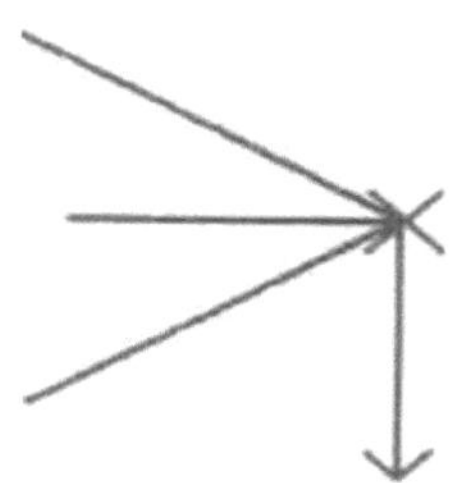

Wenn wir einen Orientierungspunkt haben, können wir das geistige Auge bewusst an diesen Ort zurückbringen. Dann hört die Desorientierung auf, ebenso verschwindet das Gefühl der Verwirrung und wir machen weniger oder gar keine Fehler. Wir brauchen also nicht zu warten, uns nicht zu quälen oder etwas anderes zu tun.

Ziehen Sie eine Gerade zurück zum Punkt und fahren Sie mit dem Stift noch einmal über das X.

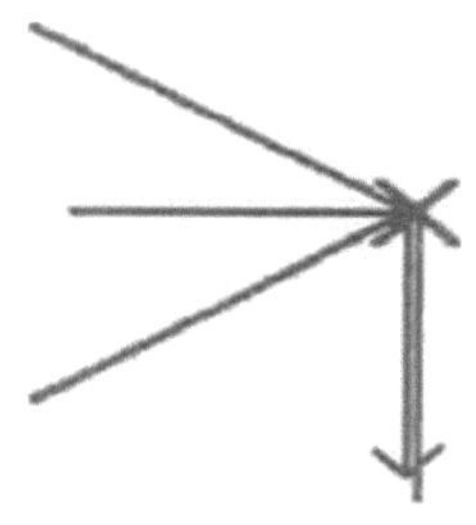

Hast du bis hierher alles verstanden?

Ziehen Sie drei weitere Geraden, die an einem Punkt enden und länger und dicker sind als die anderen.

Natürlich können wir unser geistiges Auge nicht sehen. Es kann sich nicht einmal selbst im

<table>
<tr><td>

<u>Was Sie sagen:</u>

</td><td>

<u>Was Sie tun:</u>

</td></tr>
<tr><td>

Spiegel betrachten, denn es ist unsichtbar. Wir stellen uns jetzt einfach mal vor, dass dies unser geistiges Auge ist. Okay?

</td><td>

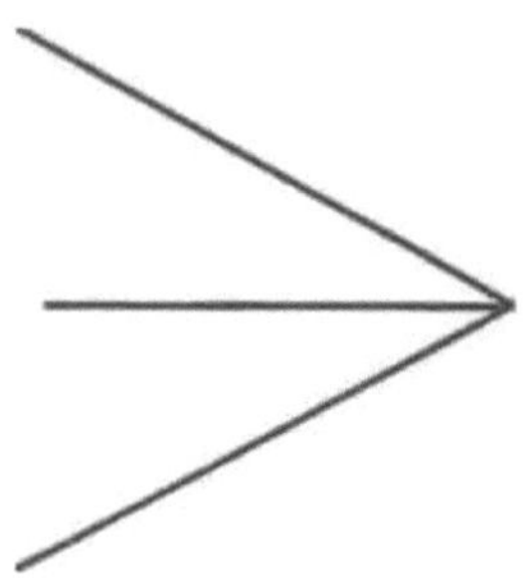

</td></tr>
<tr><td>

Wenn wir in der Sitzung zu der Stelle kommen, wo du die drei Ankertaue befestigt hast, dann befindet sich das geistige Auge genau da, wo sie sich schneiden.

</td><td>

Heben Sie einen kleinen Gegenstand auf (zum Beispiel eine Münze) und halten ihn so, dass der Schüler ihn sehen kann.

</td></tr>
<tr><td>

Zum ersten Mal in deinem Leben wirst du bewusst die Gehirnzellen abschalten, die deine Desorientierungen hervorrufen. Leider lernen wir nicht viel, wenn wir etwas nur einmal tun.

</td><td>

Legen Sie den Gegenstand auf die Zeichnung an der Stelle, wo die drei Geraden sich treffen.

</td></tr>
<tr><td>

Wenn sich das geistige Auge also genau an dem Punkt befindet, dann suchen wir uns etwas im realen Leben, das dein Auge veranlasst, von dem Punkt weg-

</td><td>

Schieben Sie ihn von der Stelle weg, wo die Geraden sich treffen.

</td></tr>
</table>

zuspringen und dich zu desorientieren.

Wenn das geschieht, werde ich dich daran hindern, das anzusehen, was dich von deinem Orientierungspunkt weggebracht hat, und dich ganz einfach bitten, das geistige Auge zum Punkt zurückzubringen.

Schieben Sie ihn wieder an die Stelle zurück, wo die Geraden sich treffen.

Die Desorientierung hört nun wieder auf. Die Verwirrung lässt nach. Jetzt zeige ich dir, was die Ursache war.

Danach suchen wir noch einmal etwas, das dein Auge wegspringen lässt.

Schieben Sie den Gegenstand erneut weg und dann wieder zurück.

Du bringst das geistige Auge zurück und ich zeige dir, was es wegspringen ließ. Dann wiederholen wir das Ganze so lange, bis du die Sache völlig im Griff hast und das geistige Auge jedes Mal rasch und mühelos zum Orientierungspunkt zurück-

<u>Was Sie sagen:</u>   **<u>Was Sie tun:</u>**

bringen kannst. Du wirst ein Experte im Zurückbringen sein, und du wirst wissen, dass du es getan hast.

Du besitzt dann die Fähigkeit, die Desorientierung abzuschalten. Was sie hervorgebracht hat, spielt keine Rolle. Du brauchst nur zum Orientierungspunkt zu gehen, um sie abzuschalten.

Hast du bis hierher alles verstanden?

Eine Sache müssen wir allerdings noch besprechen.

Wir nennen dies hier eine »Gerade«, weil sie eine gewisse Länge hat, genau wie dieser Stift eine gewisse Länge hat. Aber wie ist es, wenn wir von einem Ende her daran entlang schauen?

Zeigen Sie auf eines der Ankertaue in der Zeichnung.

Nehmen Sie Ihren Stift.

Jetzt sieht er gar nicht mehr lang aus, sondern wie ein Punkt, nicht wahr?

Zeigen Sie mit der Spitze des Stifts auf die Augen des Schülers.

| **Was Sie sagen:** | **Was Sie tun:** |

Was Sie sagen:

Wenn das geistige Auge sich *hier* befinden würde, dann würde es die Ankertaue gar nicht als Linien wahrnehmen, oder?

Es würde sie als drei Punkte sehen oder aber als einen Punkt, wenn sie zusammengedrückt würden. Stimmt das?

Hast du noch eine Frage zu dem, was wir gleich tun werden?

Wenn nicht, dann fangen wir jetzt an!

Was Sie tun:

Zeigen Sie auf die Stelle in der Zeichnung, wo die drei Ankertaue sich treffen, während Sie »hier« sagen.

Zeichnen Sie erst einen Punkt und danach drei Punkte, die sich berühren.

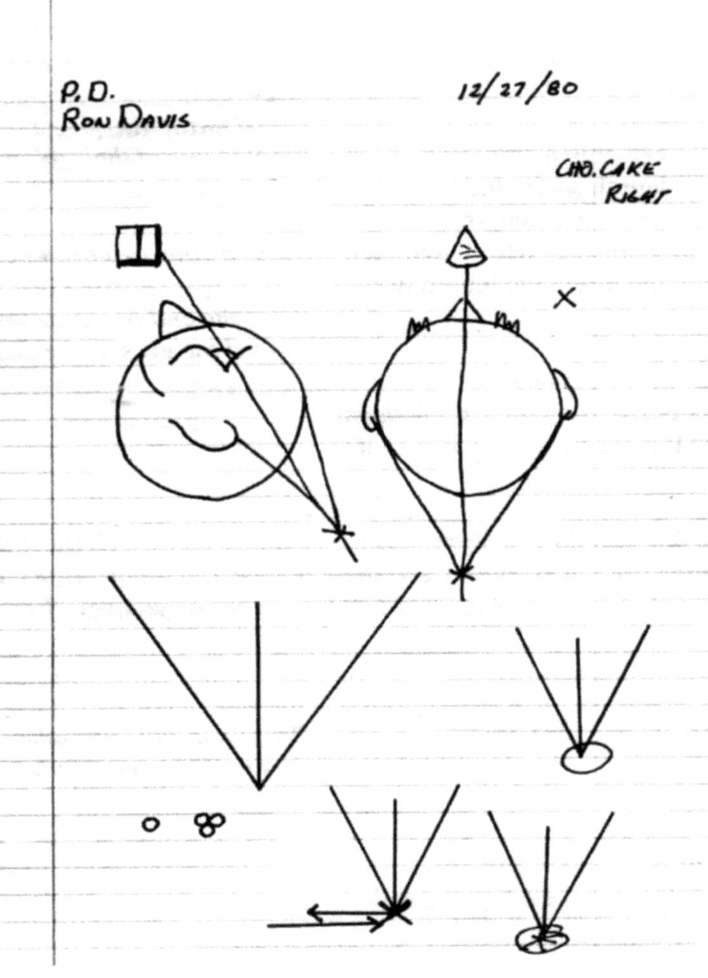

*Wenn Sie fertig sind, sieht Ihre Zeichnung zur Erklärung
der Davis-Orientierungsberatung in etwa so aus.*

3. Das Verfahren

<u>**Was Sie sagen:**</u>	<u>**Was Sie tun:**</u>
Darf ich bei der Übung deine Hände berühren?	*Bitten Sie den Schüler, sich Ihnen direkt gegenüberzusetzen. Sitzen Sie ihm nahe genug, um seine Stirn berühren zu können, ohne aufzustehen, aber nicht so nahe, dass es ihm unangenehm ist.*
	Holen Sie sein Einverständnis ein.
Wir werden beide Hände brauchen, also bitte ich dich, sie mir beide zur Verfügung zu stellen.	*Nehmen Sie seine linke Hand, falls er Rechtshänder ist (oder umgekehrt) und bringen Sie sie mit der Handfläche nach oben an die Stelle, wo man ein Buch zum Lesen hält.*
Stell dir vor, du hättest ein Stück ________ in dieser Hand. Sage mir bitte Bescheid, wenn es da ist.	*Beschreiben Sie den Kuchen mit denselben Worten wie der Schüler in der Diagnose.*
Schließe die Augen und lass sie geschlossen, bis ich dich bitte, sie wieder zu öffnen. Okay?	*Wenn Sie sicher sind, dass der Schüler ein inneres Bild geformt hat und er seine Augen geschlossen hält, nehmen Sie den Zeigefinger seiner dominanten Hand zwischen Ihren Daumen und Mittelfinger. Bringen Sie den Finger auf Augenhöhe neben seiner Stirn, (wo Sie das X eingezeichnet haben).*

149

<table>
<tr><td>

<u>**Was Sie sagen:**</u>

Ich möchte, dass du deine Wahrnehmung verlagerst und dein geistiges Auge *hier*hin bringst, wo der Finger ist, und dass du dir den Kuchen von *hier* aus anschaust.

Es ist, als ob du dich hinüberbeugen und von *hier* aus schauen würdest.

Kannst du den Kuchen von *hier* aus sehen?

Stell dir eine gerade Linie vor, die vom Kuchen aus die Nase entlang durch den Kopf geht und etwa 30 Zentimeter hinter und über dem Kopf endet. Zeichne diese Linie ein und sage mir Bescheid, wenn sie da ist.

Ich bewege jetzt deinen Finger und ich möchte, dass dein geistiges Auge mitkommt. Okay?

Ich möchte nun dein geistiges Auge auf die Linie über und

</td><td>

<u>**Was Sie tun:**</u>

Berühren Sie seinen Zeigefinger mit Ihrem, wenn Sie hier *sagen.*

Berühren Sie den Finger noch einmal und warten Sie einige Sekunden.

Berühren Sie den Finger noch einmal. Wenn er bejaht, machen Sie weiter.

Lassen Sie bestätigen, dass die Linie da ist.

Achtung: *Bewegen Sie den Finger nicht, während Sie sprechen. Geben Sie Ihre Anweisung, bevor Sie den Finger bewegen, und halten Sie inne, bevor Sie wieder sprechen.*

</td></tr>
</table>

<u>**Was Sie sagen:**</u>

hinter deinen Kopf bringen. Ich bewege also den Finger. Lass das geistige Auge mitkommen.

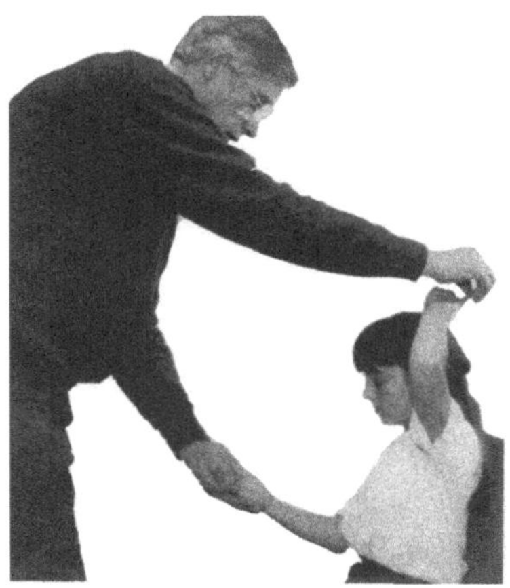

»Halten Sie den Finger etwa 15 bis 25 Zentimeter über dem Kopf an.«

Ich kann die Linie nicht sehen. Nur du kannst sie sehen. Du musst also selbst dafür sorgen, dass sich das geistige Auge

<u>**Was Sie tun:**</u>

Sie müssen aufstehen, um dort oben hinzureichen. Bewegen Sie sich möglichst langsam und ruhig. Treten Sie nicht zu nahe an den Schüler heran.

Bewegen Sie den Finger <u>langsam</u> und <u>gleichmäßig</u> auf die Mittellinie seines Körpers über und hinter seinem Kopf zu. Halten Sie den Finger etwa 15 bis 25 Zentimeter über und hinter dem Kopf an.

Wenn der Ellenbogen des Schülers seitlich heraussteht, ist es eventuell notwendig, seine Schulter so zu drehen, dass er nach vorne schaut. So kann er mit der Hand leichter über und hinter den Kopf fassen.

Umfassen Sie den Finger nicht mehr ganz so fest, so dass der Schüler ihn frei bewegen kann. Er braucht vielleicht ein paar Sekunden, um die rich-

<table>
<tr><td>

<u>**Was Sie sagen:**</u>

</td><td>

<u>**Was Sie tun:**</u>

</td></tr>
<tr><td>

genau auf der Linie befindet.

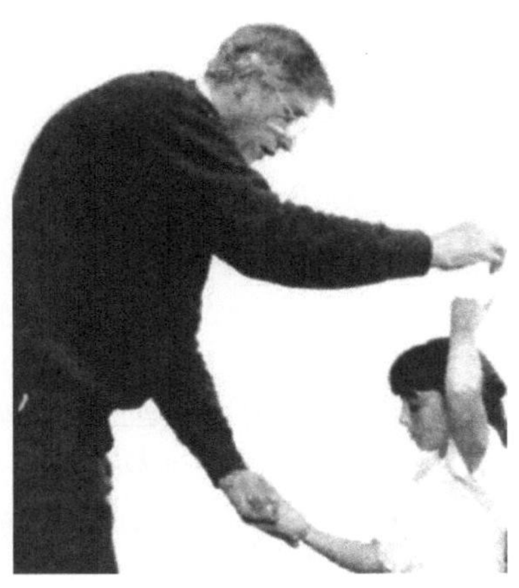

</td><td>

tige Stelle zu finden. Wenn er aufhört, den Finger zu bewegen, umfassen Sie ihn wieder.

Achten Sie darauf, dass sich der Finger auf der Mittellinie des Körpers befindet (geschieht selten).

Falls er sich tatsächlich dort befindet, gehen Sie zum nächsten Schritt über.

</td></tr>
<tr><td>

»Du musst selbst dafür sorgen, dass sich das geistige Auge genau auf der Linie befindet.«

[Er scheint nicht ganz in der Mitte zu sein. Ist es okay, wenn ich ihn ein bisschen bewege?]

Ziehe die Linie *hierher* und sage mir Bescheid, wenn sie da ist.

</td><td>

[Falls er sich nicht auf der Mittellinie befindet, bringen Sie den Finger dort-hin, ohne seine Entfernung vom Kopf zu ändern.]

Berühren Sie den Finger.

</td></tr>
</table>

Der Schüler sollte sich nun seinen Hinterkopf von einer Position aus vorstellen können, die über und hinter seinem Kopf liegt.

Berühren Sie den Finger.

»Ziehe die Linie hierher.« (Bewegen Sie den Finger auf die Mittellinie und berühren Sie ihn.)

Kannst du deine Ohren von *hier* aus sehen? Du kannst durch dein Haar hindurchsehen.

Berühren Sie den Finger.

Wenn der Schüler bejaht, machen Sie weiter.

[Falls er verneint, lassen Sie ihn »fühlen«, wo seine Ohren sind. Falls nötig, kann er sie mit der Hand berühren, die den Kuchen hält. Wenn er die Ohren auch jetzt noch nicht sieht, soll er versuchen, sich vorzustellen, wo sie sind und sich ein Bild davon machen.]

Was Sie sagen:	**Was Sie tun:**
Bringe je ein Ankertau hinunter zu deinen Ohren und befestige es jeweils oben am Ohr. Ziehe sie dann *hier*her.	*Berühren Sie den Finger.*
Bringe ein drittes Ankertau hinunter zu deinem Kopf und befestige es oben am Kopf. Ziehe auch dieses Tau *hier*her.	*Berühren Sie den Finger.*
Binde die Taue zusammen.	*Versichern Sie sich, dass dies geschehen ist.*
Ich möchte jetzt deinen Finger bewegen, ohne dass dein geistiges Auge mitkommt. Okay?	*Holen Sie sein Einverständnis ein.*
Während ich deinen Finger bewege, soll das geistige Auge am Schnittpunkt der drei Ankertaue bleiben.	*Bewegen Sie den Finger ein paar Zentimeter zur Seite.*
Ist das geistige Auge am Schnittpunkt geblieben?	*Wenn er bejaht, bringen Sie den Finger über die Schulter zurück, legen ihn auf seine Knie, lassen ihn los und setzen sich.*
[Nimm das geistige Auge aus dem Finger und lasse es am Schnittpunkt der Taue, wenn ich den Finger bewege.]	*[Falls er verneint, bringen Sie den Finger zurück zum Schnittpunkt.]*

<u>Was Sie sagen:</u> **<u>Was Sie tun:</u>**

[Diesen Schritt wiederholen, bis das geistige Auge auf den Tauen bleibt.]

Wir brauchen die Linie, die zum Kuchen hinunterführt, nicht mehr. Lösche sie und sage mir Bescheid, wenn sie weg ist.

Den Kuchen brauchen wir auch nicht mehr. Lösche ihn und sage mir Bescheid, wenn er weg ist.

Legen Sie die Hand Ihres Schülers auf seine Knie zurück.

Welche Farbe haben die drei Ankertaue?

Notieren Sie sich die Antwort für später.

Bringe das geistige Auge an die Stelle, wo die drei (Farbe) Ankertaue sich treffen. Sage mir Bescheid, wenn es da ist.

Siehst du drei Punkte oder einen?

Notieren Sie die Antwort.

Die Ankertaue, die der Legastheni-ker während der Davis-Orientie-rungsberatung anbringt, treffen sich an einem Punkt etwa 15 bis 25 cm über und hinter dem Kopf. Dieser Punkt befindet sich in einem Winkel von etwa 45 Grad genau auf der Mittellinie des Körpers.

Haben sie dieselbe Farbe wie die Taue?

Notieren Sie die Antwort.

Dein geistiges Auge sieht jetzt, was es sehen sollte, wenn es am Orientierungspunkt ist. Du kannst nun jederzeit mit deinem geistigen Auge nachsehen. Wenn es sieht, was es jetzt sieht, dann weißt du, dass es sich genau am Orientierungspunkt

Der Schüler sollte sich nun orientieren können, indem er mental die Punkte anschaut.

<u>Was Sie sagen:</u>

befindet.

Wenn es nicht sieht, was es jetzt sieht, weißt du, dass es nicht am Orientierungspunkt ist und dass du es zu dem Punkt zurückbringen musst, damit es sieht, was es jetzt sieht. Hast du bis hierher alles verstanden?

Öffne die Augen. Hat es sich bewegt, als du die Augen aufgemacht hast?

[Bringe es zurück.]

[Schieße die Augen wieder und überprüfe es.]

4. Erklärung

<u>Was Sie sagen:</u>

Ich kann dein geistiges Auge und deine Ankertaue nicht sehen. Wäre ich nicht dabei gewesen, wüsste ich nicht einmal, dass du sie hast. Wenn ich

<u>Was Sie tun:</u>

Wenn er verneint, machen Sie weiter.

[Wenn er bejaht, sagen Sie ihm, dass er es zurückbringen soll.]

[Wenn er antwortet: »Ich weiß nicht«, bitten Sie ihn, die Augen zu schließen und nachzuschauen.]

<u>Was Sie tun:</u>

es nicht weiß, dann weiß es auch sonst niemand. Nur du weißt es. Du brauchst also keine Angst zu haben, dass irgendjemand denkt, das sei merkwürdig, oder dass du etwas machst, was andere nicht können.

Das geistige Auge kann man nicht berühren; nichts und niemand kann es berühren.

Du brauchst dir keine Sorgen zu machen, ob du damit an Wänden oder Türen anstößt. Du bleibst nirgendwo damit hängen. Es geht durch alles hindurch, so als wären die Dinge gar nicht da.

Schwenken Sie ihre Hand oben hinter ihrem Kopf.

Wenn sich dein geistiges Auge am Orientierungspunkt befindet, sitzt es an dem Punkt, der durch die Ankertaue bestimmt ist. Egal wie schnell du dich bewegst, du kannst es nicht verlieren. Egal wie schnell du den Kopf drehst, es fliegt nicht weg. Es sitzt einfach da und geht überall mit hin, wo Kopf und

»Du brauchst keine Angst zu haben, dass du dein geistiges Auge verlierst

Was Sie sagen:	**Was Sie tun:**
Ohren hingehen.	*oder dass jemand deine Seile sieht.«*
Hast du bis hierher alles verstanden?	
Weißt du, was das Wort »Verantwortung« bedeutet?	*Egal, ob ihr Schüler bejaht oder verneint, erklären Sie ihm den Begriff.*
Ich kann dir eine einfache/einfachere Definition geben. Verantwortung ist die Fähigkeit und Bereitschaft, etwas zu kontrollieren. Kontrolle ist im einfachsten Sinn die Fähigkeit, etwas zu verändern oder es daran zu hindern, sich zu verändern.	
Indem ich deine Hand nehme und bewege, kann ich etwas an deinem Körper verändern. Diese Veränderung passiert, obwohl du nichts dazu getan hast. Ich bin dafür verantwortlich, nicht du, denn du hast es nicht getan. Stimmt das?	*Nehmen Sie eine Hand des Schülers und bewegen Sie diese.*
Dein geistiges Auge dagegen kann ich nicht einfach nehmen und bewegen. Niemand kann	

das. Kein Mensch, kein Tier, keine Maschine, nichts auf dieser Erde kann das Auge auch nur einen winzigen Millimeter bewegen. Aber du kannst es überall hinbringen, wo du es haben willst. Das heißt, du hast die volle Kontrolle darüber und auch die volle Verantwortung dafür, wo das Auge ist und was es tut.

Stimmt das?

Das heißt auch, wenn das Auge weggeht und du desorientiert wirst, dann bringst du selbst es dazu, das zu tun. Als du noch klein warst, hast du es so eingerichtet, dass das Auge jedes Mal, wenn du verwirrt genug warst, automatisch wegging und die Verwirrung loszuwerden versuchte. Falls du von einem wirklichen Gegenstand verwirrt wurdest, klappte das und die Verwirrung verschwand. Aber bei Symbolen geht es nicht und alle Wörter sind Symbole. Die

<u>**Was Sie sagen:**</u>   <u>**Was Sie tun:**</u>

Bewegung des Auges macht die Verwirrung dann noch schlimmer.

Jetzt hast du ein Problem. Dein geistiges Auge springt jedes Mal, wenn du verwirrt bist. Das willst du jetzt nicht mehr.

Aber das Auge wird nach wie vor springen. Wenn du versuchst, es am Orientierungspunkt festzuhalten, während du gleichzeitig automatisch versuchst, es zu bewegen, dann bekommst du Kopfschmerzen.

Ich kenne nur eine Lösung dafür: Lass es springen und bring es danach wieder zurück. Das ist deine Aufgabe, deine Verantwortung. Jedes Mal, wenn es springt, bringst du es wieder zurück.

Hast du bis hierher alles verstanden?

Befindet sich dein geistiges Auge noch am Orientierungs-   *Falls der Schüler bejaht, machen Sie weiter.*

<u>Was Sie sagen:</u>

punkt?

[Bringe es zurück.]

Wenn wir den Orientierungspunkt bestimmt haben, bleibt unser geistiges Auge anfangs nicht einfach dort, sondern schwebt um ihn herum.

So geht es jedem. Wir nennen es »driften«.

Sobald die Kontrolle über das geistige Auge zur Gewohnheit geworden ist und man es mühelos zum Orientierungspunkt bringen und dort lassen kann, hört das Driften auf und das Auge bleibt einfach da.

Versuche nicht, das Auge dort festzuhalten. Lass es ruhig driften. Bring es ab und zu dorthin und überlasse es dann sich selbst. Wenn du versuchst, es dort festzuhalten, verlängerst du nur die Driftphase.

Hast du bis hierher alles ver-

<u>Was Sie tun:</u>

[Falls er verneint, bitten Sie ihn, es zurückzubringen.]

Was Sie sagen:	**Was Sie tun:**
standen?	

5. Orientierungsübung

Was Sie sagen:	**Was Sie tun:**
	Wählen Sie je nach der persönlichen Orientierungsgeschichte des Schülers eine Tätigkeit, die ihn desorientiert (zum Beispiel Lesen). Achten Sie auf Desorientierung. Treten Anzeichen von Desorientierung und Fehler auf, unterbrechen Sie die Übung.
	Falls dem nicht so ist, machen Sie weiter, bis es sich bewegt.
Hat sich dein geistiges Auge bewegt?	*(Falls der Schüler mit: »Ich weiß nicht« antwortet, lassen Sie ihn nachsehen.)*
[Schau mit dem geistigen Auge nach. Sieht es den Punkt/die Punkte noch?]	
	Wenn es sich bewegt hat, lassen Sie es ihn zurückbringen.
Bringe es bitte zurück.	

Dann zeigen Sie ihm, was die Desorientierung verursacht hat.

Fahren Sie in dieser Weise fort, bis der Schüler sein geistiges Auge schnell und mühelos zum Orientierungspunkt zurückbringen kann und sieht, dass sich Wahrnehmung und Leistung verbessern, wenn er es tut.

Kann der Schüler sein geistiges Auge schnell und problemlos an den Orientierungspunkt bringen und hat er es außerdem auch noch bewusst getan, ist die Sitzung abgeschlossen.

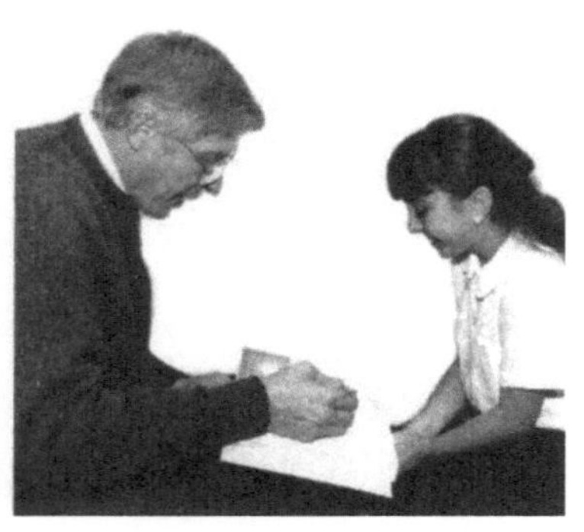

Machen Sie den Schüler auf jedes Wort aufmerksam, das eine Desorientierung verursacht.

10.
Loslassen und Überprüfen der Orientierungsberatung

Leser von *Legasthenie als Talentsignal* sind mit diesem Schritt schon vertraut. Für alle neuen Leser werde ich jetzt kurz noch einmal darlegen, was nach diesen ersten Schritten der Orientierungsphase passiert. Während Legastheniker die Orientierung erlernen, wird ihnen klar, dass sie *keine Fehler machen*, solange ihr geistiges Auge stillsteht. Der orientierte Zustand wird ihnen immer bewusster und sie merken, dass sie jedes Mal desorientiert werden, wenn das geistige Auge sich bewegt. Sobald sie desorientiert sind, machen sie einen Fehler oder greifen automatisch zu einer »alten Lösung«.

Der nächste logische Schritt müsste nun sein, zu lernen, das geistige Auge am Orientierungspunkt festzuhalten. Es ist sogar ganz einfach und die meisten Schüler versuchen es auch. Doch leider führt das häufig zu schweren Kopfschmerzen.

Der Grund dafür ist wahrscheinlich, dass sich das geistige Auge nicht wirklich von alleine bewegt. Der Schüler tut es, ist sich dessen jedoch nicht bewusst. Es ist vielmehr eine tief sitzende Gewohnheit.

Die Tatsache, dass er die Orientierung erlernt und auch weiß, dass es von Vorteil ist, das geistige Auge nicht zu bewegen, hält ihn nicht davon ab, diese natürliche Reaktion in Momenten der Verwirrung anzuwenden.

Wenn der Schüler verwirrt wird, dann wird er daher versuchen, sein geistiges Auge zu bewegen und es gleichzeitig an der Bewegung zu hindern. Er wird wortwörtlich gegen sich selbst arbeiten. Wir nennen das »festhalten«. Es erzeugt Verspannungen und das bewirkt die Kopfschmerzen.

Man kann dem Schüler jedoch nicht einfach sagen, er solle sein geistiges Auge nicht am Orientierungspunkt festhalten. Das klappt nicht. Das ist, als sagte man ihm, er solle nicht an einen Elefanten denken: Es würde ihn nicht davon abhalten, sondern ihn dazu bringen, es umso mehr zu tun. Je mehr man versucht, nicht festzuhalten, desto mehr tut man es.

Außerdem gibt es keinen Grund, warum man nicht desorientieren sollte, wenn es passend und nützlich ist.

Schüler, die ihr geistiges Auge am Orientierungspunkt festhalten, werden sich für gewöhnlich im Nacken reiben. Wenn Sie das beobachten, ist es Zeit für die Loslassübung.

ZEICHEN VON FESTHALTEN SIND:

1. Der Schüler klagt über Kopfschmerzen.

2. Er berührt oder reibt sich im Nacken.

3. Seine Haut wird blass.

4. Er zieht die Augenbrauen hoch.

5. Er sieht verkrampft und gequält aus.

DIE LOSLASSÜBUNG

Durchlaufen Sie mit Ihrem Schüler die Loslassübung, indem Sie ihm das Folgende vorlesen. Achten Sie darauf, dass er die jeweilige Anweisung wirklich befolgt hat, ehe Sie weitermachen.

Mache eine lose, nicht zu feste Faust; am besten schließt du einfach nur die Finger. Denk jetzt: »Hand öffnen«, aber schließe die Faust fester.

Denke noch einmal »Hand öffnen« und schließe die Faust noch fester.

Denk abermals: »Hand öffnen« und schließe die Faust ganz fest, so fest du kannst, und spanne die Muskeln bis zum Ellbogen hinauf an.

Jetzt lass die Faust, ohne etwas zu denken einfach los. Lass die ganze Hand los und lass die Finger in ihre natürliche Haltung zurückkehren.

Spüre die Empfindung, die deinen Arm hinunter durch die Hand bis zu den Fingerspitzen läuft. Dies ist das Gefühl des Loslassens. Wenn wir von »Loslassen« sprechen, meinen wir genau dieses Gefühl.

Das Gefühl des Loslassens ist dasselbe Gefühl wie das eines Seufzers.

Seufze jetzt. Atme ein, halte den Atem eine oder zwei Sekunden an und lass dann die Luft mit einem lauten »hach«, das aus Nase und Kehle kommt, aus dem Mund fahren. Ein kurzer Seufzer transportiert das Gefühl des Loslassens zum oberen Brustkorb. Ein tiefer Seufzer kann dieses Gefühl bis zu deinen Zehen- und Fingerspitzen ausdehnen.

Seufze jetzt ganz tief und lass dieses Gefühl durch deinen ganzen Körper strömen. Nun bewahre dieses Gefühl, lass es in deinem Körper verweilen.

Lass dieses Gefühl auch dein geistiges Auge durchströmen. Du kannst dieses Gefühl einfach auf das geistige Auge übertragen. So sollte es sich fühlen.

Lass dieses Gefühl jetzt vom geistigen Auge aus in den Kopf und den Nacken fließen. Die Nackenmuskeln entspannen sich nun. Du spürst, wie sie locker werden.

Falls der Schüler Kopfschmerzen hat, schieben Sie diesen Schritt ein, ehe Sie weitermachen:

Lass dieses Gefühl jetzt vom geistigen Auge aus direkt in den Kopfschmerz fließen. Achte darauf, dass der Kopfschmerz ganz vom Gefühl des Loslassens durchströmt wird. Mache das so lange, bis der Kopfschmerz ganz verschwindet.

Lass jedes Mal, wenn du das geistige Auge an den Orientierungspunkt zurückbringen musst, das Gefühl des Loslassens in das Auge einströmen. Es treten dann keine Kopfschmerzen mehr auf, und die »alten Lösungen« werden nicht mehr aktiv.

Hiermit ist das Verfahren beendet.

Wenn der Schüler die Loslassübung beherrscht, müssen Sie mit ihm nicht jedes Mal den gesamten Prozess durchlaufen. Erinnern Sie ihn einfach nur daran »loszulassen«, wenn Sie bemerken, dass er »festhält«, sich konzentriert, sich verspannt oder stark anstrengt.

ÜBERPRÜFUNG DER ORIENTIERUNG

Nach einigen Stunden kann der Orientierungspunkt, der in der ersten Orientierungssitzung festgelegt wurde, seinen Ort wechseln. Sie müssen das von Zeit zu Zeit überprüfen und ihn gegebenenfalls an die alte Stelle zurückholen. Dies geschieht durch die Überprüfung der Orientierung.

Bitten Sie den Schüler einfach, mit dem Finger an die Stelle zu gehen, *wo sich der Orientierungspunkt befindet.* Meistens sage ich dann: »In der ersten Orientierungssitzung hast du etwas bekommen, was wir Orientierungspunkt nannten. Es ist der Ort, an dem die drei Taue in einem Punkt zusammenkommen. Kannst du den Finger an die Stelle bringen, wo der Punkt ist?«

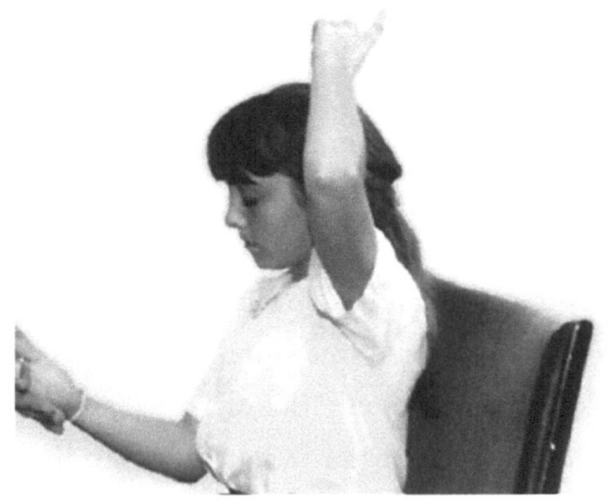

Die richtige Stelle

Ihr geistiges Auges sitzt zu tief und rechts von der Mitte.

169

Wenn der Schüler das tut, prüfen Sie, ob der Finger auf der Mittellinie des Körpers und 15 bis 25 Zentimeter über und hinter dem Kopf liegt. Wenn der Finger an der richtigen Stelle ist, sagen Sie: »Gut, gebrauche immer diesen Punkt, dann ist alles in Ordnung.«

Wenn der Finger nicht an der richtigen Stelle ist, fragen Sie, ob Sie eine »kleine Korrektur« vornehmen dürfen. (Niemand hat das je abgelehnt.)

Nehmen Sie den Finger des Schülers zwischen Ihren Daumen und Mittelfinger und bringen ihn ruhig und langsam zurück zur Mittellinie. Berühren Sie seine Fingerspitze mit Ihrem Zeigefinger und sagen Sie: »Bring den Punkt hierher, indem du die Ankertaue an diese Stelle ziehst. Sage mir Bescheid, wenn du fertig bist.« Berühren Sie noch einmal den Finger.

Wenn er Ihnen sagt, dass der Punkt jetzt an der Stelle sei, wo Sie ihn haben wollen, sagen Sie: »Gut, gebrauche immer diesen Punkt, dann ist alles in Ordnung.«

Falls selbst nach dieser Korrektur der Punkt nicht aufhört, sich zu bewegen, sagen Sie dem Schüler: »Mache die Ankertaue so fest, dass sie sich nicht mehr bewegen können.«

»Bringe den Punkt und die Ankertaue zur Mittellinie.«

Verwenden Sie diese Methode der Überprüfung nur so lange, bis Sie die Übung der Feineinstellung (in Kapitel 11) gemacht haben. Danach ist es nicht mehr angebracht, diese Methode der Überprüfung anzuwenden.

11.

Feineinstellung für die
Orientierungsberatung

Die Feineinstellung ist eine Methode, mit welcher der orientierte Legastheniker seinen *optimalen Orientierungspunkt* finden kann. Leser, die Ron Davis' erstes Buch *Legasthenie als Talentsignal* kennen, werden mit dieser Methode schon vertraut sein. Es ist wie bei einem Radio: Man dreht so lange den Knopf hin und her, bis man den bestmöglichen Empfang hat.

Dasselbe kann man mit dem geistigen Auge machen. Indem man es um den vorhandenen Orientierungspunkt herum bewegt, kann man die beste Stelle für die Orientierung finden.

Dabei sollte allerdings Folgendes beachtet werden: Die Feineinstellung sollte idealerweise erst vorgenommen werden, nachdem der orientierte Legastheniker wenigstens zwei Tage lang Erfahrungen mit der Orientierung gesammelt hat. Die Feineinstellung sollte erst versucht werden, wenn alles Driften (oder minimale Umherschweben des geistigen Auges) völlig aufgehört hat.

Während der Feineinstellung kann sich das geistige Auge in alle Richtungen bewegen, also nicht nur hin und her. Und wenn sich das Auge bewegt, fühlt man sich automatisch aus dem Gleichgewicht. Die Feineinstellung wird durchgeführt, indem man das geistige Auge ein ganz kleines Stück verlagert und dann innehält und prüft, wie sich die neue Situation anfühlt.

Es gibt zwei Merkmale, an denen der Schüler erkennen kann, ob er seinen optimalen Orientierungspunkt gefunden hat: Erstens fühlt er sich vollkommen im Gleichgewicht. Er kann ganz ruhig auf einem

Bein stehen, ohne irgendeinen Körperteil zu bewegen. Er kann diese Stellung einhalten, bis die Muskeln ermüden. Anschließend kann er einfach auf das andere Bein überwechseln, ohne das Gleichgewicht zu verlieren. Zweitens erlebt er ein Gefühl vollkommenen Wohlbehagens, wenn er das geistige Auge an die optimale Stelle für seine Orientierung gebracht hat. Ich nenne es die *Zone des Wohlfühlens*. Es wird sich einfach »richtig« anfühlen.

Während der Feineinstellung bewegen die Schüler oft das geistige Auge durch die Zone des Wohlfühlens hindurch. Wenn dies geschieht, durchströmt sie das behagliche Wohlgefühl für einen kurzen Moment. Sie werden wahrscheinlich lächeln und erleichtert aussehen. Wenn sie aber ihr geistiges Auge nicht genau an dieser Stelle festhalten, verschwindet das Gefühl genauso schnell wieder, wie es gekommen ist.

Am Anfang der Übung befindet sich das geistige Auge über und hinter dem Kopf. Folgendes kann man dann beobachten:

1. Befindet sich das geistige Auge links von der Mittellinie des Körpers, dann gerät der Körper nach links aus dem Gleichgewicht.

2. Befindet sich das geistige Auge rechts von der Mittellinie des Körpers, dann gerät der Körper nach rechts aus dem Gleichgewicht.

3. Befindet sich das geistige Auge zwar auf der Mittellinie, aber zu weit hinten, dann gerät der Körper nach hinten aus dem Gleichgewicht.

4. Befindet sich das geistige Auge zwar auf der Mittellinie, aber zu weit vorne, dann gerät der Körper nach vorne aus dem

Gleichgewicht.

5. Sitzt das geistige Auge zu tief, dann gerät der Körper nach hinten aus dem Gleichgewicht.

6. Sitzt das geistige Auge zu hoch, dann gerät der Körper nach vorne aus dem Gleichgewicht.

7. Befindet sich das geistige Auge vor der Mittelachse des Körpers, und nicht auf der Mittellinie, dann sind 1. und 2. häufig vertauscht.

Mit Hilfe dieser Hinweise kann der Schüler seinen optimalen Orientierungspunkt finden.

Er führt die Feineinstellung durch, indem er sein geistiges Auge langsam im engeren Umfeld um den vorhandenen Orientierungspunkt bewegt und an verschiedenen Stellen anhält. Er macht dies, bis er perfektes Gleichgewicht hat und ein tiefes Wohlgefühl verspürt.

VERFAHREN FÜR DIE FEINEINSTELLUNG

<u>Was Sie sagen:</u>   **<u>Was Sie tun:</u>**

Erklären Sie mit Ihren eigenen Worten, wie die Feineinstellung beim Radio vor sich geht und wie man sie benutzen kann, um die optimale Orientierung zu finden.

Ich möchte, dass du sie Augen

bei dieser Übung offen lässt.

Bringe dein geistiges Auge zum Orientierungspunkt.

Finden Sie einen Platz, von dem aus man weit sehen kann, z. B. ein Fenster. Bitten Sie den Schüler, sich dort hinzustellen und geradeaus zu blicken.

Lassen Sie den Schüler prüfen, ob sich sein geistiges Auge am Orientierungspunkt befindet. Stellen Sie sich neben ihn und weisen Sie auf eine bestimmte Stelle in der Aussicht hin, die in etwa auf Augenhöhe oder höher liegt.

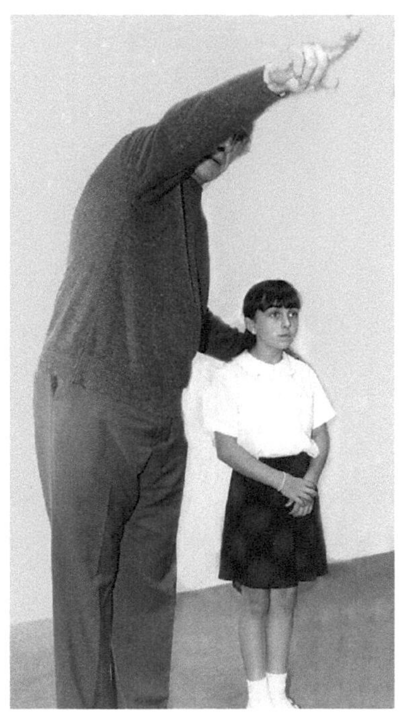

»Schau dir das Bild dort oben an.«

Stehe auf einem Bein und sieh gleichzeitig an diese Stelle.

Achtung: *Es spielt keine Rolle, auf welchem Bein er steht. Er kann auch das Bein wechseln.*

Was Sie sagen:

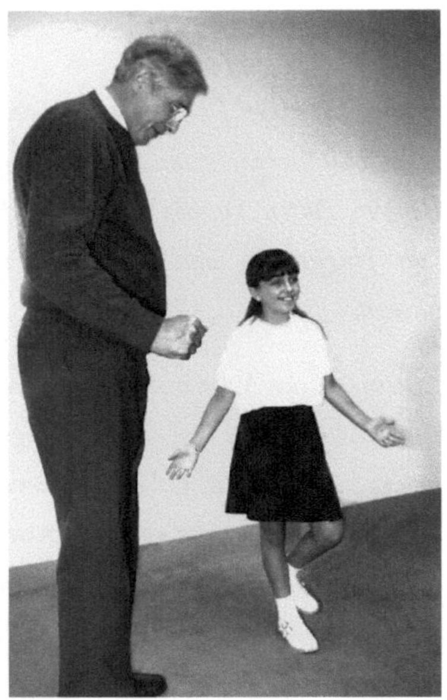

»Sieh es immer weiter an und bleibe auf einem Bein stehen.«

Jetzt schiebe dein geistiges Auge von Orientierungspunkt weg auf mich zu und beobachte, wie das dein Gleichgewicht beeinflusst. Ich lasse dich nicht fallen.

[Gib ihm einen ordentlichen Schubs. Ich lasse dich nicht fallen.]

Was Sie tun:

Halten Sie ihn sachte an den Schultern und lassen Sie ihn dann los, doch ohne die Hände weit von den Schultern wegzunehmen.

»Gib ihm einem Schubs und pass auf, was dann passiert.«

Falls der Schüler nicht gegen Ihre Hände kippt...

Achtung: *Er muss unbedingt spüren, dass er das Gleichgewicht verliert und in dieselbe Richtung kippt, in die*

176

<table>
<tr><td><u>Was Sie sagen:</u></td><td><u>Was Sie tun:</u></td></tr>
</table>

Was Sie sagen:	Was Sie tun:
	sich sein geistiges Auge bewegt.
Bringe dein geistiges Auge zurück zum Punkt und stehe wieder auf beiden Beinen.	
Neige den Kopf nach vorne und sieh direkt auf die Stelle dort. Stehe dabei auf einem Bein.	*Weisen Sie auf eine andere Stelle hin, die näher und 45 Grad unterhalb der Augenhöhe liegt.*
Bewege jetzt dein geistiges Auge genauso wie bei der Feineinstellung eines Radios und finde den Ort, an dem dein Körper völlig im Gleichgewicht ist.	

<u>**Was Sie sagen:**</u>   <u>**Was Sie tun:**</u>

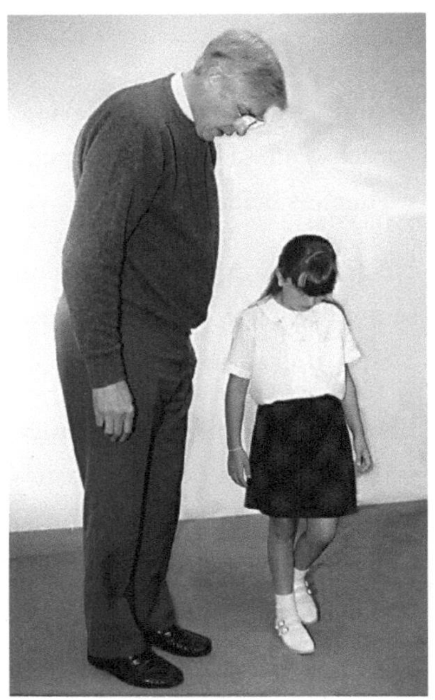

»Schau die Münze an, die ich dort auf den Boden geworfen habe, und stehe dabei ruhig auf einem Bein.«

Achtung: *Dieser Schritt kann im Einzelfall recht lange dauern. Womöglich findet der Schüler die optimale Orientierung nicht gleich beim ersten Versuch.*

Vergiss nicht, dass du nicht im Gleichgewicht bist, solange sich das Auge bewegt. Bewege es

Lassen Sie Ihren Schüler diesen Schritt nicht beenden, ehe er nicht sehr dicht vor der optimalen Stelle ist oder

Was Sie sagen:	**Was Sie tun:**
also nur wenig, halte dann inne und prüfe das Gefühl. Du wirst es spüren, wenn du die richtige Stelle gefunden hast.	*sie tatsächlich gefunden hat.*
Bleib mit dem geistigen Auge genau dort, wo es jetzt ist, und stehe wieder auf beiden Beinen.	*Wenn der Schüler ihn gefunden hat oder ermüdet und dem Punkt sehr nahe ist, beenden Sie den Prozess mit den folgenden Schritten.*
Bleibe mit dem geistigen Auge genau dort und bringe den Orientierungspunkt genau an diese Stelle. Du bewegst jetzt nicht das Auge, sondern den Punkt zum Auge.	
Lass die Ankertaue da, wo sie jetzt sind, steif und fest werden, etwa so, wie Beton hart wird. Der Punkt befindet sich nun genau da, wo er sein soll und wird sich nicht bewegen.	*Lassen Sie ihn bestätigen, dass es so ist.*

Erklären Sie dem Schüler, dass er diese Übung mindestens einmal pro Tag machen soll, damit sich sein Orientierungspunkt immer an der optimalen Stelle befindet. Erklären Sie ihm auch, dass diese Stelle sich von Zeit zu Zeit spontan verschiebt und dass wir nicht wissen, warum. Der Schüler sollte sich dieser Veränderung jeweils anpassen und dazu verwendet er die Feineinstellung.

Nach der Feineinstellung sollten Sie den Schüler nicht mehr bitten, mit dem Finger an den Orientierungspunkt zu gehen. Er würde ihn wahrscheinlich nicht finden und nur verwirrt werden.

Bei späterer Überprüfung der Orientierung braucht der Schüler nur nach unten zu sehen und auf einem Bein zu stehen, um zu zeigen, dass er im Gleichgewicht ist.

Es gibt nur einen optimalen Orientierungspunkt, an dem alle Sinneswahrnehmungen ganz exakt sind. Aber es gibt andere Orientierungspunkte, einen oder mehrere für jeden einzelnen Sinn, an denen der jeweilige Sinn ganz präzise wahrnimmt. Der optimale Punkt für das Gleichgewicht liegt 60 Zentimeter oder höher mitten über dem Kopf, und zwar ein wenig vor dem Schwerpunkt. Wenn Sie mit einem Sportler, Tänzer oder einer anderen Person arbeiten, die ein ausgezeichnetes Gleichgewichtsgefühl hat, achten Sie bitte darauf, dass sie sich oben hinter dem Kopf orientiert und nicht mitten über dem Kopf oder davor. Meistens genügt es, den Betreffenden zu bitten, den Kopf nach vorne zu kippen, während er diese Übung macht.

12.

Verfahren der Ausrichtung

Wenn Sie dieses Kapitel aufgeschlagen haben, dann ist Ihr Schüler jünger als sieben Jahre oder Sie haben durch die Wahrnehmungsdiagnose aus Kapitel 8 herausgefunden, dass er in erster Linie kinästhetisch lernt.

Der Schüler braucht eine Erklärung dafür, warum er dieses Werkzeug von Ihnen an die Hand bekommt. Sie müssen dazu Worte benutzen, die er gut verstehen wird. Bedenken Sie, dass Sie wahrscheinlich mit jemandem sprechen, der kaum in Worten denkt. Deshalb sollte Ihre Erklärung so kurz und genau wie möglich ausfallen.

Folgendes kommt noch dazu: Die Person, mit der Sie sprechen, hat möglicherweise nur eine sehr kurze Aufmerksamkeitsspanne. Wenn Sie länger sprechen, als sie zuhören kann, werden Sie sie verlieren. Manchmal passiert das schon nach fünf bis zehn Sekunden. Natürlich dauert jede Erklärung länger, daher brauchen Sie eine Strategie, mit der Sie die Person länger bei der Stange halten können.

Sie müssen dafür nur Ihre Erklärung in kleine Abschnitte einteilen. Ich meine damit Folgendes: Sie sprechen wenige Sekunden, dann fordern Sie den Schüler auf, Ihnen zu antworten. Schon ein »Ja« oder ein »Nein« genügt. Ich rate Ihnen, hauptsächlich Fragen zu stellen, die nur ein »Ja« oder »Nein« erfordern. Warten Sie auf die Antwort, bevor Sie fortfahren.

Es gibt hier keinen verbindlichen Text, seien Sie also ruhig flexibel. Ich würde mit einem sieben Jahre alten Kind in etwa so sprechen:

1. *Was wir jetzt gleich tun wollen, nennen wir Ausrichtung. Hast du dieses Wort schon einmal gehört?*

2. *Für uns ist es der Name eines Vorgangs, den du benutzen kannst, wenn du sicher sein willst, dass dein Gehirn sieht, was deine Augen sehen und dein Gehirn hört, was deine Ohren hören. Jetzt sag' du den Namen: Ausrichtung.*

3. *Es ist wirklich wichtig, vor allem in der Schule, dass dein Gehirn das sieht und hört, was wirklich vor sich geht. Wenn es das nicht tut, machst du nämlich Fehler. Weißt du, was ein Fehler ist?*

4. *Bevor wir anfangen: Du hast bereits eine natürliche Ausrichtung. Sie ist ein Teil von dir. Ich weiß das, weil du mit mir sprechen kannst, und du hättest nicht sprechen gelernt, wenn du keine Ausrichtung hättest. Sag mal »Kuddel-muddel«.*

5. *Siehst du, die Ausrichtung ist da. Wenn sie nicht da wäre, hättest du nicht wiederholen können, was ich gerade gesagt habe. Verstehst du das?*

6. *Aber es gibt ein Problem. Manchmal geht deine Ausrichtung kaputt oder für eine kleine Weile verloren, und du merkst es nicht einmal. Ist dir das schon mal passiert?*

7. *Wenn das passiert, sieht und hört dein Gehirn nicht das, was wirklich vor sich geht. Und du merkst es nicht mal. Stimmt das?*

8. *Das ist ein Problem, weil du dann Fehler machst, und ich glaube nicht, dass irgendjemand gerne Fehler macht. Magst du es, wenn du einen Feh- ler machst?*

9. *Was meinst du, wäre es gut, wenn du feststellen könntest, ob deine Ausrichtung da ist oder nicht? Und wenn du dadurch keine Fehler mehr
   machen würdest?*

10. *Fändest du es gut, wenn du die Ausrichtung selbst zurückholen könntest,
    sobald sie weg ist und du dann keine Fehler mehr machen würdest?*

11. *Okay. Wir können dir eine neue Ausrichtung geben. Und diese Aus-
    richtung wirst du selbst überprüfen können, damit du mit ihrer Hilfe
    keine Fehler mehr machst. Ist das gut?*

12. *Sollen wir es tun?*

Sie würden nur weitermachen, wenn die Antwort auf die letzte
Frage *»Ja«* lautet. Wenn sie *»Nein«* lautet, gibt es entweder ein Motivati-
onsproblem (siehe Kapitel 7) oder der Schüler hat Ihre Erklärung nicht
wirklich verstanden.

VERFAHREN DER AUSRICHTUNG

Dem Ausrichtungsverfahren sollte immer die Loslass-Übung für
die Ausrichtung vorausgehen.

Das Ausrichtungsverfahren und die Loslass-Übung werden im
Folgenden beschrieben, so dass Sie diese Ihrem Schüler vorlesen können. Gehen Sie auch diesmal wieder in kurzen Abschnitten vor, aber
achten Sie nun auf nonverbale Antworten.

Das Loslassverfahren für die Ausrichtung

1. *Setze dich so bequem wie möglich hin.*

2. *Mache eine lose, nicht zu feste Faust, am besten schließt du einfach nur die Finger.*

3. *Denke jetzt: »Hand öffnen«, aber schließe die Faust fester.*

4. *Denke noch einmal: »Hand öffnen« und schließe die Faust noch fester.*

5. *Jetzt lass die Faust, ohne etwas zu denken, einfach los. Lass die ganze Hand los und lass die Finger in ihre natürliche Haltung zurückkehren.*
    Achtung: Achten Sie auf die Geschwindigkeit und die Pausen. Die Übung muss langsam genug erfolgen, dass der Schüler gut mitkommt, aber schnell genug, dass seine Muskeln dabei nicht ermüden.

6. *Spüre die Empfindung, die deinen Arm hinunter durch die Hand bis zu den Fingerspitzen läuft. Dies ist das Gefühl des Loslassens. Wenn wir von »Loslassen« sprechen, meinen wir genau dieses Gefühl.*

7. *Das Gefühl des Loslassens ist dasselbe Gefühl wie das eines Seufzers. Verdeutlichen Sie, was damit gemeint ist, indem Sie hörbar seufzen.*

8. *Seufze jetzt. Atme ein, halte den Atem an (etwa drei Sekunden warten) und lass die Luft mit einem lauten »hach«, das aus Kehle und Brust kommt, aus dem Mund fahren.*

9. *Ein kurzer Seufzer transportiert das Gefühl des Loslassens zum oberen*

Brustkorb. Ein tiefer Seufzer kann dieses Gefühl bis zu deinen Zehen und Fingerspitzen ausdehnen. Seufze jetzt ganz tief und lass dieses Gefühl deinen ganzen Körper durchströmen. Nun bewahre dieses Gefühl, lass es in deinem Körper verweilen.

10. *Schließe die Augen. Fühle erst deine Zehen, dann wo sie sind, und spüre sie von innen.*

11. *Bewahre dieses Gefühl und versuche auch, deine Finger zu fühlen. Fühle, wo sie sind, und spüre sie von innen.*

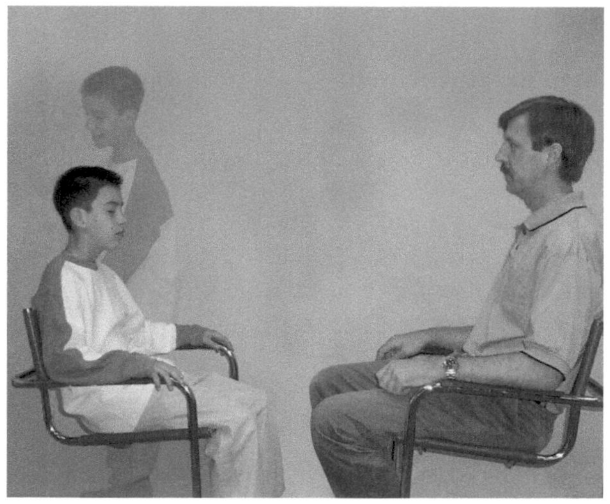

12. *Jetzt lass das Gefühl von den Zehen bis zu den Knöcheln und von den Fingern bis zu den Handgelenken wandern.*

13. *Lass es anschließend weiter von den Zehen bis zu den Knien und von den Fingern bis zu den Ellbogen hinaufwandern.*

14. *Mache weiter bis zu den Hüften und Schultern.*

15. *Nun schicke es durch deinen ganzen Körper bis hinauf zum Nacken.*

16. *Schicke es weiter durch Nacken und Kopf bis zur Kopfhaut. Fühle jetzt alles, auch deine Ohren.*

17. *Seufze ganz tief und überflute deinen ganzen Körper mit dem Gefühl des Loslassens, bis zu den Finger- und Zehenspitzen.*

18. *Lass dieses Gefühl der Entspannung in deinem Körper verweilen und öffne die Augen, wenn es sich gut anfühlt, das zu tun.*

Verfahren der Ausrichtung

1. *Schließe erneut die Augen. Dein Körper sollte immer noch völlig entspannt sein.*

2. *Ohne deinen Körper zu bewegen, fühle, dass du aufstehst. Bekomme das Gefühl, aus deinem Stuhl aufzustehen.*

3. *Nun bekomme das Gefühl, dass du dich bewegst und dann hinter dem Körper stehst, der vor dir sitzt.*

4. *Verinnerliche das Gefühl, dass du hinter diesem Körper stehst, der direkt vor dir sitzt.*

5. *Lege die Hände, die du dir vorstellst, auf die Schultern des Körpers, der vor dir sitzt.*

6. *Fühle deine Schultern mit deinen vorgestellten Händen und deine vorge-stellten Hände mit deinen wirklichen Schultern.*

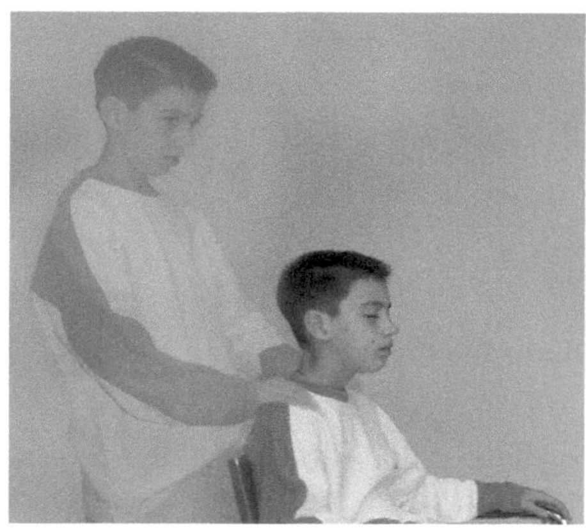

7. *Öffne deine vorgestellten Augen und schau herunter auf den Körper, der vor dir sitzt. Du solltest die obere und hintere Seite des Kopfes sehen kön-nen.*

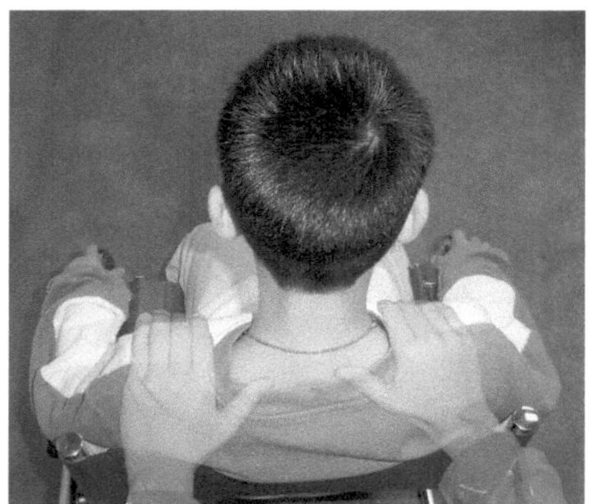

8. *Schließe deine vorgestellten Augen und bewahre das Gefühl der vorgestell-
    ten Hände auf deinen Schultern.*

9. *Öffne deine Augen. Fühle weiter die Hände auf den Schultern. Sieh dich
    im Raum um, betrachte die Gegenstände und ihre räumliche Beziehung
    zu deinem Körper, sieh auch auf die Wände und ihre räumliche Bezie-
    hung zu deinem
    Körper.*

Feineinstellung für die Ausrichtung

Die Feineinstellung für die Ausrichtung können Sie unmittelbar
nach der Ausrichtung durchführen. Auf diese Art wird Ihr Schüler (bei
Bedarf) auch in Zukunft seine Orientierung überprüfen. Weisen Sie
Ihren Schüler wie hier beschrieben an:

1. *Stehe auf und fühle die vorgestellten Hände auf deinen Schultern. Halte
    dabei ein wenig Abstand zu Tisch und Stühlen.*

2. *Stehe auf einem Bein. Lass dich von den vorgestellten Händen im Gleich-
    gewicht halten. Wenn du dich nicht ganz im Gleichgewicht fühlst, bewege
    den vorgestellten Körper ein wenig in die entgegengesetzte Richtung, bis du
    perfekt im Gleichgewicht bist.*

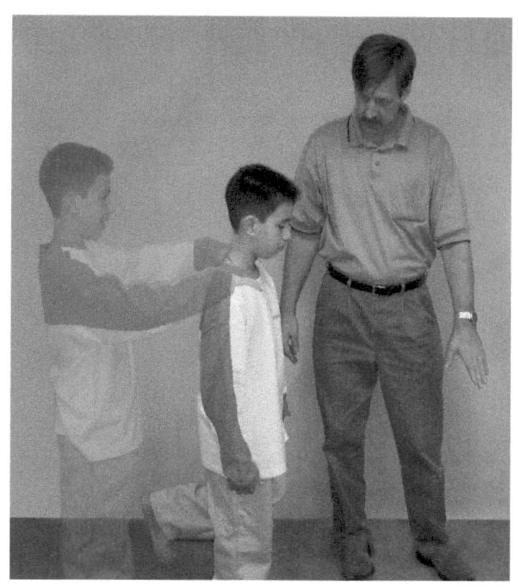

3. *Wenn du dein Gleichgewicht perfekt gefunden hast, verankere deine vor-*
   gestellten Ellbogen in dieser Stellung. So befindet sich der vorgestellte Kör-
   per immer in der gleichen Position, wenn die vorgestellten Hände auf dei-
   nen Schultern sind.

4. *Nun kannst du umhergehen mit den vorgestellten Händen auf den Schul-*
   tern.

5. *Jedes Mal, wenn du es willst oder brauchst, kannst du dich wieder aus-*
   richten, indem du dir vorstellst, dass deine Hände auf deinen Schultern
   sind.

Nun sollte sich der Schüler bei Bedarf jederzeit wieder orientieren können. Am Anfang werden Sie ihn während der Korrekturübungen eventuell noch daran erinnern wollen. Jedes Mal, wenn er einen Fehler macht oder Sie merken, dass er desorientiert, fragen Sie zum Beispiel:

»Wie geht es deiner Ausrichtung?« Sie können aber auch einfach sagen: »Überprüfe deine Ausrichtung; fühle die vorgestellten Hände auf deinen Schultern.«

13.
Energieregler einstellen

Dieses Verfahren wurde ursprünglich für Menschen mit ADHS entwickelt, der »hyperaktiven« Form von ADS. Heute empfehlen wir es jedem, der die Übungen aus diesem Buch anwendet, weil sich damit nicht nur beim Rechnen und bei der Handschrift, sondern auch im Sport und sozialem Umgang die Leistungen steigern lassen.

Indem er den Regler einsetzt, kann der Schüler seine Wahrnehmung der Zeit und der persönlichen Energie seiner jeweiligen Situation anpassen. Wir legen also ein mentales Kontrollinstrument an, mit dem er seine Energiemenge kontrollieren und, wenn nötig, anpassen kann. Eltern können diese Übung mit ihrem Kind oder Erwachsene als Helfer mit einem Freund ausführen. Nachdem Sie die Übung zur Feineinstellung für die Orientierung oder Ausrichtung gemacht haben, sind Sie nun in der Lage, diese Übung auszuführen.

Ein Energieregler ist ein *Kreis mit einer markierten Skala, auf der wir mit einem Zeiger, der sich um die Kreismitte dreht, eine Markierung oder Einstellung auswählen können.* Ein Energieregler tut zweierlei:

- Er zeigt uns die Funktionsstufe von etwas an. Der Schalter am Herd sagt Ihnen, wie heiß die Herdplatte sein könnte. An Ihrer Stereoanlage zeigt Ihnen der Lautstärkeregler, wie laut die Musik ist oder wie laut sie sein wird, wenn Sie die Anlage einschalten.

- Er erlaubt uns, die jeweiligen Betriebsbedingungen zu verändern. Man kann eine Herdplatte mit dem Schalter heißer oder kälter werden lassen, ebenso kann man die Lautstärke der Musik verändern.

Ihrem Schüler wird der Regler helfen, Kontrolle über die Geschwindigkeit, mit der er Veränderungen erlebt und über die Energiemenge, die ihm zur Verfügung steht, auszuüben. Er wird durch Vorstellungskraft und Empfindung eingestellt.

WOZU EINEN REGLER?

Desorientierung verursacht eine verzerrte Wahrnehmung und Veränderungen in der Chemie des Gehirns. Letztere erklären viele der Symptome und Merkmale des Aufmerksamkeits-Defizit-Syndroms (ADS), einschließlich Hyperaktivität und Hypoaktivität.

Durch die Orientierung wird die Wahrnehmung korrigiert, was auf die Chemie des Gehirns stabilisierend wirkt. Veränderungen in der Chemie des Gehirns sind allerdings dem Ausschlag eines Pendels sehr ähnlich: Es braucht Zeit, bis sie ausgeglichen sind und Stabilität erreicht wird. Eventuell hat das Gehirn nunmehr so lange mit unterschiedlichen Mengen von chemischen Substanzen funktioniert, dass sein Gleichgewicht sich inzwischen auf einer höheren oder niedrigeren Stufe befinden wird, als das normalerweise der Fall ist. Mit dieser Übung kann jeder das zu hohe oder zu niedrige Gleichgewicht in weniger als einer Minute wieder der Norm anpassen.

Bericht einer Beraterin

Die folgende Schilderung ist ein Beispiel dafür, wie effektiv der Einsatz eines Reglers für Schüler mit ADS sein kann, sofern er richtig erfolgt. Dies ist ein Erfahrungsbericht von Paula Morehead, einer Davis-Beraterin aus Birmingham in Alabama.

»Ich sprach mit dem Vater eines dreizehnjährigen Jungen, der Interesse daran hatte, seinen Sohn ein Davis-Legastheniekorrektur-Programm absolvieren zu lassen. Im Laufe des Gesprächs erfuhr ich, dass der Junge bereits seit mehr als sechs Jahren Ritalin nahm. Nach dieser langen Zeit mit der Droge könne sein Sohn ohne Ritalin nicht einmal mehr kurze Zeit stillsitzen, erklärte mir der Mann. Ich empfahl dem Vater, den Arzt seines Sohnes zu fragen, ob der Junge das Medikament mindestens zwei Wochen vor Beginn des Programms absetzen könne. Der Vater war damit einverstanden.

Als die beiden ankamen, um das Programm zu beginnen, hatte der Junge größte Schwierigkeiten, während des einführenden Gespräches stillzusitzen. Wir schafften es aber trotzdem und mir wurde klar, dass er wirklich lesen lernen und aufhören wollte, das Medikament zu nehmen. Er sagte, er geniere sich, weil er jeden Tag zum Krankenzimmer der Schule gehen und seine Medizin einnehmen müsse wie ein Baby.

Gleich nach der ersten Orientierungsberatung machte ich den Jungen mit dem Energieregler bekannt. Wir sprachen lange über verschiedene Regler und wofür man sie braucht. Dann bekam er einen Regler, mit dem er seine Energie selbst kontrollieren konnte, anstatt diesen Vorgang einem Medikament zu überlassen. Ich muss allerdings zugeben, dass ich am Ende des ersten Tages nicht wusste, was geschehen würde. Ich war völlig erschöpft davon, ihm beim Herumzappeln zuzuschauen.

Am nächsten Tag lief es etwas besser. Am Montag las er auf dem Niveau eines Erstklässlers, wobei wir darauf achten mussten, dass nichts außer dem Buch in seinem Gesichtsfeld war. Er konnte einfach nicht orientiert bleiben, wenn er etwas Ablenkendes sah, weil »die Dinge im Zimmer sich bewegten« und er ihnen dabei zusehen wollte.

Nach der Feineinstellung am Mittwoch war er ein völlig anderes Kind. Ich bat ihn, mir etwas aus Charlotte's Web vorzulesen und er machte auf den ersten beiden Seiten nur zwei oder drei Fehler. Ich fragte ihn, was nun mit den Dingen in seiner Umgebung sei und er sagte: ›Toll! Jetzt kann ich lesen und die Dinge im Zimmer bewegen sich nicht mehr!‹ Am Freitagmorgen hatte er das Buch ausgelesen.

Als wir im Anschluss an das Programm seine Lesefähigkeit untersuchten, zeigte sich, dass er sich vom Niveau eines Erstklässlers zu dem eines Fünftklässlers verbessert hatte. Das fand er richtig aufregend und er freute sich darauf, im Herbst wieder in die Schule zurückzugehen. Vier Monate später hörte ich noch einmal von ihm. Er sagte mir, dass es ihm immer noch gut gehe, und zwar ohne Medikamente.«

DEN ENERGIEREGLER BAUEN UND EINSTELLEN

Fragen Sie Ihren Schüler: *»Kannst du mir sagen, was ein Regler ist?«*
Erklären Sie es ihm ausgiebig, falls er es nicht weiß. Sie können sogar verschiedene Regler ausprobieren und beobachten, was passiert, wenn man sie unterschiedlich einstellt. Vergewissern Sie sich, dass er genau weiß, wie ein Regler aussieht, und dass er jede beliebige Funktionsstufe nicht nur anzeigt, sondern auch kontrolliert.

Erklären Sie, dass er sich einen Regler vorstellen wird, der seine Energiemenge anzeigt und damit auch, wie er Zeit empfindet. Sagen

Sie ihm, dass dies dasselbe sei. Wenn nötig, erklären Sie ihm, was Sie mit »Energiemenge« meinen.

Sagen Sie: *»Stelle dir einen Regler vor, der deine Energiemenge anzeigt.«*

Nachdem er es getan hat, bitten Sie ihn, den Regler zu beschreiben. Fragen Sie so lange nach, bis Sie sicher sind, dass er ein deutliches, klares Bild hat. Welche Farbe hat der Regler? Wie groß ist er? Welche Form hat er? Wenn er nicht zehn Unterteilungen hat, bitten Sie den Schüler, den Regler so zu verändern, dass er zehn verschiedene Einstellungen anzeigen kann.

Sagen Sie: *»Bringe den Regler an eine Stelle rechts oder links vor dich, nur nicht genau in die Mitte.«*

Wenn er es getan hat, sagen Sie: *»Bewege deine Hand zu der Stelle, wo sich der vorgestellte Regler befindet.«*

Fragen Sie: *»Wenn der Regler deine momentane Energiemenge anzeigt, wo steht er dann?«*

Wenn der Regler auf Fünf oder niedriger steht, sagen Sie: *»Drehe den Regler auf Acht. Spürst du den Energieschub? Merkst du, dass die Luft um dich herum kühler wird? Merkst du, dass du wacher bist? Fühlst du dich auf die-*

Wenn der Regler höher als auf Fünf steht sagen Sie: *»Dreh den Regler auf Drei herunter. Merkst du, wie du langsamer wirst? Hast du ein ruhiges Gefühl? Fühlst du dich warm? Bist du entspannt?«*

Vielleicht möchten Sie Ihrem Schüler auch noch einige andere Fragen stellen, um ihn darauf aufmerksam zu machen, wie er sich fühlt. Sie wollen erreichen, dass er alle Veränderungen bemerkt. Beurteilen Sie seine Antworten nicht, denn der Schüler soll seine eigenen Erfahrungen machen.

Sobald dem Schüler Veränderungen auffallen, bitten Sie ihn, seinen Regler in die andere Richtung zu drehen. (Wenn er auf Acht war, soll er ihn auf Drei drehen. Wenn er auf Drei war auf Acht.) Danach stellen Sie, falls nötig, die angemessenen Fragen wie oben.

Nachdem Ihr Schüler die Veränderungen beschrieben hat, bitten Sie ihn, den Regler zurück auf die ursprüngliche Einstellung zu bringen und auf die Veränderungen zu achten. Diese werden nun etwas subtiler sein, weil sie nicht mehr so groß sind. Dennoch sollte er den Unterschied genau bemerken.

Als Nächstes können Sie sich damit befassen, dass es für verschiedene Tätigkeiten unterschiedliche angemessene Energiemengen gibt. Sie könnten fragen:

»Wie stellst du ihn am besten ein, wenn du Sport machst?«

»Wie stellst du ihn am besten ein, wenn du fernsiehst?«

»Wo müsste der Regler stehen, wenn du im Unterricht dem Lehrer zuhörst?«

»Wie stellst du ihn am besten beim Zähneputzen ein?

»Wo müsste der Regler stehen, wenn du Hausaufgaben machst?«

Der Schüler kann die richtigen Antworten noch nicht wirklich wissen, aber Sie werden seine Überlegungen damit in die richtige Richtung lenken.

Zum Schluss sagen Sie ihm: *»Dein Regler ist ein wichtiges Werkzeug für dich. Er gehört jetzt dir. Du kannst ihn verwenden, wie du willst. Ich schlage dir vor, dass du verschiedene Einstellungen für verschiedene Tätigkeiten ausprobierst und beobachtest, was passiert. Anschließend entscheidest du, welche Einstellung jeweils für dich die beste ist.«*

Achtung: Sagen Sie Ihrem Schüler nicht mehr, wie er den Regler einstellen soll, nachdem er ihn eine Weile ausprobiert hat. Er hat ihn sich geschaffen, der Regler gehört nun ihm und er allein hat die Kontrolle darüber. Wenn Sie ihm sagen, dass er ihn hoch- oder herunterdrehen soll, nehmen Sie ihm die Verantwortung dafür ab, sich selbst zu kontrollieren. Allerdings dürfen Sie ihn manchmal durchaus daran erinnern, indem Sie zum Beispiel fragen:

»Hast du mal wieder deinen Regler überprüft?«

»Auf wie viel steht der Regler?«

»Ist diese Energiemenge richtig für das, was du gerade machst?«

Ziemlich bald wird der Schüler anfangen, die Energiemenge automatisch anzupassen.

Eine weitere Übung

Gehen Sie an einem belebten Ort spazieren. Machen Sie Ihren Schüler auf eine bestimmte Person aufmerksam und fragen Sie: »Wenn diese Person einen Energieregler hätte, wie hoch wäre er dann wohl eingestellt?« Fragen Sie immer weiter nach der Energie-menge, die andere Personen wohl verwenden, bis der Schüler Ihnen problemlos und schnell sagen kann, wie hoch sie wohl wäre. Seien Sie nicht überrascht, wenn er Ihnen sagt, dass andere Leute weniger Energie verwenden, als Sie meinen, vor allem wenn Sie mit jemandem arbeiten, der ADHS hat. Einem hyperaktiven Menschen sollten Sie die folgende Tatsache vermitteln:

»Andere Menschen werden besser mit dir sprechen und mit dir zurechtkommen können, wenn du deinen Regler gleich einstellst wie sie. Dann seid ihr auf derselben Wellenlänge.«

Vergessen Sie nicht, dass das Verstellen des Reglers bei einem Kind eine viel dramatischere Auswirkung haben wird als bei einem Erwachsenen. Je älter wir werden, desto kleiner scheint die Spanne zu sein, die wir erzeugen können. Was ich vor zwanzig Jahren bei mir Sechs nannte ist heute, da ich sechzig bin, Zehn. Und den dramatischsten Unterschied erlebe ich, wenn ich meinen Regler von Drei auf Eins stelle.

Im Laufe der Jahre gab es immer mal wieder Personen in meinen Workshops, die mit dem Regler nichts anfangen konnten. Bei einigen machte die Veränderung der Einstellung einen so geringen Unterschied, dass sie die Wirkung nicht bestätigen konnten. Ich vermute, das kam daher, dass sie von vornherein skeptisch waren und sich so die Möglichkeit für ein großartiges Werkzeug nahmen. Bei allen anderen funktionierte es sehr gut.

14.

Geschicklichkeitstherapie

Nach der Feineinstellung gibt es eine schnelle und leichte Methode, Probleme mit der Verwechslung von rechts und links dauerhaft zu beseitigen. Die hier beschriebene Übung eignet sich zudem ausgezeichnet für die in Kapitel 5 und 24 erläuterten dyspraktischen Probleme. Leser von *Legasthenie als Talentsignal* kennen diese Übungen schon - sie gehört zu den Grundübungen der Davis-Methode. Wir nennen diese Übung Koosh®-Ball-Therapie, weil wir dazu die leichten, weichen Bälle aus Gummiband verwenden. Andere Bälle, etwa Tennis- oder Tischtennisbälle, empfehlen wir nicht, da sie einem oft wieder aus der Hand hüpfen, ehe man sie richtig fangen kann. Wenn die original Koosh®-Bälle in den örtlichen Spielwarenläden nicht erhältlich sind, können Sie die Übung auch mit zusammengerollten Socken oder mit Jonglierbällen ausführen.

Beginnen Sie mit dieser Übung, sobald der Schüler die Feineinstellung gemacht hat, und wiederholen Sie diese von Zeit zu Zeit (Kapitel 11 und 12).

Stellen Sie sich dazu zwei bis vier Meter von Ihrem Schüler entfernt (bei kleinen Kindern etwas näher) hin. Erklären Sie ihm, dass er nun »seinen Orientierungspunkt« oder seine »vorgestellten Hände« überprüfen solle, je nachdem, ob Sie zuvor eine Orientierungsberatung oder Ausrichtung durchgeführt haben. Wenn der Schüler orientiert ist, lassen Sie ihn auf einem Bein stehen. Auf welchem Bein er steht, ist ganz egal, auch darf er jederzeit das Bein wechseln.

Halten Sie nun zwei Bälle nebeneinander in einer Hand. Sobald der Schüler ausbalanciert ist, sagen Sie: »Fange den einen Ball mit der einen Hand und den zweiten mit der anderen.«

1. *Werfen Sie ihm anschließend einen Ball nach dem anderen von unten zu. Werfen Sie nicht zu schnell und zielen Sie zur Mitte und etwa auf Brusthöhe des Schülers. Bei jedem Wurf sagen Sie: »Einen Ball in die eine Hand, einen in die andere.«*

Einen Ball in die eine Hand, einen in die andere.

2. *Sobald der Schüler die Bälle sowohl mit der rechten als auch mit der linken Hand problemlos fangen kann, ohne das Gleichgewicht zu verlieren, wiederholen Sie noch einmal: »Einen Ball in die eine Hand, einen in die andere.« Danach werfen Sie ihm beide Bälle gleichzeitig zu. Zielen Sie dabei direkt auf die Mittellinie genau vor Ihren Schüler, sodass ein Ball*

rechts, der andere links der Mittellinie ankommt und Ihrem Schüler fast schon in die Hände fällt. Die Bälle sollten auf alle Fälle leicht zu fangen sein. Wenn der Schüler beide Bälle fängt, loben Sie ihn und wiederholen die Übung.

3. Nach einigen Wiederholungen sagen Sie: »Jetzt werfe ich beide Bälle auf eine Seite. Fang sie, ohne das Gleichgewicht zu verlieren.« Werfen Sie die Bälle nicht zu weit auf die Seite, sonst verliert der Schüler das Gleichgewicht. Trainieren Sie abwechselnd die rechte und die linke Seite, damit der Schüler mit beiden Händen über die Mittellinie hinausgreifen muss.

Die Hände des Schülers greifen über die Mittellinie.

15.
Das Beherrschen von Symbolen und Begriffen

Wenn wir den Hintergrund der Symbolbeherrschung verstehen wollen, müssen wir zweierlei bedenken.

Das Erste ist die Annahme, dass Sprache die gedanklichen Vorgänge spiegelt. Wäre das nicht so, könnten wir sie vermutlich nicht erlernen. Alle Sprachen bestehen aus Symbolen und alle Symbole haben drei Teile:

- Wie das Symbol klingt, wenn wir es hören.
- Wie das Symbol aussieht, wenn wir es sehen.
- Was das Symbol bedeutet.

Das Zweite ist die Beobachtung, dass menschliches Denken zweierlei Ausprägungen hat: Verbale Begriffsbildung (in Lauten denken) und nonverbale Begriffsbildung (in Bildern denken).

Verwendet jemand verbale Begriffsbildung, so denkt er in mit dem Symbol assoziierten Klängen. Verwendet er jedoch nonverbale Begriffsbildung, dann denkt er in mentalen Bildern. Zwei der drei Teile eines Symbols können in mentalen Bildern wahrgenommen werden: Wie es aussieht, wenn wir es betrachten und was es bedeutet oder wofür es steht. Offensichtlich denken wir bei der nonverbalen Begriffsbildung nicht daran, wie das Symbol aussieht: Denn dann würde man in den Gedanken lesen wie in einer Zeitung. Was tun wir also? Wenn wir nonverbal denken, benutzen wir Bilder, welche die Bedeutung der Begriffe und Ideen widerspiegeln.

Man muss nicht lesen können, um nonverbal zu denken. Ein Analphabet kann sich durchaus mit jemandem austauschen, ohne zu wissen, wie die entsprechenden Symbole aussehen. Das ist nur dann wichtig, wenn Inhalte schriftlich festgehalten werden sollen, also beim Lesen, Rechnen und Schreiben, auch von Musiknoten und dergleichen. Lesen und Schreiben erlernen wir, indem wir uns merken, wie die Symbole aussehen und sie wiedererkennen als Repräsentanten bestimmter Ideen oder Dinge.

BEHERRSCHUNG UND AUTOMATISIERUNG

Wer Rad oder Auto fahren kann, hat diesen Prozess irgendwann einmal verinnerlicht, wodurch er zu einem Teil seiner Identität geworden ist. Mit ein wenig Übung können wir diese Handlungen ausführen, ohne bewusst darüber nachzudenken. Die jeweilige Fähigkeit ist ein Teil von dem geworden, was und wer wir sind. Auch ein Wort oder Begriff wird zu einem Teil von uns, wenn wir es beherrschen. Um das zu erreichen, benötigen wir zweierlei: Persönliche Erfahrung und Kreativität.

Wir können Symbole nur beherrschen, indem wir erfahren, wie es ist, diese zu erschaffen. Der Schüler erschafft also die drei Teile, aus denen das Symbol besteht, und zwar am selben Ort und zur selben Zeit.

Bei einer »Lese«-Legasthenie beginnen wir mit der Beherrschung grundlegender Symbole: Buchstaben, Satzzeichen, gelegentlich auch Ziffern. Je nachdem, welche Probleme Ihr Schüler hat, entscheiden

Sie, ob es angebracht ist, dass er diese grundlegenden Symbole meistert.

Benötigtes Material

- zwei Pfund Knete,
- Werkzeug zum Schneiden und Formen der Knetmasse,
- ein Wörterbuch mit möglichst klaren, einfachen Definitionen,
- andere Lexika, falls Sie technische Begriffe bearbeiten wollen,
- Papierhandtücher zur Reinigung von Tisch und Händen,
- Alphabetbeherrschung: Machen Sie hier eine vergrößerte Fotokopie der Buchstaben am Ende dieses Kapitels.

Grundregeln für den Helfer

- Achten Sie auf jede Desorientierung.
- Überprüfen Sie nach jeder Desorientierung ebenso wie nach Pausen die Orientierung und/oder Ausrichtung.
- Seien Sie geduldig, höflich, freundlich, neugierig und aufmerksam.
- Achten Sie darauf, dass Sie die Knetmodelle von anderen Personen nicht berühren. Falls Sie nicht genau erkennen können, was Ihr Schüler darstellen möchte, sagen Sie es ihm ruhig. Besprechen Sie, falls nötig, diesen Teil der Bedeutung noch einmal.

SYMBOLBEHERSCHUNG FÜR BUCHSTABEN, SATZZEICHEN UND ZIFFERN

Das Alphabet beherrschen

Sinn und Zweck der Symbolbeherrschung des Alphabets ist es herauszufinden, welche Buchstaben eine Desorientierung auslösen, um diese Auslöser anschließend aufzulösen. Dieser Prozess, bei dem Sie wie folgt vorgehen sollten, kann einige Stunden bis zwei Tage dauern.

1. Zeigen Sie Ihrem Schüler, wie man die Knetmasse rollt, schneidet und formt.

2. Sobald er erste Anzeichen von Desorientierung zeigt, machen Sie eine kurze Pause und sagen höflich: »Überprüfe deine Ausrichtung« oder »Bist du noch am Punkt?« Erst dann fahren Sie fort.

3. Lassen Sie den Schüler alle Großbuchstaben von A bis Z in Druckschrift formen. Sie sollten wenigstens fünf Zentimeter hoch sein. Fertigen Sie eine Vorlage aus Papier (siehe Anweisung am Ende dieses Kapitels) an und legen Sie sie so vor den Schüler hin, dass er sie gut sehen kann.

4. Fragen Sie: »Wem gehört dieses Alphabet?« Betten Sie diese Frage an unterschiedlichen Stellen immer wieder in das Gespräch ein, bis Ihr Schüler sagt: »Es ist meines.« Fragen Sie dann: »Warum?« oder »Wieso?«, bis er antwortet: »Weil ich es gemacht habe.«

A B C D E F G H I
J K L M N O P Q R
S T U V W X Y Z

Diese Vorlagen für die großen und kleinen Druckbuchstaben verwenden wir am Davis Dyslexia Correction Center in Kalifornien für die grundlegende Symbolbeherrschung. Sie wurden eigens für die Arbeit mit Knete entwickelt. Kopieren Sie diese Seiten und vergrößern Sie sie auf 150 Prozent, schneiden Sie dann jede Seite in drei Streifen und kleben diese zusammen, damit sie so aussehen wie hier:

A B C D E F G H I J K L M N O P Q R S T U V W X Y Z

z y x w v u t s r q p o n m l k j i h g f e d c b a

z y x w v u t s

r q p o n m l k j i

h g f e d c b a

5. Fragen Sie: »Bist du mit deinem Alphabet zufrieden?« Falls er mit nein antwortet, fragen Sie ihn, was er seiner Meinung nach besser machen könne. Bitten Sie ihn, das Alphabet zu verbessern, bis er damit zufrieden ist.

6. Fragen Sie ihn anschließend, wie viele Buchstaben das Alphabet habe. Wenn er es nicht weiß, bitten Sie ihn, die Buchstaben (langsam) zu zählen. Wiederholen Sie diese Übung, bis er ganz sicher ist, dass es 26 Buchstaben sind.

7. Bitten Sie ihn, die Buchstaben vom A aus der Reihe nach langsam und bewusst zu berühren und zu benennen.

8. Lassen Sie den Schüler gegebenenfalls nachprüfen, ob alle Buchstaben die richtige Form und Lage haben, ob die Reihenfolge stimmt und sie auch hinsichtlich der Größe zusammenpassen. Falls er irgendwelche Fehler entdeckt, bitten Sie ihn, seine Buchstaben mit der Vorlage zu vergleichen und die Fehler zu korrigieren.

9. Bitten Sie ihn, die Buchstaben vom Z aus der Reihe nach langsam und bewusst zu berühren und zu benennen.

10. Achten Sie dabei auf Fehler, ebenso auf jedes Anzeichen von Zögern und Verwirrung. Falls bestimmte Buchstaben eine Desorientierung auslösen, gehen Sie bitte folgendermaßen vor:

A) Fragen Sie Ihren Schüler nach Wörtern oder Namen, die mit diesem Buchstaben beginnen, oder suchen Sie einige aus einem Wörterbuch heraus.

B) Bitten Sie ihn dann, sich den Buchstaben auf die Handfläche zu legen und mit der anderen Hand zu bedecken. Lassen Sie ihn seinen Orientierungspunkt oder seine Ausrichtung überprüfen und bitten Sie ihn danach, den Buchstaben aufzudecken. Fragen Sie ihn, ob dieser ihn immer noch desorientiert. Wiederholen Sie die Übung so oft, bis der Buchstabe keine Desorientierung mehr auslöst, das Auge vom Orientierungspunkt wegbringt oder sich »heiß« anfühlt.

11. Falls Ihr Schüler einzelne Buchstaben verwechselt oder sie Verwirrung bei ihm auslösen, fragen Sie ihn:

A) »Worin ähneln sich diese Buchstaben?«
B) »Worin unterscheiden sich diese Buchstaben?«

Stellen Sie diese beiden Fragen so lange im Wechsel, bis es nichts mehr zu antworten gibt.

Lässt der Schüler einzelne Buchstaben aus oder verwechselt die Reihenfolge, so fragen Sie ihn (während der Schüler den betreffenden Buchstaben betrachtet):

A) »Welcher Buchstabe kommt vor _______?«
B) »Welcher Buchstabe kommt nach _____?«

12. Bitten Sie Ihren Schüler, die Buchstaben so oft vorwärts und rückwärts zu berühren und zu benennen, bis er es mühelos kann.

13. Lassen Sie ihn im Anschluss daran das Alphabet vorwärts und rückwärts ablesen, ohne die Buchstaben zu berühren.

14. Nennen Sie einen beliebigen Buchstaben und bitten Sie Ihren Schüler, den Buchstaben, der davor kommt und den, der danach kommt, zu berühren und zu benennen. Wiederholen Sie diese Übung so lange, bis er jeden Buchstaben problemlos und schnell findet.

15. Lassen Sie Ihren Schüler das Alphabet rückwärts aufsagen, wobei er so oft auf seine gekneteten Buchstaben schauen darf wie nötig. Achten Sie wieder auf Buchstaben, die wiederholtes Hinschauen erfordern und die Schwierigkeiten und Verwirrung auslösen. Überprüfen Sie seine Orientierung und wenden Sie bei Bedarf Schritt 10 oder 11 auf diese Buchstaben an. Wiederholen Sie diese Übung, bis der Schüler das ganze Alphabet wenigstens einmal rückwärts aufsagen kann, ohne hinzusehen.

16. Falls bei Ihrem Schüler Anzeichen von Frustration oder Anstrengung auftreten, **brechen Sie die Übung ab** und legen Sie eine kurze Pause ein. Überprüfen Sie dann die Orientierung und/oder Ausrichtung Ihres Schülers und gehen Sie zu dem Schritt zurück, der direkt vor der Stelle liegt, an der die Schwierigkeit aufgetaucht ist. Wiederholen Sie diesen Schritt so lange, bis Sie erfolgreich fortfahren können.

17. Lassen Sie Ihren Schüler das Alphabet vorwärts und rückwärts üben, bis er es kennt und mühelos in beiden Richtungen aufsagen kann. Loben Sie ihn ausgiebig, wenn er diese Leistung

vollbracht hat, und machen Sie anschließend auf jeden Fall
eine lange Pause.

18. Lassen Sie den Schüler nun auch die kleinen Buchstaben for-
    men und zwar rückwärts von z bis a. Fertigen Sie eine Papier-
    Vorlage an (siehe Anweisung am Ende dieses Kapitels) und
    legen Sie sie so vor den Schüler hin, dass er sie gut sehen
    kann.

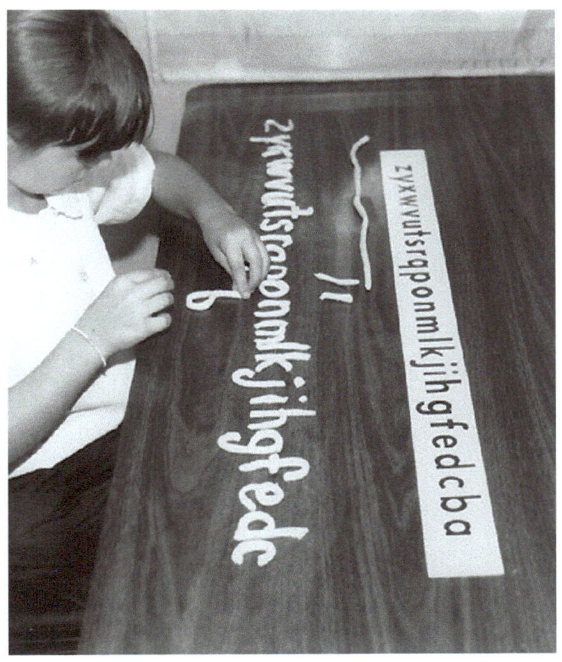

Der Schüler wird das Alphabet sowohl vorwärts
als auch rückwärts lernen.

19. Beginnen Sie die Übung wie zuvor bei den Großbuchstaben. Bitten Sie den Schüler, seine Orientierung und/oder Ausrichtung nach Bedarf zu überprüfen und sich zu vergewissern, ob alle Buchstaben richtig geformt sind.

20. Wiederholen Sie anschließend die Schritte 4 bis 17 mit den kleinen Buchstaben.

21. Fahren Sie nun mit einigen praktischen Übungen fort, die Ihrem Schüler möglichst Spaß machen, wie: Buchstaben in der Umgebung benennen oder im Wörterbuch oder im Telefonbuch finden.

So lernen die Schüler bei uns mit Hilfe von Knete,
die Satzzeichen zu beherrschen.

Beherrschen von Satzzeichen

1. Erklären Sie Ihrem Schüler die Definition von »Satzzeichen«:
    Zeichen, die beim Schreiben oder Drucken verwendet werden,
    um eine Bedeutung deutlich zu machen.

2. Lassen Sie den Schüler die einzelnen Satzzeichen aus Knete
    formen und beginnen Sie dabei mit dem Punkt.

3. Wenn Ihr Schüler ein Satzzeichen geformt hat, lassen Sie ihn
    den Namen auf einen Notizzettel (etwa 10x10 Zentimeter)
    schreiben.

Folgende Zeichen sollten mit Knetmasse geformt werden:

Punkt   .

Fragezeichen   ?

Ausrufungszeichen   !

Komma   ,

Strichpunkt (Semikolon)   ;

Doppelpunkt   :

Trennstrich/Bindestrich   -

Gedankenstrich   –

runde Klammern	( )
eckige Klammern	[ ]
Anführungszeichen:	„ " oder » « oder " "
Schrägstrich	und/oder
Auslassungspunkte	…
Apostroph	mach's

4. Machen Sie Ihren Schüler auf die räumliche Beziehung zwischen dem Zeichen und dem Wort aufmerksam und lassen Sie ihn das Knetmodell des Satzzeichens an die richtige Stelle neben das Wort auf dem Zettel legen.

5. Fragen Sie: »Wem gehört dies?« und »Warum?«, wie beim Alphabet.

6. Lassen Sie den Schüler das Satzzeichen berühren und benennen.

7. Erklären Sie, was er tun soll, wenn er diese Zeichen beim Vorlesen entdeckt: lange Pause nach dem Punkt, kurze Pause nach dem Komma, Heben der Stimme beim Fragezeichen usw.

8. Wiederholen Sie die Schritte 2 bis 7 für alle Satzzeichen.

9. Klären Sie anhand einer Grammatik oder eines Wörterbuchs,

wie die Satzzeichen, die der Schüler nicht versteht, verwendet werden.

10. Lassen Sie den Schüler sämtliche Satzzeichen in verschiedenen Texten suchen, etwa in einer Lesefibel, einer Zeitschrift oder auf einem Schild. Weisen Sie auch darauf hin, wie die Form mancher Satzzeichen je nach Schrifttyp variiert.

Beherrschen von Ziffern

Lassen Sie Ihren Schüler die Ziffern Null bis Zehn aus Knete herstellen. Sie sollten wenigstens fünf Zentimeter hoch sein und nebeneinander auf dem Tisch liegen. Nun soll er die richtige Anzahl Knetkugeln in eine Reihe über jede Ziffer legen. Lassen Sie ihn außerdem den jeweiligen Wortlaut unter jede Ziffer legen.

Der Schüler zeigt nun auf die Kugeln und sagt: »*Du bist eine* (<u>Zahl</u>) *und bedeutest* (<u>Kugeln zählen</u>).«

Dann zeigt er auf die Ziffer und sagt: »*Du heißt* (<u>Zahl</u>) *und bedeutest* (<u>Kugeln zählen</u>).«

Zuletzt zeigt er auf das Wort und sagt: »*Du heißt* (<u>Zahl</u>) *und bedeutest* (<u>Kugeln zählen</u>).«

Diese und andere Rechenübungen werden ausführlich in Kapitel 19 dieses Buches behandelt.

SYMBOLBEHERRSCHUNG BEI WÖRTERN

Hat Ihr Schüler die Grundelemente gemeistert, können Sie mit den Wörtern fortfahren.

Übung 1: Ein neues Wort schaffen

Erklären Sie anhand dieser einfachen Übung, dass ein Wort drei Teile hat: 1. wie es aussieht, 2. wie es klingt und 3. was es bedeutet. Sagen Sie Ihrem Schüler dazu Folgendes:

1. »Knete etwas, das du komplett erfunden hast oder das vollständig deiner Phantasie entstammt. Etwa eine Maschine, eine Idee, eine Handlung, eine Beschreibung, ein unbekanntes Tier, irgendetwas«. (Der Begriff.)

2. »Erzähle mir, was du da gerade gemacht hast.« Wenn der Schüler das Geknetete fertig beschrieben hat, sagen Sie ihm: »Was du mir gerade erzählt hast, ist die Bedeutung dessen, was du erschaffen hast.«

3. »Gib deinem Objekt einen ausgedachten Namen.« (Das Lautsymbol.)

4. »Modelliere den Namen aus Knete mit den Buchstaben des deutschen Alphabets und schreibe ihn, wie du willst.« (Das Buchstabensymbol.)

5. »Sag dem Knetmodell seinen Namen und was es bedeutet. Du bist (<u>Name</u>) und du (<u>bist-bedeutest-tust</u>).«

6. »Sag dem Wort, wie es klingt und wie es geschrieben wird. Du heißt (Name) (<u>b-u-c-h-s-t-a-b-i-e-r-e-n</u>).«

Als Nächstes wollen wir die Entwicklung und den Zweck von Wörtern folgendermaßen besprechen:

»Du hast gerade ein neues Wort erschaffen - ein Lautsymbol und ein schriftliches Symbol, die genau das bedeuten, was du aus Knete geformt hast. Dieses Wort beherrschst du, weil du weißt, was es bedeutet, wie es klingt und wie es aussieht.«

Natürlich weißt nur du, was es bedeutet, wie es richtig ausgesprochen und geschrieben wird. Wie wäre es, wenn du dieses Wort jemandem erklären wolltest? Wenn du es nur aussprechen oder schreiben würdest, würde das doch nicht ausreichen? Um es wirklich zu verstehen, müsste man wissen, was die Buchstaben und Laute bedeuten, die du verwendest. Stimmt das?«

»Jede Sprache setzt sich aus Wörtern zusammen, die sich jemand ausgedacht hat. Genau so, wie du es gemacht hast, fing man mit einer in Gedanken entstandenen Idee oder einem Bild an, gab ihm ein Lautbild und erfand Symbole, die diesen Laut repräsentierten. Nachdem viele Menschen einverstanden waren, diesen Klang und diese Symbole immer mit derselben Bedeutung zu benutzen, konnten sie sich damit mündlich und schriftlich verständigen.

»Im Deutschen existieren Tausende von Wörtern, die aus Lauten und Buchstaben bestehen, auf die sich alle geeinigt haben. Ihre Bedeutung und Aussprache sind in Wörterbüchern festgehalten. Indem du die Symbolbeherrschung durchführst, stellst du selbst dar, was diese Wörter bedeuten, wie sie klingen und wie sie aussehen. Wenn du das mit Wörtern machst, bei denen du Schwierigkeiten mit der Rechtschreibung, dem Lesen, Schreiben oder Verstehen hattest, dann wirst du diese genauso gut kennen und verstehen lernen, wie du das gerade von dir geschaffene Wort kennst und verstehst.«

Übung 2: Symbolbeherrschung bei Wörtern

Machen Sie diese Übung mit einigen leichten Wörtern, die nur ein oder zwei Definitionen haben, damit Sie und Ihr Schüler mit den Schritten der Symbolbeherrschung vertraut werden. Suchen Sie ein Wort aus, das etwas Wirkliches benennt (also ein Substantiv), wie *Hund, Katze* oder *Schirm*. Erklären Sie Ihrem Schüler dann die neun Schritte des Verfahrens:

1. *Schlage das Wort nach.*
   (Entweder in einem Wörterbuch, Glossar oder Ähnlichem.)

2. *Lies das Wort laut vor.*
   (Falls der Schüler dazu nicht in der Lage ist, sprechen Sie es ihm vor und lassen Sie es ihn wiederholen.)

3. *Lies die erste Definition des Wortes und die Beispielsätze laut vor.*
   (Falls der Schüler dazu nicht in der Lage ist, lesen Sie es ihm vor.)

4. *Mache dir die Definition so klar wie nur möglich.*
   (Sprechen Sie die Definition mit ihm durch, erfinden Sie Sätze, in denen das Wort in der hier gegebenen Definition verwendet wird. Machen Sie diese Übung so lange, bis der Schüler ein klares inneres Bild der Definition hat.)

5. *Forme ein Knetmodell des Begriffs, so wie er in der Definition beschrieben wird.*

So modellierte ein Schüler das Wort »und«.

6. *Forme das Schriftbild, also die Buchstaben des Wortes, aus Knete.*
   (Achten Sie darauf, dass er das Wort richtig schreibt. Lassen Sie ihn kleine Buchstaben verwenden, außer bei Substantiven.

7. *Sage laut zu dem Modell:*
   »Du bist [das Wort] und du bedeutest [Definition in eigenen Worten].«
   (Beispiel: »Du bist groß und du bedeutest höher als normal.«)

8. *Sage laut zum Schriftbild:*
   »Du heißt [Wort].«
   (Beispiel: »Du heißt groß.«)

9. *Erstelle ein inneres Bild von dem Modell und dem Schriftbild, die du geformt hast.*

Zusätzliche Übungen, die nach Bedarf ausgeführt werden können:

A) Lassen Sie Ihren Schüler die Buchstaben des gekneteten Wortes berühren und benennen.
B) Lassen Sie ihn das Wort rückwärts und vorwärts buchstabieren, ohne hinzuschauen.
C) Lassen Sie ihn das Wort schreiben.
D) Lassen Sie ihn weitere Sätze bilden, bis er es ganz gut und mühelos beherrscht. Achten Sie darauf, dass er das Wort so benutzt, dass es zu der jeweiligen Definition passt.

Wiederholen Sie diese Übung nun mit einem bekannten Verb und einem Adjektiv. So erarbeitet sich Ihr Schüler dann ein Verständnis der Begriffe, die ein Teil des nachfolgenden Korrekturprozesses sind. Dies ist auch eine effektive Methode, um Vokabeln zu lernen oder sich mit den wichtigsten Begriffen aus einem beliebigen Fach vertraut zu machen.

Andere Einsatzmöglichkeiten

Symbolbeherrschung beschränkt sich nicht nur auf Wörter. Man kann dieses Verfahren vielmehr auf alle Symbole anwenden, zum Beispiel in der Mathematik, der Musik oder der Chemie. Beim Lernen kann man sich nämlich die neuen, unbekannten Fachwörter in dem entsprechenden Glossar mit der Symbolbeherrschung leichter aneignen.

SYMBOLBEHERRSCHUNG VON BEGRIFFEN

Die Symbolbeherrschung von Begriffen erfolgt mit den gleichen neun Schritten, allerdings mit einem Unterschied: Das Knetmodell muss eine Abbildung *von dem Schüler selbst* enthalten. Das Modell muss zeigen, welche Beziehung diese Person zu dem Begriff, den sie gerade modelliert, hat oder haben könnte. Deshalb besteht der erste Schritt bei dieser Übung darin, ein Modell zu schaffen, welches das Selbst darstellt.

Diese Übung ist nicht immer leicht: Wenn Sie jemandem sagen, er solle ein Knetbild von sich selbst formen, wird das Modell nur seine physischen Merkmale zeigen. Doch die interessieren uns an dieser Stelle gar nicht. Wir sind vielmehr an der Identität (dem Selbstbild) der Person interessiert. Da die Identität unsichtbar ist, muss das Modell auch gar nicht wie der Schüler aussehen. Das Modell *steht* für das Selbst, es *bedeutet jedoch nicht* das Selbst. Es muss also nur wie ein Mensch aussehen. Erst indem man darüber spricht, wird an dieser Stelle die Bedeutung hinzugefügt. Achten Sie darauf, dass die verwendeten Wörter sich ganz klar auf den Schüler beziehen, um dessen Identität es dabei geht.

Wenn Sie Ihren Schüler auffordern, das Modell zu kneten, müssen Sie ihm vermitteln, dass dieses ihn zwar darstellen, aber nicht definieren wird.

Gehen Sie dabei wie folgt vor:

- Sagen Sie: *»Forme aus der Knetmasse einen Menschen. Dieser Mensch wirst du selbst sein und du wirst mit diesem Modell zeigen, wie du in die Welt der Ideen hineinpasst. Das Modell wird darstellen, wer du bist. Es soll sechs bis zehn Zentimeter groß sein und alleine stehen können.«*

- Während der Schüler arbeitet, fragen Sie ihn, wie er von sich spricht, wie er sich selbst benennt. *»Wie nennst du dich, wenn du mit jemandem über dich sprichst?«*

- Falls er die Frage nicht versteht, zeigen Sie auf sein Knetmodell und fragen Sie ihn: *»Wer hat das gemacht?«* Wenn er antwortet *»Ich«*, dann sagen Sie: *»So werden wir dein Modell nennen.«*
- Wenn das Modell fertig ist, sagen Sie: *»Forme das Wort ›ich‹ aus Knete und lege es vor das Modell.«*
- Hat er die Aufgabe ausgeführt, sagen Sie: *»Zeige auf das Modell und sage: ›Du bist ich. Du bist ein Bild von mir.‹ Berühre deine Brust mit der anderen Hand, während du ›ich‹ sagst.«* Fordern Sie ihn auf, es Ihnen nachzutun.
- Anschließend sagen Sie: *»Zeige auf das <u>Modell</u> und sage: ›Du enthältst alle Erfahrungen, die ich (berühre dabei deine Brust) je gemacht habe.«* Sagen Sie weiter: *»Alles, was ich gelernt habe, alles, was ich weiß und verstehe.«* Fordern Sie ihn auf, es Ihnen nachzutun.
- Wenn er fertig ist, sagen Sie: *»Zeige auf das <u>Wort</u> und sage: ›Du heißt ich. Du bist ein Bild für mich.‹ Berühre deine Brust, wenn du ›ich‹ sagst.«*
- Wenn er fertig ist, sagen Sie: *»Zeig auf das Wort und sage: ›Du enthältst alle Erfahrungen, die ich je gemacht habe.‹ Berühre deine Brust, wenn du ›ich‹ sagst.«* Fahren Sie fort mit den Worten: *»Alles, was ich gelernt habe, alles, was ich weiß und verstehe.«* Fordern Sie ihn auf, es Ihnen nachzutun.

Sind all diese Schritte getan, legt der Schüler das Wort weg, das Modell wird aber aufgehoben. Der Schüler braucht es noch für die weitere Arbeit.

Grundlegende Begriffe

Wir haben festgestellt, dass die unten aufgeführten Begriffe den meisten Schülern entweder nichts bedeuten oder von ihnen falsch verstanden werden. Dies betrifft in besonderem Maße Schüler mit ADS oder Rechenproblemen. Die Begriffe sollten daher genau in der Reihenfolge behandelt werden, in der sie hier aufgeführt sind. Die Definition steht jeweils dabei, damit sie nicht erst nachgeschaut werden muss.

Die Illustrationen zeigen zwei Beispiele von Modellen, die Schüler für die Begriffe »Veränderung« und »Zeit« geknetet haben. Sie sind hier nur als Beispiele abgedruckt und keinesfalls zum Nachmachen gedacht. Ihr Schüler soll seine eigenen Modelle von Grund auf selbst erschaffen, indem er dazu seine Phantasie und die gegebene Definition verwendet. Allerdings sollten Sie die Begriffe gründlich besprechen und möglicherweise auch Beispiele aus dem Alltag des Schülers hinzufügen, ehe er beginnt.

Hier einige Anregungen:

- Vielleicht braucht der Schüler mehrere Modelle von seinem »Selbst«, um diese Begriffe darzustellen.
- Meistens ist es von Vorteil, nur wenige dieser Begriffe pro Tag zu behandeln.
- Die Modelle sollen dreidimensional sein und eine Wirklichkeit abbilden, sodass man sie erkennen kann. Sie sollten also nicht abstrakt oder symbolisch sein. Ein bloßer Knetklumpen stellt kein Auto dar, er sollte also wenigstens vier Räder haben.
- Benutzen Sie Pfeile, um jeweils die Richtung oder die Reihenfolge anzudeuten.
- Wenn man zeigen will, dass etwas eine Idee ist oder mental

vor sich geht, kann man aus einer dünnen Knetschlange eine
Sprechblase formen, sie mit dem Kopf einer Figur verbinden
und innerhalb dieser Blase das darstellen, was im Kopf vor
sich geht □ wie in einem Comic.

Der Schüler sollte die Symbolbeherrschung mit folgenden Grundbegriffen durchführen:

1. **Selbst:** *Ein Modell des Selbst. Es repräsentiert alles, was in der Lebenszeit dieser Person gelernt, gewusst und verstanden wurde.*

2. **Veränderung:** *Etwas wird zu etwas anderem.*

3. **Konsequenz:** *Etwas passiert als Folge von etwas anderem.*

4. **Ursache:** *Etwas, das etwas anderes bewirkt.*

5. **Wirkung:** *Etwas passiert als Folge von etwas anderem.*

6. **Vorher:** *Etwas geschieht früher als etwas anderes.*

7. **Nachher:** *Etwas geschieht später als etwas anderes.*

8. **Zeit:** *Das Messen von Veränderung im Vergleich zu einem Standard.*

9. **Reihenfolge:** *Die Art und Weise, wie Dinge aufeinander folgen, eines nach dem anderen, in Größe, Menge, Anzahl, willkürlicher Ordnung und/oder Wichtigkeit.*

10. **Ordnung:** *Dinge am richtigen Platz, in der richtigen Lage und im*

11. **Unordnung:** *Dinge nicht am richtigen Platz und/oder nicht in der richtigen Lage und/oder nicht im richtigen Zustand.*

VERÄNDERUNG: Der Ballon war voll Luft. Jetzt ist er leer.

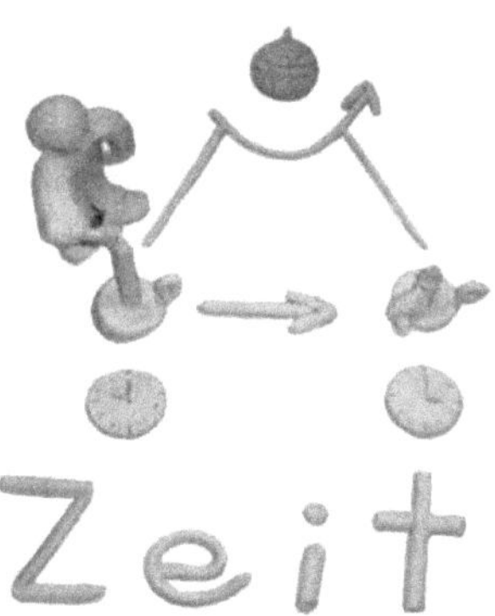

ZEIT: Ich zündete eine Kerze an. Mehrere Stunden später ging sie aus.

Wenn der Schüler diese Begriffe beherrscht, ist er auf dem besten Weg, seine Probleme mit Lernen oder Verhalten zu lösen, die damit zusammenhängen, dass diese Begriffe ihm vorher nichts bedeutet haben.

16.

Ordnung schaffen

Nur die wenigsten von uns erfahren im Alltag, wie ungezähmt und chaotisch die Natur sein kann. Deshalb verstehen wir auch nicht, wie wichtig es ist, Ordnung zu schaffen. Wir bemerken gar nicht, wie oft wir genau das Tag für Tag tun. Wir machen es einfach - und das Leben geht weiter. Wenn wir aber wirklich verantwortungsvoll handeln und wichtige bleibende Veränderungen erzielen wollen, müssen wir in der Lage sein, Ordnung zu bestimmen und zu schaffen.

Für jeden Menschen mit einem Lernproblem ist es wichtig, Ordnung schaffen zu können. Dies betrifft insbesondere Menschen mit ADS und Rechenproblemen. Diese Probleme bestehen, weil der Betreffende einen falschen oder gar keinen Begriff von Ordnung hat. Man kann nur dann Ordnung schaffen, wenn man begreift, was Ordnung ist und dieses Begreifen auch in die Tat umsetzen kann. Wenn wir ein Problem korrigieren, stellen wir im Grunde nur Ordnung her.

Um Ordnung zu begreifen, ist es wichtig, das Wort genau zu definieren. Das Wort Ordnung zu *verstehen* befähigt allerdings niemanden, Ordnung auch tatsächlich *zu schaffen*.

Unsere Definition lautet: Ordnung ist, wenn die Dinge an ihrem richtigen Platz, in der richtigen Lage und im richtigen Zustand sind. Was aber ist ein richtiger Platz, eine richtige Lage oder ein richtiger Zustand? Ein Platz ist einfach eine Stelle im Raum mit einer Beziehung zu ihrer Umgebung. Eine Lage ist die Stellung, die eine Sache innerhalb eines bestimmten Raumes einnimmt. Und ein Zustand? Dieser

Begriff ist nicht ganz so leicht zu erklären. Die Wissenschaft sagt: Alles verändert sich ständig. Alles hat einen Anfang und ein Ende. Also existiert eine Sache zwischen ihrem Anfang und ihrem Ende in einem Zustand ständiger Veränderung. Die Stelle, an der sich diese Sache in ihrer fortlaufenden Veränderung befindet, bestimmt ihren Zustand. Ihr Zustand ist also die Verfassung, in der sie sich momentan befindet. Das klingt doch einleuchtend.

Die Bezeichnung »richtig« macht es komplizierter. »Richtig« bedeutet *passend* oder *angemessen*. Also sagen wir, etwas hat einen *passenden* oder *angemessenen* Platz, Lage und Zustand.

Ehe Ordnung geschaffen werden kann, muss also jemand entscheiden, wie die richtige Ordnung aussehen soll. Deshalb stellt sich die Frage: *Wer* entscheidet, was als Platz, Lage und Zustand passend oder angemessen ist oder sein sollte?

Die Natur kann es nicht sein. In der Natur existiert nämlich alles in einer Beziehung zu den in ihr waltenden Kräften und diese bestimmen Platz, Zustand und Lage. In der Natur gibt es keine wirkliche Unordnung. Offensichtlich sind »Ordnung« und »Unordnung« menschliche Begriffe. Deshalb müssen auch Menschen entscheiden, was Ordnung ist oder sein sollte. Genau genommen, müssen *Sie* das in Ihrer eigenen Umgebung entscheiden. *Sie* bestimmen, was die passenden, angemessenen Plätze, Lagen und Zustände für Ihre Sachen sind oder sein sollten.

ORDNUNG SCHAFFEN

Wenn wir Ordnung schaffen, gehen wir ähnlich vor wie beim Zusammensetzen eines Puzzles. Wir kippen alle Teile aus der Schachtel auf den Tisch und haben dann Chaos, einen Zustand unbestimmter Unordnung. Die meisten Menschen breiten erst einmal alle Puzzleteile so aus, dass sie einzeln und nicht mehr aufeinander liegen. Anschließend drehen sie die Teile um, die verkehrt herum liegen. Danach suchen sie als Erstes die Teile heraus, die sie problemlos identifizieren können, zum Beispiel die Randteile, die jeweils eine gerade Seite haben und deshalb leicht zu erkennen sind. Diese ordnen sie nun nach Farbe und Muster, bevor sie diese zusammensetzen. Nun füllen sie das Feld Stück für Stück aus, immer passend zu Randteilen, Form- und Farbmustern. Wenn sie das letzte Puzzleteil an den richtigen Platz in der richtigen Lage eingefügt haben, ist das Werk vollbracht.

Sie müssen bedenken, dass das Aussehen des fertigen Puzzles vorher schon feststand. Die Ordnung war schon bestimmt, ehe die Schachtel überhaupt geöffnet wurde. Die Teile dahin bringen, wo sie hingehören, hat die Ordnung dann geschaffen.

Wir haben nicht von Anfang an die angeborene Fähigkeit, Ordnung zu schaffen, sondern müssen es erst lernen. Wir sollen dies am Vorbild unserer Eltern und Lehrer tun, und zwar ohne zu verstehen, was Ordnung eigentlich ist. Wir sollen es einfach deshalb tun, weil es von uns erwartet wird. Wenn wir wissen wollen, wie gut das Ganze funktioniert, müssen wir uns nur einmal in unseren Gefängnissen oder sozialen Brennpunkten umsehen. Eltern müssen sich meistens nur das Zimmer ihres Kindes anschauen: In einem chaotischen Kinderzimmer ist mehr als nur Unordnung im Spiel. Oberflächlich betrachtet ist das Kind einfach nur schlampig. Die Eltern haben ihm gesagt, dass es dafür verantwortlich sei, sein Zimmer in Ordnung zu halten, aber nichts geschieht. Also sind die Eltern frustriert und das Kind fühlt sich ungerecht behandelt.

Meistens haben sowohl die Unordnung im Kinderzimmer als auch der Ärger der Eltern eine gemeinsame Ursache. Sie sind beide das Produkt von drei Fehlern, die Eltern machen.

1. *Sie haben dem Kind gesagt, dass es selbst dafür verantwortlich sei, in seinem Zimmer Ordnung zu halten. Dennoch versuchen die Eltern immer noch, das zu kontrollieren.* Sie haben die Verantwortung dem Kind also nicht wirklich übertragen. Sonst würde der Zustand des Zimmers die Eltern nicht ärgern.

2. *Das Kind war nicht fähig oder bereit, die Verantwortung zu übernehmen.* Wenn das Kind wirklich fähig und bereit wäre, in seinem Zimmer Ordnung zu halten, müssten sich die Eltern nicht beklagen.

3. *Das Kind soll eine Ordnung einhalten, die nicht die seine, sondern die seiner Eltern ist.* Das Kind räumt die Dinge nicht an den »richtigen« Platz, an dem die Eltern sie haben wollen, also ist das Zimmer aus deren Sicht unordentlich. Dabei hat das Kind noch gar keine Ordnung bestimmt. Wenn es das getan hätte und für diese Ordnung dann verantwortlich wäre, dann gäbe es kein Problem.

Wenn ein Kind wirklich will, können wir ihm beibringen, wie man Ordnung im Kinderzimmer schafft. Und wenn das Kind es dort kann, dann kann es das überall. Ein Mensch, der weiß, wie man Ordnung schafft, kann auch dafür verantwortlich sein, die Umstände die sein Leben betreffen, neu zu ordnen.

ORDNUNG HERSTELLEN

»Ordnung herstellen« bedeutet zunächst einmal, die Ordnung zu bestimmen und sie anschließend zu schaffen. Anhand der drei folgenden Übungen kann man lernen, 1. eine Ordnung zu schaffen, indem man ein Puzzle mit etwa fünfzig Teilen legt, 2. Ordnung zu bestimmen, indem man einen unordentlichen Schreibtisch aufräumt und 3. Ordnung im eigenen Bereich herzustellen.

1. Übung

Diese Übung macht mit den Schritten vertraut, die zum Schaffen einer Ordnung notwendig sind. Sie brauchen dazu ein Puzzle, dessen Schwierigkeitsgrad dem Alter Ihres Schülers entspricht. Er sollte dafür nicht länger als zwei, aber auch nicht weniger als eine halbe Stunde brauchen. Meistens genügt eines mit etwa fünfzig Teilen. Die Übung sollten Sie an einem Tisch mit guten Lichtverhältnissen machen.

Legen Sie die Puzzleschachtel auf den Tisch und bitten Sie Ihren Schüler, sich Ihnen gegenüber hinzustellen. Falls es angemessen sein sollte, bitten Sie ihn, seine Orientierung (Kapitel 9) oder seine Ausrichtung (Kapitel 12) zu überprüfen, das Loslassgefühl (Kapitel 10) zu verwenden und seinen Energieregler (Kapitel 13) einzustellen.

Erklären Sie dem Schüler die Übung entsprechend seines Alters, aber helfen Sie ihm nicht. Setzen Sie sich notfalls auf Ihre Hände!

1. Sagen Sie dem Schüler: »*Wir wollen in einem Puzzle Ordnung schaffen. Vielleicht weißt du schon, wie man ein Puzzle zusammensetzt, aber ich möchte, dass du diesmal meinen Anweisungen folgst.*«

2. Bitten Sie den Schüler, den Inhalt der Schachtel auf den Tisch

zu kippen.

3. Lassen Sie ihn nun alle Teile ausbreiten, damit sie nicht mehr aufeinander liegen.

4. Als Nächstes lassen Sie ihn alle Teile so herumdrehen, dass die Motivseite oben liegt.

5. Jetzt lassen Sie ihn die Randteile heraussuchen und nach ähnlichen Farbmustern sortieren.

6. Wenn er damit fertig oder so gut wie fertig ist, erklären Sie ihm, wie die Randteile aufgrund der Farbmuster und Randseiten zusammengefügt werden.

7. Lassen Sie ihn nun genau das tun.

8. Sobald der Rand fertig ist, zeigen Sie in eine Ecke und fragen: *»Welche Farben muss das Teil haben, das hierhin gehört?«* Wenn er geantwortet hat, fragen Sie: *»Und welche Form muss es haben?«*

9. Anschließend sagen Sie: *»Finde das Teil und lege es an seinen Platz.«*

10. Wiederholen Sie die Schritte 8 und 9 dreimal.

11. Jetzt fragen Sie ihn: *»Kannst du nun den Platz auswählen, an den du das nächste Teil legen willst?«* Wenn er bejaht, bitten Sie ihn, es zu tun. Falls nicht, wiederholen Sie die Schritte 8 bis 11 so lange, bis die Antwort »Ja« lautet.

12. Lassen Sie den Schüler fortfahren, bis auch das letzte Teil an seinem Platz ist. Dann sagen Sie: »*Gratuliere! Du hast in diesem Puzzle Ordnung geschaffen! Jetzt wollen wir uns noch einmal genau anschauen, was du da gemacht hast. Was war der erste Schritt?*«

13. Besprechen Sie nun noch einmal die Schritte 2 bis 10. Dann fragen Sie: »*Was war das Letzte, was du getan hast?*«

14. Im Anschluss an seine Antwort sagen Sie: »*Dies ist eine Reihenfolge, um Ordnung zu schaffen. Mit dieser Reihenfolge oder einer leichten Abwandlung kannst du überall Ordnung schaffen, wenn du weißt, welche Ordnung du schaffen sollst. Wenn du es nicht weißt, dann musst du sie selbst bestimmen. In der nächsten Übung lernst du, wie man das macht.*«

2. Übung

In dieser Übung führen wir die Schritte ein, mit denen eine Ordnung bestimmt wird. Arbeiten Sie mit Ihrem Schüler wieder an einem Tisch mit guter Beleuchtung. Sie benötigen etwa ein Dutzend verschiedene Gegenstände aus dem Zimmer, unter anderem zusammengeknüllte Papiertaschentücher und Papierschnipsel. Zur Vorbereitung legen Sie die verschiedenen Gegenstände auf einen Haufen mitten auf den Tisch.

1. Bitten Sie den Schüler, einen Gegenstand aus dem Haufen aufzuheben.

2. Fragen Sie: »*Was ist das?*«

3. Nachdem er geantwortet hat, fragen Sie: »*In welchem Zustand ist es?*« Hier einige mögliche Antworten:

- alt oder neu,
- gut oder schlecht,
- schmutzig oder sauber,
- schön oder hässlich,
- einfach okay.

4. Fragen Sie: »*Wo wäre ein guter Platz für den* [Gegenstand] *in diesem Zustand?*«

5. Nachdem er geantwortet hat, sagen Sie: »*Sag dem* [Gegenstand]*, wo er hingehört. Damit bestimmst du seinen Platz.*«

6. Anschließend fragen Sie: »*Welche Lage sollte der* [Gegenstand] *in dem Zustand haben, wenn er an diesem Platz ist?*«

7. Nachdem er geantwortet hat, sagen Sie: »*Sag dem* [Gegenstand]*, wie er an diesem Platz sein soll. Damit bestimmst du seine Lage.*«

8. Nun sagen Sie: »*Lege den* [Gegenstand] *an seinen richtigen Platz in seiner richtigen Lage.*«

9. Wiederholen Sie die Schritte 1 bis 8 mit jedem Gegenstand auf dem Haufen.

10. Wenn der letzte Gegenstand aufgeräumt ist, sagen Sie: »*Gratuliere! Du hast nun für all diese Sachen die Ordnung bestimmt und*

geschaffen. Du könntest mit der Reihenfolge, die du verwendet hast, über-
all Ordnung bestimmen und schaffen.« Diese Reihenfolge umfasst
neun Schritte:

(1) Einen einzelnen Gegenstand heraussuchen,
(2) ihn identifizieren,
(3) seinen Zustand feststellen,
(4) aufgrund der Identität und des Zustandes den besten Platz
     dafür finden,
(5) dem Gegenstand diesen Platz zuweisen,
(6) feststellen, welche Lage er an diesem Platz einnehmen soll,
(7) ihm diese Lage zuweisen,
(8) ihn genau an diesen Platz in diese Lage bringen,
(9) diese Reihenfolge so oft wiederholen, bis in der Umge-
     bung Ordnung geschaffen wurde.

11. Lassen Sie den Schüler diese Reihenfolge nun aufschreiben.
    Anschließend sagen Sie: *»Dies ist deine Anleitung für das Herstellen*
    einer Ordnung. Mit dieser Reihenfolge könntest du überall Ordnung her-
    stellen, wo es notwendig ist. Wir werden noch eine Übung machen, bei der
    du das, was du gerade gelernt hast, anwenden wirst.«

3. Übung

Bei dieser Übung soll der Schüler lernen, Ordnung herzustellen.
Am besten macht er das bei sich zu Hause, in seinem eigenen Zimmer.
Wenn Sie mit einem älteren Schüler oder einem Erwachsenen arbeiten,
lassen Sie ihn wählen, wo er üben möchte. Verwenden Sie dazu
einfach alles, was Sie in dem Zimmer vorfinden. Der Schüler sollte die
»Anleitung für das Herstellen einer Ordnung«, die er geschrieben hat,

dabei haben.

Wenn der Schüler nicht Ihr eigenes Kind ist, müssen Sie den Eltern erklären, was Sie vorhaben und ihre Einwilligung dafür einholen. Erklären Sie dem Schüler, dass er nun in seiner eigenen Umgebung Ordnung herstellt. Es wird eine neue Ordnung sein – seine eigene. Jetzt gehen Sie in das Zimmer.

Falls überall in dem Zimmer Sachen herumliegen, bitten Sie den Schüler, zunächst einmal alles einzusammeln und mitten im Zimmer oder vor der Tür auf einen Haufen zu legen.

1. Fangen Sie mit dem größten Möbelstück an. Berühren Sie es und fragen Sie: »*Was ist das?*«

2. Nachdem er geantwortet hat, fragen Sie: »*Wie ist sein Zustand?*«

3. Anschließend fragen Sie: »*Ist es an einem guten Platz oder sollte es besser woanders sein?*«

- Wenn der Gegenstand da bleiben soll, wo er ist, sagen Sie: »*Weise ihm diesen Platz und diese Lage zu, indem du ihm sagst, ›Dies ist dein Platz und deine Lage.‹* «

- Falls der Gegenstand bewegt werden soll, fragen Sie: »*Wo willst du ihn denn haben?*« Nachdem der Schüler geantwortet hat, sagen Sie: »*Weise ihm diesen Platz zu, indem du ihm sagst, es sei sein Platz.*«

- Danach fragen Sie: »*Welche Lage soll er an diesem Platz einnehmen?*« Anschließend sagen Sie: »*Weise ihm diese Lage zu, indem du ihm sagst, es sei seine Lage.*«

- Wenn der Gegenstand bewegt werden soll, sagen Sie: »*Also bewegen wir ihn. Ich helfe dir.*« Helfen Sie dem Schüler, den Gegenstand an die ihm richtig erscheinende Stelle zu bewegen. Verwenden Sie dabei Ihren gesunden Menschenverstand. Wenn es ein Flügel ist, brauchen Sie vielleicht zusätzliche Hilfe. Bei einem Bücherregal muss der Schüler womöglich die Bücher erst herausnehmen. Eventuell muss an der Stelle, an die er den Gegenstand bewegen will, erst noch Platz geschaffen werden.

4. Wiederholen Sie die Schritte 1 bis 3 mit allen großen Gegenständen im Zimmer. Große Gegenstände sind Möbelstücke oder Gegenstände, die auf Möbelstücken stehen, wie ein Fernseher auf einer Kommode oder ein Computer auf einem Schreibtisch.

5. Wenn Sie mit den großen Gegenständen fertig sind, lassen Sie den Schüler mit den kleinen Sachen anfangen. Sagen Sie ihm: *»Du hast deine ›Anweisung für das Herstellen einer Ordnung‹ hier. Was steht als Erstes darauf?«* Wenn der Schüler antwortet: *»Einen einzelnen Gegenstand heraussuchen«*, sagen Sie *»Tu das jetzt. Suche einen einzelnen Gegenstand heraus.«* Wahrscheinlich wird es eine große Auswahl mitten auf dem Boden oder vor der Tür geben.

6. Sagen Sie: *»Gehe jetzt die Schritte auf deiner Anweisung mit diesem Gegenstand durch.«* Falls Ihr Schüler Ihre Hilfe braucht, könnte diese etwa so aussehen: *»Die meisten Menschen legen schmutzige Socken in den Wäschekorb«*, oder: *»Die meisten Menschen legen saubere Unterwäsche an einen bestimmten Platz und in einer bestimmten Lage in eine Schublade.«*

7. Wenn der Schüler den achten Schritt »ihn an diesen Platz in

diese Lage bringen« vollzogen hat, fragen Sie: »*Du hast diesem [Zustand, Gegenstand] einen Platz und eine Lage zugewiesen. Ist das der Platz und die Lage für alle [Zustand, Gegenstände]?*«

8. Wenn die Antwort »*Ja*« lautet, sagen Sie: »*Finde jetzt wie beim Puzzle alle* [Zustand, Gegenstände] *und bringe sie an ihren* Platz und Lage.«

9. Wenn das getan ist, fragen Sie: »*Was steht als Schritt 9 in deiner Anweisung?*« Wenn die Antwort »*Diese Reihenfolge so oft wiederholen, bis in der Umgebung Ordnung geschaffen wurde*« lautet, dann sagen Sie: »*Gut. Dann fang jetzt wieder von vorn an.*«

10. Wiederholen Sie die Schritte 6 bis 8 so lange, bis in dem Zimmer Ordnung herrscht. Sollte der Schüler etwa beim zehnten Durchlauf angekommen sein und immer noch seine Anweisung verwenden, fragen Sie ihn: »*Kannst du dich an die einzelnen Schritte erinnern oder brauchst du die Anweisung noch?*« Schließlich soll er die Schritte verinnerlichen, sie sollen ein Teil seines Selbst werden. Vielleicht müssen Sie ihm dabei helfen, indem Sie ihn auffordern: »*Versuche dich mal an den nächsten Schritt zu erinnern, bevor du ihn nachliest.*«

11. Vielleicht müssen Sie nicht bis zum Schluss dabeibleiben. Wenn der Schüler irgendwann ohne Ihre Hilfe weiterarbeitet, fragen Sie: »*Brauchst du mich noch oder kannst du diese Arbeit auch alleine beenden?*« Wenn Ihr Schüler der Meinung ist, dass er Sie noch braucht, bleiben Sie selbstverständlich da.

12. Sollten Sie nicht mehr gebraucht werden oder die Arbeit fertig

sein, beenden Sie die Übung, indem Sie sagen: »*Alles, was sich in diesem Zimmer befindet oder hineinkommt, muss eine Ordnung zugewiesen bekommen. Du allein bist dafür verantwortlich. Es ist dein Zimmer, also ist es deine Aufgabe, das zu tun. Du bist außerdem dafür verantwortlich, die Ordnung zu erhalten. Das bedeutet, wenn etwas nicht im richtigen Zustand, am richtigen Platz oder in der richtigen Lage ist, dann musst du die Ordnung wieder herstellen, indem du es dahin tust, wo es hingehört. Es ist deine Aufgabe, und wenn du sie erfüllst, kann sich niemand beklagen.*«

DRITTER TEIL

ADS und ADHS beleuchten

17.
Eine Strategie zur Überwindung von ADS und ADHS

Sobald man die Ursache für ein Problem beseitigt, existiert es nicht mehr. Dieser Satz ist das Fundament unserer Strategie zur Überwindung von ADS und ADHS. Laut der Definition gibt es zwei Ursachen für ADS. Einerseits wird es durch die Entwicklung bedingt, andererseits hängt es mit Desorientierung zusammen. Deshalb müssen wir uns diesem Problem von zwei Seiten aus nähern.

Als Erstes wollen wir einen Arbeitsplan erstellen, der Folgendes umfassen wird: Warum muss etwas getan werden, was muss getan werden und wann muss es getan werden? Die einzelnen Arbeitsschritte sind zur besseren Übersicht mit den entsprechenden Kapitelnummern versehen. Zunächst aber wollen wir ausloten, wie der Weg aus den ADS-Verhaltensweisen heraus aussehen kann.

Die Verhaltensweisen, die näher betrachtet werden müssen, hängen mit Impulsivität, Unaufmerksamkeit und Hyperaktivität zusammen:

Der Schüler

- *kann sich nur schwer mit anderen abwechseln,*

- *handelt unbedacht,*

- *kann nicht lange sitzen bleiben beziehungsweise stillsitzen,*

- *bewegt sich übertrieben,*

- *hat Schwierigkeiten, eine Aufgabe zu planen,*

- *weicht konstant von einer Aktivität auf die nächste aus,*

- *scheint unfähig, eine angefangene Aufgabe zu Ende zu führen,*

- *ist leicht ablenkbar,*

- *wirkt unaufmerksam,*

- *hat Probleme sich auf Aufgaben zu konzentrieren, die länger andauernde Aufmerksamkeit erfordern.*

Unser Ziel ist es, dem Schüler dabei zu helfen, diese unangemessenen Handlungen oder Verhaltensweisen durch neue zu ersetzen. Das Verhalten eines jeden von uns wird bestimmt durch unsere Identität, unser Selbstbild, das ein Produkt des in Kapitel 2 beschriebenen Filtersystems ist. Es besteht aus *wirklichem* Wissen, das durch Lebenserfahrung erworben wurde. Die individuelle Wahrnehmung wird ebenso wie unsere Reaktion auf die Umwelt durch den Inhalt dieses Filtersystems beeinflusst. All das bestimmt das Verhalten eines Menschen. Deshalb muss das Ziel unserer Bemühungen das Filtersystem des Schülers sein.

HINZUFÜGEN UND WEGNEHMEN

Wenn wir den Inhalt eines bereits bestehenden Systems verändern wollen, gibt es dafür theoretisch zwei Möglichkeiten: Wir fügen etwas hinzu oder wir nehmen etwas weg. Da das Filtersystem aus wirklichem Wissen besteht, das schon vorhanden ist, können wir davon nichts wegnehmen. Wenn wir es also verändern wollen, bleibt uns nur übrig, etwas hinzuzufügen. Wir müssen also neues Wissen hinzufügen, welches das alte Wissen verdrängen oder überlagern und so das Verhalten des Schülers ändern wird. Zum Glück erlaubt uns der Lernprozess dies.

Die Herausforderung besteht darin, das neue Wissen an dem vorhandenen Filter vorbeizuschleusen, da dieser natürlich versuchen wird, all das herauszufiltern, was zu dem bereits Bestehenden nicht passt.

Dies müssen wir in zwei voneinander getrennten Schritten tun:

1. Der Schüler muss neues Wissen erlangen, das, einzeln betrachtet, von dem bestehenden Filtersystem nicht als unpassend empfunden wird. Dies bedeutet, wir müssen immer wieder einzelne kleine Teile neuen Wissens unabhängig voneinander hinzufügen. Das lässt sich am besten durch die Begriffsbeherrschung erreichen, die in Kapitel 15 beschrieben wird.

2. Sobald diese voneinander unabhängigen Teile im System verankert sind, werden sie miteinander verbunden. Dies erreicht man durch das Schaffen einer neuen Ordnung. Wie das geht, wird später in diesem Kapitel beschrieben.

Hierfür verwenden Davis-Legasthenie-Berater ein Verfahren, das hervorragend funktioniert. Es wird hier Schritt für Schritt in der richtigen Reihenfolge beschrieben.

Wie bei jeder anderen Aufgabe auch, ist der erste Schritt die Vorbereitung. Wir müssen uns auf die Aufgaben vorbereiten, die uns erwarten. Indem Sie das hier lesen, haben Sie im Grunde schon damit angefangen, denn Sie sind dabei, alle Informationen, Anweisungen und Werkzeuge zu sammeln, die Sie benötigen werden. Wenn dieser Prozess dann beendet ist, werden Sie als Nächstes Ihren Schüler auf das vorbereiten müssen, was er tun wird.

GRUNDLEGENDE WERKZEUGE ANLEGEN

Der Schüler sollte sich bei diesem Unterfangen kooperativ zeigen. Wenn er nämlich nicht motiviert ist, werden Sie mit dem Verfahren nicht einmal beginnen können. Verwenden Sie zur Unterstützung die Abschnitte über Motivation aus Kapitel 7.

Der Schüler wird zunächst ein Werkzeug brauchen, das ihn dazu befähigt, wirklich aufmerksam zu sein, während Sie ihn durch den Prozess begleiten. Er muss dieselbe wirkliche Umgebung erleben wie Sie, wenn Sie ihn bei seinen Fortschritten unterstützen wollen. Der Schüler muss in einem orientierten Zustand sein, wenn er neues Wissen aufnimmt, deshalb ist es notwendig, dass Sie ihm ein Werkzeug geben, mit dem er seine Desorientierung kontrollieren kann. Verwenden Sie hierzu zunächst die Wahrnehmungsdiagnose (Kapitel 8), damit Sie entscheiden können, welches Orientierungsverfahren sich am besten eignet. Dann führen Sie entweder die Orientierung (Kapitel 9) oder die Ausrichtung (Kapitel 12) durch, je nachdem, welche für Ihren Schüler die richtige ist.

Der Schüler wird etwas brauchen, das es ihm angenehm macht, in der Realität zu verweilen. Das Loslassgefühl (Kapitel 10) wird ihm helfen, Stress und Spannungen abzubauen, während der Energieregler (Kapitel 13) ihm ermöglicht, seine innere Uhr und seine Energiemenge der jeweiligen Situation anzupassen.

ERSTES STADIUM

Wenn diese Werkzeuge einmal vorhanden sind, können Sie gemeinsam mit Ihrem Schüler das Problem angehen. In diesem ersten Schritt werden Sie Informationen in sein Filtersystem einbauen, die sich von den Erfahrungen unterscheiden, die er bisher im Leben gemacht hat. Um das zu erreichen, wenden Sie das Verfahren der Begriffsbeherrschung an, wie in Kapitel 15 beschrieben.

Hier sind die Begriffe und die Reihenfolge, in der sie angewendet werden:

Selbst: *ein Modell des Selbst. Es repräsentiert alles, was in der Lebenszeit dieser Person gelernt, gewusst und verstanden wurde.*

Veränderung: *Etwas wird zu etwas anderem.*

Konsequenz: *Etwas passiert als Folge von etwas anderem.*

Ursache: *Etwas, das etwas anderes bewirkt.*

Wirkung: *Etwas passiert als Folge von etwas anderem.*

Vorher: *Etwas geschieht früher als etwas anderes.*

Nachher: *Etwas geschieht später als etwas anderes.*

Zeit: *Das Messen von Veränderung im Vergleich zu einem Standard.*

Reihenfolge: *Die Art und Weise, wie Dinge aufeinander folgen, eines nach dem anderen, in Größe, Menge, Anzahl, willkürlicher Ordnung und/oder Wichtigkeit.*

Ordnung: *Dinge am richtigen Platz, in der richtigen Lage und im richtigen Zustand.*

Unordnung: *Dinge nicht am richtigen Platz und/oder nicht in der richtigen Lage und/oder nicht im richtigen Zustand.*

Folgen Sie der Anleitung in Kapitel 15 und lassen Sie Ihren Schüler die Symbolbeherrschung dieser Begriffe ausführen. Sobald sie in sein Filtersystem eingegliedert sind, können Sie mit den nächsten Schritten beginnen. Helfen Sie dem Schüler nun dabei, die verschiedenen Begriffe zusammenzufügen. Dadurch wird er seine ADS-Verhaltensweisen korrigieren oder überwinden können.

ZWEITES STADIUM

In dieser Phase wollen wir dem Schüler helfen, sein Verhalten und sein Handeln neu zu ordnen, sozusagen eine neue Ordnung in seine verschiedenen Handlungen zu bringen. Dieses Ziel wird erreicht, indem die einzelnen Begriffe des ersten Stadiums nun miteinander verbunden werden.

Die Begriffe individualisieren

Indem der Schüler die neuen Begriffe tatsächlich verwendet, werden sie zu seinen eigenen. Soeben hat er die Symbolbeherrschung für das Wort Ordnung abgeschlossen. Als Nächstes soll er erfahren, was es bedeutet, eine Ordnung zu schaffen. Folgen Sie dazu den Schritten, wie sie in Kapitel 16 beschrieben sind. Der Schüler gewinnt durch diese Übungen Erfahrungswissen und entwickelt die Fähigkeit, Ordnung herzustellen.

Nun wollen wir uns mit den verschiedenen Verhaltensweisen beschäftigen. Der Schüler ist also bereit, sein neues Wissen und seine neue Fähigkeit einzusetzen, um sein Handeln neu zu ordnen. Die Grundprinzipien zur Bestimmung und Schaffung einer Ordnung sind die gleichen, ob es dabei nun um Gegenstände oder um Handlungen geht. Die Technik ist natürlich eine andere, aber die Begründungen, Logik und Strategien sind gleich. Das Problem besteht ja darin, dass die bestehende Ordnung in den Verhaltensweisen durch das Selbstbild einer Person bestimmt wird. Die neuen Begriffe werden durch diese Übungen im Filtersystem miteinander verbunden und das wiederum verändert das Selbstbild. Dadurch wird der Schüler befähigt, sein Handeln, sein Verhalten zu ändern.

Um das zu erreichen, führen Sie mit dem Schüler noch einmal die Schritte der Symbolbeherrschung für den Begriff *Konsequenz* durch. Dieses Mal verwenden Sie jedoch als Beispiel eine seiner eigenen ADS-Verhaltensweisen. Die Knetfiguren sollen eine Reihenfolge von Ursachen und deren Wirkungen darstellen. Die von ihm geformten Szenen werden zeigen, wie Handlung [A] zu Handlung [B] führte und daraus [C] wurde und so weiter. Die Knetbilder Ihres Schülers müssen zeigen, dass das, was er in der ersten Szene tat, zu der unerwünschten Wirkung in der letzten Szene führte. Anschließend soll er alles beschreiben und erklären.

Sich mit den Ursachen beschäftigen

Zu den Ursachen all der unerwünschten Verhaltensweisen, die mit ADS in Verbindung gebracht werden, zählen Impulsivität, Unaufmerksamkeit und Hyperaktivität (siehe Liste am Anfang dieses Kapitels). Mindestens eines dieser drei Verhaltensmuster liegt jedem der Verhalten zugrunde, die wir betrachten müssen.

Die Handlung ist etwas Problematisches, das der Schüler tatsächlich *tut*: Zum Beispiel ein Kind wegschieben, um sich vordrängeln zu können, unaufgefordert eine Antwort brüllen oder aufstehen und im Raum herumrennen. Wir müssen uns also die tatsächlichen Handlungen eines Schülers vornehmen. Eine Liste solcher Handlungen zusammenzustellen, dürfte Ihnen nicht schwer fallen. Es handelt sich dabei um all das, wofür er geschimpft wird oder was andere Menschen dazu bringt, ihn abzulehnen.

Diese unproduktiven, unsozialen Handlungen sollten durchgearbeitet werden, und zwar eine nach der anderen. Fangen Sie am besten mit solchen an, die einen Bezug zu seiner Motivation haben. Wenn der Schüler mit Ihnen arbeitet, damit andere ihn mögen, dann fangen Sie mit einem Verhalten an, das ganz offensichtlich andere dazu bringt, ihn nicht zu mögen.

Was dem Vater völlig klar ist, kann das Kind nicht nachvollziehen,
weil es keine Vorstellung von Konsequenz hat.

Während der Schüler eine Szenenfolge knetet, wird ihm irgendwann bewusst werden, dass seine Handlungen Konsequenzen haben und zwar Wirkungen, die ihm nicht gefallen. Der kausale Zusammenhang zwischen dem, *was er tut,* und dem, *was ihm nicht gefällt,* muss ihm klar werden.

Stellen wir uns vor, ein Kind mit ADS nimmt einem anderen Kind ein Spielzeug weg, und das andere Kind fängt an zu weinen.

Die Lehrerin schaltet sich ein und das Kind mit ADS muss das Spielzeug zurückgeben. Danach will das andere Kind nichts mehr mit ihm zu tun haben, nicht einmal mit ihm sprechen. Das Kind muss die Wirkung (der Spielkamerad lässt es links liegen) mit der Ursache (Spielzeug wegnehmen) verknüpfen.

Wenn der Schüler erst einmal sein Verhalten als die Ursache mit der unangenehmen Wirkung verknüpft, die er daraufhin erfährt, wird er bereit und fähig sein, sein Verhalten zu ändern. In Wirklichkeit ändert er sein Filtersystem dahingehend, dass die vorher aufgeführten, grundlegenden Begriffe nun korrekt sind. Im Laufe der Zeit werden diese neuen Begriffe das, was ursprünglich vorhanden war, überlagern und ersetzen. Der Schüler hat die Ursache für die unangenehme Wirkung entdeckt. Er ist bereit, eine neue Ordnung für sein Verhalten zu schaffen.

Jetzt bitten Sie ihn, eine ähnliche Szenenfolge zu kneten, aber er soll mit einem Verhalten beginnen, das die erwünschte Wirkung produzieren wird. Dadurch schafft er sich ein Vorbild für eine Neuordnung seines Verhaltens. Er kann nun ganz klar erkennen, wie er eine erwünschte Wirkung herbeiführen kann, indem er sein Verhalten ändert. Nun kann er dieses neue Wissen in sein Filtersystem einfügen.

Verhalten wird wählbar

Jetzt hat der Schüler zwei verschiedene Handlungsmöglichkeiten in seinem Filtersystem. Als Nächstes muss er im wirklichen Leben erfahren, dass sein verändertes Verhalten den gewünschten Erfolg hat. Sobald die Erfahrung dies nämlich beweist, wird das alte Wissen durch das neue verdrängt. Sobald er also eine neue Ordnung für sein Verhalten hergestellt hat, wird das alte Wissen kein dominanter Teil seines Selbstbildes mehr sein.

Führen Sie die genannten Schritte mit einem anderen ADS-Verhalten durch. Wenn Sie damit fertig sind, nehmen Sie sich noch eines vor. Wiederholen Sie die Übung so oft wie nötig. Früher oder später wird der Schüler sich wandeln. Er wird beginnen, sich selbst als die Hauptursache von allem, was er mag oder auch nicht mag, zu erkennen. Das bedeutet, dass sein Filtersystem sich verändert hat. Er versteht den Begriff *Konsequenz* nun richtig, was das ursprüngliche falsche Verständnis verdrängt.

Sie werden diese Wandlung erkennen, wenn sie auftritt. Während er eine Szene knetet, die eine unangenehme, negative Wirkung zur Folge haben wird, erklärt er Ihnen, was die alternative Handlung sein müsste. Wenn das passiert, müssen Sie sich um negatives Verhalten nicht länger kümmern. Vertrauen Sie darauf, dass er alle notwendigen Veränderungen von nun an selbstständig vornehmen wird.

Mit dem Eintreten dieser Wandlung haben Sie und der Schüler eine der beiden Hauptursachen des ADS-Problems erfolgreich behandelt.

Desorientierung

Als Nächstes werden wir uns mit der Wirkung der spontanen Desorientierung beschäftigen. Wie ich bereits im dritten Kapitel ausgeführt habe, verursacht oder beeinflusst Desorientierung die Hyperaktivität, Hypoaktivität, Impulsivität und Unaufmerksamkeit eines Schülers mit ADS.

Sie haben mit der Ausrichtung oder der Orientierung Ihrem Schüler bereits das Werkzeug vermittelt, mit dem er seine Desorientierung korrigieren kann. Wenn Sie alle Anweisungen sorgfältig befolgt haben, sollte der Schüler dieses Werkzeug durch die Feineinstellung jetzt so präzise eingestellt haben, dass er eine optimale Wahrnehmung hat, wenn er es verwendet. Mit der Loslassübung hat er darüber hinaus die Möglichkeit, Stress und Spannungen abzubauen. Außerdem sollte er seine Energie und seine Wahrnehmung der Zeit mit dem Energieregler kontrollieren können.

Der Schüler muss wissen, wie und wann er diese Werkzeuge am besten einsetzt, um unangenehme, negative Wirkungen zu vermeiden. Er sollte daher zwei wichtige Dinge verstehen: Er muss die Orientierung oder die Ausrichtung bewusst verwenden, um die Dinge klar sehen zu können, und er muss seinen Energieregler einsetzen, um eine Beziehung zu einer anderen Person oder zu einer Gruppe aufbauen zu können. Der Schüler sollte für die Benutzung dieser Werkzeuge verantwortlich sein. Sie müssen ihm nur dabei helfen, das notwendige Wissen und die Fähigkeit dazu zu erwerben.

Ihre Aufgabe ist es daher, den Schüler zu erinnern und zu ermutigen, diese Werkzeuge zu verwenden. Sie können ihn während der Arbeit bitten, seine Orientierung oder Ausrichtung zu überprüfen, wenn Sie beobachten, dass dies notwendig ist. Sofern seine Energie zu hoch oder zu niedrig für die anstehende Aufgabe ist, sollten Sie ihn fragen, ob sein Energieregler richtig eingestellt sei. Bemerken Sie Stress und Anspannung, sollten Sie ihn fragen, ob es vielleicht sinnvoll sei, jetzt die Loslassübung zu verwenden. Indem Sie ihn das fragen, anstatt es ihm zu sagen, nehmen Sie ihm die Verantwortung nicht ab. Im Gegenteil, Sie übertragen sie ihm.

Im Wesentlichen sehen wir den Aspekt der spontanen Desorientierung bei ADS als eine negative Wirkung, die durch eine positive Fähigkeit verursacht wird. Wir wollen, dass der Schüler die negativen Wirkungen beseitigt, ohne die positive Fähigkeit einzuschränken. Das geht am einfachsten, wenn die negativen Auswirkungen genauso behandelt werden wie jedes andere Verhalten.

Die Energie kontrollieren

Bei Hyper- oder Hypoaktivität lassen wir den Schüler erneut die Schritte zur Symbolbeherrschung für den Begriff *Konsequenz* durchlaufen. Dazu soll er zunächst eine Handlung darstellen, die im orientierten Zustand ausgeführt wird und anschließend eine im desorientierten Zustand. Dann soll er dasselbe mit verschiedenen Energiestufen darstellen. Bitten Sie den Schüler, eine Liste der täglich wiederkehrenden Aktivitäten zu machen und den Energieregler für jede einzelne zu definieren. Er wird vielleicht manche Einstellungen ändern müssen, wenn er sie im wirklichen Leben ausprobiert hat. Doch das ist nur verständlich und zeigt, dass er dieses Werkzeug tatsächlich verwendet.

Die für ADS typische Impulsivität ist, wie bereits erwähnt, hauptsächlich durch die Entwicklung bedingt. Hinzu kommt das *konstante Ausweichen von einer Aktivität auf die nächste*. Wir haben dieses Verhalten in Kapitel 3 der Desorientierung zugeschrieben. Es gehört zur Unaufmerksamkeit bei ADS.

Wenn wir uns nun der Unaufmerksamkeit widmen, müssen wir

uns klar machen, dass es hier manches gibt, das wir nicht verändern können. Wir haben vielleicht einen Einfluss auf die Häufigkeit, mit der das ein oder andere Verhalten auftritt, aber es zu beseitigen ist nicht nur unmöglich, sondern vor allem auch nicht wünschenswert. Wir können die Intelligenz nicht verringern oder beseitigen und auch nicht die Neugierde, die Kreativität und das breit gefächerte Interesse für die Umwelt. Das geht nur mit Drogen. Möglicherweise werden diese Fähigkeiten sogar verbessert, wenn der Schüler die Werkzeuge einsetzt. Alles in allem sollten wir das begrüßen.

POLIEREN

Wir haben schon so manches erreicht, was die Beschäftigung mit Verhaltensweisen angeht wie s*cheint unfähig zu sein, eine angefangene Aufgabe zu Ende zu führen* und mit dem Phänomen des *konstanten Ausweichens von einer Aktivität auf die nächste.* Indem der Schüler die Begriffe beherrscht, die mit dem Verhalten zu tun haben, wird er eine Vorstellung davon gewinnen, was es heißt, eine Veränderung zu verursachen. Er wird nachvollziehen können, was es bedeutet, etwas zu Ende zu machen. Der Schüler ist nun auch mit den Begriffen *Zeit, Reihenfolge* und *Konsequenz* ausgerüstet. Obwohl er vielleicht noch ein wenig üben muss, Ordnung in seiner Umgebung zu schaffen, versteht er doch, dass es der letzte Schritt bei dem Schaffen einer Ordnung ist, dass man eine Aufgabe tatsächlich beendet.

Dieser Schüler wird fähig sein, Aufgaben zu Ende zu führen, selbst wenn nach wie vor Ablenkungen auftreten. Er wird wissen, dass das Ziel einer Handlung darin besteht, etwas zu Ende zu führen.

Trotzdem wird er eine Aufgabe wahrscheinlich nicht vollenden, wenn er nicht die nötige Motivation dazu hat. Gibt ein Lehrer Hausaufgaben auf, ohne die Schüler zu motivieren, sie auch zu machen, beinhaltet das geradezu eine Einladung, sie eben nicht zu machen. Vielleicht kann ein Kind vorübergehend damit motiviert werden, dass der Lehrer es lieber mag, wenn es seine Hausaufgaben macht, doch das wird nicht lange anhalten. Wahrscheinlich werden Sie etwas anderes finden müssen, um Ihren Schüler zu motivieren. Auf jeden Fall wird er nun verstehen, warum er schlechte Noten bekommt.

Beim einem Verhalten wie *ist leicht ablenkbar* sind bei ADS die spontanen Desorientierungen zu erkennen. Verändertes Verhalten wird hier nicht viel bewirken. Eine Orientierung oder Ausrichtung wird dem Schüler zwar ermöglichen, eine Desorientierung zu beenden, aber sie wird nicht verhindern, dass sie eintritt. Eine gewisse positive Wirkung lässt sich erzielen, indem der Schüler die Symbolbeherrschung für die Konsequenzen der Orientierung und Desorientierung bei bestimmten Tätigkeiten durchführt.

DIE GABE, MEHRERE DINGE GLEICHZEITIG TUN ZU KÖNNEN

Wir dürfen nicht vergessen, dass die angeborene Neugierde immer wieder ablenkende Desorientierungen verursacht. Der Schüler kann das nicht ablegen und er sollte es auch gar nicht ablegen wollen. Mit der Zeit und ein wenig Übung wird er jedoch lernen, seine Aufmerksamkeit bewusst zu verlagern, ohne dabei zu desorientieren.

Nicht jede Verlagerung von Aufmerksamkeit wird durch Desorientierung verursacht. In den meisten Klassenzimmern wird allerdings selbst eine normale Verschiebung des Interesses, die durch Neugier bedingt ist, so eingestuft. Am besten lernt man, mehrere Dinge gleichzeitig zu tun. Diese Fähigkeit entwickelt sich von selbst, meistens so im zwölften Lebensjahr. Einem jüngeren Schüler zu sagen, dass dies möglich ist, wäre immerhin ein Schritt in die richtige Richtung. Ich habe keine spezifischen Übungen entwickelt, um den Erwerb dieser Fähigkeit zu unterstützen, aber Sie können ihre Entwicklung vielleicht beschleunigen.

Eine Originalskulptur von Mark Steele.

Es gibt jede Menge Spiele, die Sie mit einem Schüler machen können, um diese Fähigkeit zu fördern. Etwa, indem Sie ihn auffordern, sich gleichzeitig den Bauch zu reiben und auf den Kopf zu klopfen. Wenn Sie ihn bitten, einen Satz wörtlich zu wiederholen, während er ein Videospiel spielt oder fernsieht, erweitert das die Grenzen schon deutlich. Wenn Sie Ihr Kind so oft wie möglich herausfordern, mehrere Dinge gleichzeitig zu tun, wird das die Entwicklung seiner diesbezüglichen Fähigkeiten fördern.

Falls Sie diesen Weg mit Ihrem Schüler gehen wollen, sollten Sie bedenken, dass Sie damit möglicherweise einen Geist aus der Flasche befreien. Die Idee gefällt mir, weil ich finde, dass gerade dieser Geist nicht in der Flasche eingeschlossen bleiben sollte.

Dadurch, dass er mehrere Dinge gleichzeitig tun kann, wird der Schüler sich nicht mehr ganz so leicht ablenken lassen. Die tatsächliche Lösung aber wäre eine andere: Das, was im Klassenzimmer stattfindet, müsste das Interessanteste in seiner Umgebung sein.

Das Phänomen *Hat es schwer, bei der Sache zu bleiben* (unsere revidierte Definition für »Unaufmerksamkeit«) haben wir uns nun gründlich vorgenommen. Sie haben einen Plan, der Ihnen die Schritte aufzeigt, um mit den Verhaltensweisen von ADS zu arbeiten. Der nächste Schritt lautet: Anfangen. Auf gutes Gelingen!

VIERTER TEIL

Mathematik
Akalkulie und Dyskalkulie

18.
Rechenprobleme überwinden

In diesem Kapitel finden Sie eine Strategie, mit der sich *Akalkulie* und *Dyskalkulie* überwinden lassen. Sie werden erfahren, *was Sie tun müssen, wann* Sie es tun müssen und *warum*. Die jeweiligen Verfahren dazu werden im nächsten Kapitel beschrieben.

Wie ich bereits sagte, haben diese Probleme zwei Aspekte:

1. Die Frage der Entwicklung. Der Schüler hat manche Begriffe entweder nicht verstanden oder sie fehlen ganz.

2. Die Art, wie Rechnen normalerweise unterrichtet wird, ist für einen Schüler, der in Bildern denkt, nur schwer oder gar nicht verständlich.

Desorientierung ist die Wurzel der Komponente Entwicklung. Sie ist sowohl ein direkter als auch ein indirekter Faktor und zugleich der Hauptgrund dafür, dass der Schüler fehlende oder falsche Begriffe hat. Außerdem erschwert sie die Versuche, das Problem zu behandeln. Um also zu der Wurzel vorzudringen und das Problem zu korrigieren, müssen wir uns zuerst mit der Desorientierung beschäftigen.

Hierbei müssen drei Faktoren betrachtet werden - Desorientierung, falsche oder fehlende Grundbegriffe und ungeeignete Unterrichtsmethoden. Wir werden demnach die drei Stadien des Problems nacheinander abhandeln. Als Erstes werden wir dem Schüler die

Fähigkeit vermitteln, seine Orientierung herzustellen und sie auch aufrechtzuerhalten. Dann helfen wir ihm, die grundlegenden Begriffe richtig zu verstehen. Zum Schluss werden wir ihm das Rechnen in einer auf ihn abgestimmten Weise beibringen.

ERSTES STADIUM: SICH DIE GRUNDLEGENDEN WERKZEUGE ANEIGNEN

Wie immer kommt als Erstes die Vorbereitung. Während Sie dies lesen, fängt Ihre Vorbereitung bereits an. Sie werden diese Aufgabe bewältigen, indem Sie die Informationen, Anleitungen und Werkzeuge zusammenstellen, die Sie dazu brauchen. Wenn Sie das getan haben, müssen Sie Ihren Schüler auf die Arbeit vorbereiten, die er machen wird. Um ihn zu motivieren, gehen Sie nach den in Kapitel 7 beschriebenen Schritten vor. Sobald Ihr Schüler ausreichend motiviert ist, können Sie damit beginnen, seine Rechenprobleme zu korrigieren.

Der Schüler wird zunächst ein Werkzeug brauchen, das ihn dazu befähigt, wirklich aufmerksam zu sein, während Sie ihn durch den Prozess begleiten. Er muss dieselbe wirkliche Umgebung erleben wie Sie, wenn Sie ihn bei seinen Fortschritten unterstützen wollen. Der Schüler muss in einem *orientierten Zustand* sein, wenn er neues Wissen aufnimmt, deshalb ist es notwendig, dass Sie ihm ein Werkzeug an die Hand geben, mit dem er die Desorientierung kontrollieren kann. Es gibt dazu zwei Verfahren, zwischen denen Sie wählen können: Einmal die Davis-Orientierungsberatung (Kapitel 9) oder die Ausrichtung (Kapitel 12). Die Wahrnehmungsdiagnose (Kapitel 8) wird Ihnen bei der Entscheidung helfen, welches Orientierungsverfahren das angemessene ist.

Wenn der Schüler dieselbe Realität erleben kann wie Sie, dann wird er etwas brauchen, das ihm das Verweilen in dieser Realität angenehm macht. Das Loslassgefühl (Kapitel 10) wird ihm helfen, Stress und Spannungen abzubauen, während der Energieregler (Kapitel13) ihm ermöglicht, seine innere Uhr und seine Energiemenge der jeweiligen Situation anzupassen. Geben Sie Ihrem Schüler ruhig die geeigneten Werkzeuge an die Hand, auch wenn er nicht häufig desorientiert.

ZWEITES STADIUM: DIE ANEIGNUNG VON KORREKTEN GRUNDBEGRIFFEN

Sie und Ihr Schüler können sich nun dem nächsten Schritt zuwenden – falsche oder fehlende Grundbegriffe. Der Schüler muss diese Grundbegriffe korrekt verinnerlichen, damit sie ein Teil seiner Identität, seines Selbstbildes werden. Sie werden also ein Teil seines Selbst. Es ist recht einfach, einen fehlenden Begriff *hinzuzufügen*; einen falschen zu *ersetzen*, ist hingegen eine größere Herausforderung. Da der falsche Begriff bereits zu einem Teil seines Selbst geworden ist, erscheint er ihm absolut wahr. Im Grunde genommen muss das Selbstbild, die Identität, des Schülers dahingehend verändert werden, dass die neuen, richtigen Begriffe ebenfalls ein Teil seines Selbst werden. Um das zu erreichen, wenden Sie das Verfahren der Begriffsbeherrschung aus Kapitel 15 an.

Hier sind die Begriffe, die Sie benötigen, und die Reihenfolge, in der die Begriffe angewendet werden und die am besten funktioniert:

Selbst: *Ein Modell des Selbst. Es repräsentiert alles, was in der Lebenszeit dieser Person gelernt, gewusst und verstanden wurde.*

Veränderung: *Etwas wird zu etwas anderem.*

Konsequenz: *Etwas passiert als Folge von etwas anderem.*

Ursache: *Etwas, das etwas anderes bewirkt.*

Wirkung: *Etwas passiert als Folge von etwas anderem.*

Vorher: *Etwas geschieht früher als etwas anderes.*

Nachher: *Etwas geschieht später als etwas anderes.*

Zeit: *Das Messen von Veränderung im Vergleich zu einem Standard.*

Reihenfolge: *Die Art und Weise, wie Dinge aufeinander folgen, eines nach dem anderen, in Größe, Menge, Anzahl, willkürlicher Ordnung und/oder Wichtigkeit.*

Ordnung: *Dinge am richtigen Platz, in der richtigen Lage und im richtigen Zustand.*

Unordnung: *Dinge nicht am richtigen Platz und/oder nicht in der richtigen Lage und/oder nicht im richtigen Zustand.*

Wenn Sie den Schritten in Kapitel 15 folgen, wird der Schüler all diese Begriffe mit Knetmasse darstellen. Danach arbeiten Sie die Anweisungen in Kapitel 16 durch. Nachdem diese Übungen abgeschlossen sind, wird der Schüler die grundlegenden Begriffe in sein Selbstbild, seine Identität, eingegliedert haben. Sobald sie so zu einem Teil seines Selbst geworden sind, ist das zweite Stadium abgeschlossen.

DRITTES STADIUM: RECHENBEGRIFFE ANLEGEN

Im dritten Stadium unterrichten Sie den Schüler in den Grundlagen des Rechnens. Nun müssen die Grundbegriffe mit dem vorgegebenen Ziel verknüpft werden, rechnen zu lernen. Das erreichen Sie, indem der Schüler die neuen Begriffe tatsächlich verwendet. Den Begriff der Ordnung beherrscht er ja schon und er hat auch bereits die Erfahrung gemacht, wie man eine Ordnung schafft. Jetzt soll er eine Ordnung im Bereich Rechnen schaffen. Die Grundbegriffe mit den Grundsätzen des Rechnens zu verknüpfen, ist aber nur die halbe Arbeit. Danach muss der Schüler auch noch lernen, das Rechnen in Bildern in das Rechnen mit Papier und Bleistift zu verwandeln, eben auf die herkömmliche Weise zu rechnen.

Das nächste Kapitel ist eine Schritt-für-Schritt-Anleitung für das dritte Stadium, den entsprechenden Unterricht.

19.

Zwölf Übungen, um jemandem das Rechnen beizubringen

Es muss Hunderte von verschiedenen Techniken geben, um jemandem das Rechnen beizubringen. Viele sind sicher ausgezeichnet. Da ich jedoch mit den Zahlen stets gut Freund war, habe ich keine davon kennen gelernt. Solange ich mich erinnern kann, hat mir eine quadratische Gleichung ein behagliches Gefühl gegeben. Vielleicht liegt das an der Form eines Quadrates oder an der Idee, dass es möglich ist, höhere Potenzen unbekannter Größen einzugrenzen. Vielleicht liegt es aber auch daran, dass ich in Bildern denke und es mir leicht fällt, mit Formen und Mengen innerlich umzugehen.

Wenn ich bisher jemandem das Rechnen beibringen wollte, habe ich aufgezeigt, wie einfach und schön es ist. Weil ich nur in Bildern denke, verwende ich einen Ansatz, der für das Denken in Bildern geeignet ist, und das hat immer funktioniert. Ich bin Ingenieur, also finde ich auch, dass mein Ansatz gut konstruiert ist.

Das Verfahren habe ich in zwölf Schritte unterteilt, die jeweils aufeinander aufbauen. Sie zeigen Ihnen genau das, was ich tun würde. Jeder Schritt beinhaltet eine Reihe von Übungen. Bei jedem Schritt wird am Anfang die jeweilige Zielsetzung kurz umrissen und die Begründung dafür aufgezeigt.

Diese zwölf Übungen werden von professionellen Davis-Beratern in der ganzen Welt erfolgreich dazu verwendet, Schülern mit Akakulie und Dyskalkulie die Prinzipien des Rechnens beizubringen. Falls Sie kein besonderer Rechenkünstler sind, lassen Sie sich davon nicht einschüchtern. Das ist für diese Arbeit überhaupt nicht erforderlich. Die Übungen werden hier dargestellt, damit Sie sich mit ihnen vertraut machen können. Wenn Sie die im vorigen Kapitel beschriebenen Vorbereitungen mit Ihrem Schüler abgeschlossen haben, kehren Sie zu diesem Kapitel zurück und folgen den Schritten wie einem Rezept. Jedes Mal, wenn der Schüler eine kleine Übung beendet hat, haken Sie diese ab und machen mit der nächsten weiter.

MOTIVATION

Ehe Sie mit der Arbeit beginnen, erinnern Sie sich noch einmal daran, wie wichtig die Motivation ist. Hat Ihr Schüler keinen Grund, rechnen zu lernen, wird ihm auch die beste Unterrichtstechnik nichts bringen. Ich werde Ihnen sagen, was ich und andere professionelle Davis-Berater normalerweise tun, aber Sie kennen Ihren Schüler, also verwenden Sie die Wörter, die für ihn richtig sind.

Um einen Schüler zu motivieren, müssen wir eine Emotion ansprechen, welche die Aufmerksamkeit in die Richtung lenkt, in der wir sie haben wollen, und die den Wunsch weckt, das zu lernen, was wir unterrichten können. Ich stelle dazu die drei folgenden Fragen:

- »Ich habe gehört, du hast Schwierigkeiten im Rechnen. Stimmt das?« (Die Antwort muss »Ja« lauten, bevor Sie weitermachen können.)
- »Würdest du gerne so rechnen lernen, dass es leicht geht?« (Die Antwort muss wieder »Ja« lauten.)
- »Ich denke, ich kann dir helfen, rechnen zu lernen. Willst du es versuchen?« (Auch jetzt muss die Antwort »Ja« lauten.)

Schauen Sie in Kapitel 7 nach weiteren Vorschlägen, mit denen Sie die Motivation fördern können. Sobald der Schüler motiviert ist, bereiten Sie Ihren Arbeitsplatz vor. Es wird wieder so sein wie bei der Symbolbeherrschung für Begriffe (Kapitel 15), die Sie ja mit Ihrem Schüler schon als Vorbereitung durchlaufen haben sollten.

Benötigtes Material:

- etwa zwei Pfund Knete,
- ein Plastikmesser,
- mehrere Blatt Papier und ein Bleistift. Halten Sie das aber vorerst noch verborgen. Der Schüler braucht es erst für die letzte Übung, und er muss es auch nicht eher sehen.

RECHENÜBUNG 1:
SICHERSTELLEN, DASS DER SCHÜLER ZÄHLEN KANN

Zählen ist der Vorgang, eine Menge zu bestimmen. Es ist eine Veränderung eingetreten und das Zählen misst diese Veränderung unter Verwendung einer Reihenfolge von Ziffern als Standard. Das Zählen ist ein Ausdruck der Begriffe *Zeit*, *Reihenfolge* und *Ordnung* als Gegensatz zur *Unordnung*.

Der Hauptbegriff von Zeit ist das Messen von Veränderung im Vergleich zu einem Standard. Gezählt wird mit einer Reihenfolge von Ziffern, das heißt, wie sie aufeinander folgen, eine nach der an-deren. Zudem muss eine Ordnung hergestellt werden, bei der die bereits gezählten Kugeln von den noch ungezählten getrennt werden. Sowohl gezählte als auch ungezählte Kugeln müssen an ihren richtigen Platz, in die richtige Lage und in den richtigen Zustand gebracht werden.

Deshalb ist das Zählen ein Ausdruck der Begriffe *Zeit, Reihenfolge* und *Ordnung* als Gegensatz zur *Unordnung*.

Verfahren

- Beginnen Sie, indem Sie etwa dreißig kleine Kugeln aus Knete herstellen (Sie werden im ganzen etwa hundert Stück benötigen). Sie können sie zusammen mit dem Schüler formen. Legen Sie etwa zwölf davon auf den Tisch vor den Schüler und fragen Sie ihn: »Wie viele Kugeln sind es?«
- Achten Sie genau darauf, wie er die Kugeln trennt und zählt. Wenn es ihm schwer fällt, sollten Sie es ihm vormachen. Trennen Sie die Kugeln so, dass sie alle einzeln liegen und zählen Sie, indem Sie jede einzelne berühren. Wenn der Schüler Sie korrekt nachahmt, gehen Sie zum nächsten Schritt über.

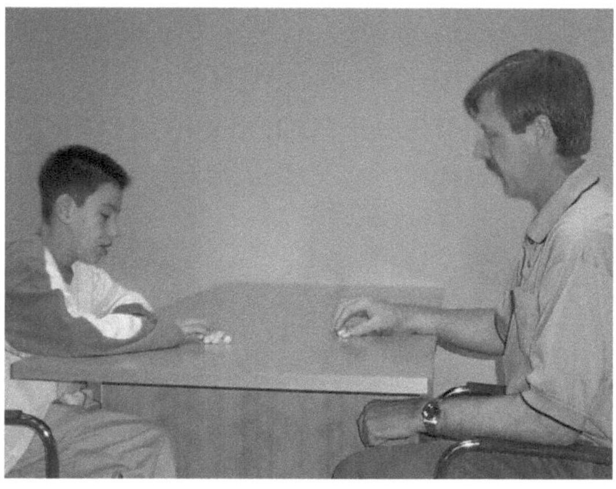

Zählen. Wenn es nötig ist, machen Sie es vor.

- Schlimmstenfalls müssen Sie ihm die Reihenfolge der Ziffern beibringen. Das tun Sie mit der Davis-Symbolbeherrschung. Bitten Sie den Schüler, eine Kugel auf den Tisch zu legen. Darunter wird die Ziffer 1 gelegt und das Wort *eins*. Führen Sie die mündlichen Schritte der Symbolbeherrschung sowohl mit der Ziffer als auch mit dem Wort durch. Dann bearbeiten Sie den Begriff 2/zwei. Vielleicht müssen Sie bis 100/hundert so weitermachen oder der Schüler versteht schon viel früher, wie es geht. Wenn er die Reihenfolge der Ziffern sicher aufsagen kann, machen Sie weiter mit dem nächsten Schritt.

Achtung: Müssen Sie Ihren Schüler zu Anfang die Reihenfolge der Ziffern lehren, kann der ganze Prozess eine Woche oder noch länger dauern. Wenn er keine Probleme mehr damit hat, die von Ihnen auf den Tisch gelegten Kugeln zu zählen, machen Sie mit der nächsten Übung weiter.

RECHENÜBUNG 2:
DEN SCHÜLER HERAUSFORDERN,
ORDNUNG ZU SCHAFFEN

Der Schüler soll Vertrauen in seine Fähigkeit haben, Ordnung schaffen zu können, obwohl Sie ihn dabei stören. Seine Fähigkeit, Ordnung zu schaffen, muss größer sein, als Ihre Fähigkeit, Unordnung zu schaffen. Das gibt ihm ein höheres Maß an Kontrolle, festigt seine Fähigkeit, Ordnung zu schaffen und unterstützt seine Motivation.

Verfahren

- Werfen Sie ihm spielerisch noch einige Kugeln zu den soeben von ihm gezählten dazu. Fragen Sie: »Wie viele sind es jetzt?«
- Während der Schüler wieder mit Zählen beginnt, werfen Sie spielerisch noch einige Kugeln zu den bereits gezählten dazu und fragen abermals: »Wie viele sind es?« Achten Sie darauf, dass alles ganz locker bleibt und der Schüler nicht zu sehr frustriert wird. Wenn er einfach wieder zu zählen beginnt, könnten Sie einige Kugeln von den schon gezählten wegnehmen und wieder fragen: »Wie viele sind es jetzt?« Wenn Ihnen der Schüler eine Antwort gibt, fordern Sie ihn heraus mit: »Bist du sicher?« und »Zähle sie noch einmal.«

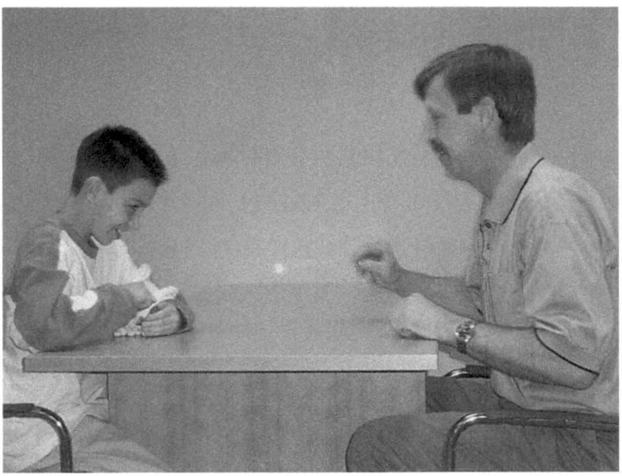

*Irgendwann wird der Schüler herausfinden, wie er Sie daran hindern kann,
die Anzahl der gezählten Kugeln zu verändern.*

- Fahren Sie fort, Kugeln hinzuzufügen und wegzunehmen, bis der Schüler merkt, dass er etwas tun muss, damit Sie ihn nicht mehr stören können. Am besten ist es, wenn der Schüler von selbst erkennt, dass er die gezählten Kugeln irgendwo hinlegen muss, wo Sie nicht eingreifen können. Wenn er sehr frustriert wirkt und offensichtlich nicht vorankommt, müssen Sie ihm vielleicht dabei helfen. Sie könnten fragen: »Wohin könntest du sie tun, damit ich nicht eingreifen kann?«

Achtung: Versuchen Sie ihn zu stören, auch nachdem er die Kugeln an eine Stelle getan hat, wo Sie nicht eingreifen können. Dass Sie es weiter erfolglos versuchen, erhöht seine emotionale Befriedigung, das Spiel gewonnen zu haben, und festigt seine Kontrollfähigkeit. Bestätigen Sie, dass er gewonnen hat, und machen Sie eine kleine Pause, ehe Sie fortfahren.

RECHENÜBUNG 3:
DIE BEGRIFFE ZUSAMMENZÄHLEN UND ABZIEHEN EINFÜHREN

Mit Hilfe dieser Übung möchten wir herausfinden, ob der Schüler sicher zusammenzählen und abziehen kann. Wir müssen ihm nicht etwas beibringen, was er bereits kann. Wenn er schon weiß, wie man zusammenzählt und abzieht, müssen wir diese Übung schnell beenden, damit ihm nicht langweilig wird. Außerdem wollen wir seine Kontrollfähigkeit erhöhen.

Verfahren

- Nehmen Sie drei Kugeln aus dem Kugelhaufen, der vor Ihnen liegt und sagen Sie zu Ihrem Schüler: »Mach mir einfach alles nach.«

- Wenn der Schüler drei Kugeln hinlegt, fragen Sie: »Wie viele Kugeln sind es?« Falls die Antwort nicht sofort kommt, sagen Sie: »Zähle die Kugeln.« Falls er Ihre mitzählt, sagen Sie: »Zähle nur deine eigenen.« Falls er seine gezählten Kugeln »beschützen« will, sagen Sie: »Das Ordnungsspiel hast du bereits gewonnen, also spiele ich es nicht mehr.«

- Machen Sie nur weiter, wenn die Antwort richtig ist. Legen Sie eine weitere Kugel zu den anderen Kugeln, die vor Ihnen liegen.

- Wenn der Schüler das Gleiche tut, fragen Sie: »Wie viele Kugeln sind es?« Zögert der Schüler, sagen Sie: »Zähle die Kugeln.«

- Fügen Sie zwei oder drei weitere Kugeln hinzu und fragen Sie, nachdem es Ihr Schüler ebenfalls getan hat: »Wie viele Kugeln sind es?« Machen Sie mit dieser Übung so lange weiter, bis der Schüler mit Gewissheit antworten kann.

- Jetzt gehen Sie anders herum durch den Prozess, indem Sie diesmal Kugeln wegnehmen und fragen: »Wie viele Kugeln sind es?« Machen Sie mit dieser Übung so lange weiter, bis der Schüler mit Gewissheit antworten kann.

- Beenden Sie diese Übung, indem Sie sagen: »Also, zusammenzählen und abziehen kannst du wirklich.« Machen Sie eine kurze Pause, bevor Sie fortfahren.

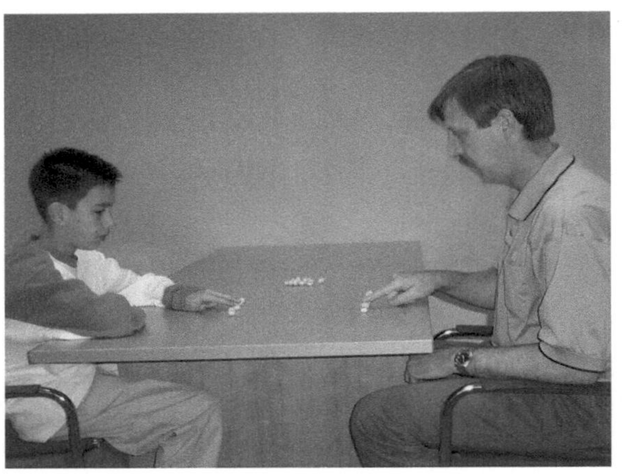

Machen Sie weiter, wenn der Schüler die Frage »Wie viele sind es?«
ohne Zögern beantworten kann.

RECHENÜBUNG 4:
DEN BEGRIFF EINFÜHREN, DASS MAN
IN GRUPPEN ZÄHLEN KANN

Mit dieser Übung wollen wir das Fundament für das Malnehmen legen, indem wir zeigen, dass es ein Zusammenzählen in Gruppen ist. Machen Sie so oft wie nötig Pausen.

Verfahren

- Legen Sie zwischen sich und den Schüler drei Reihen mit je zwei Kugeln, alle mit etwa 1,5 Zentimeter Abstand dazwischen, und fragen Sie: »Kannst du auch mit jeweils zwei Kugeln zählen?«
- Wenn er »Ja« sagt, bitten Sie ihn: »Zeige es mir.«

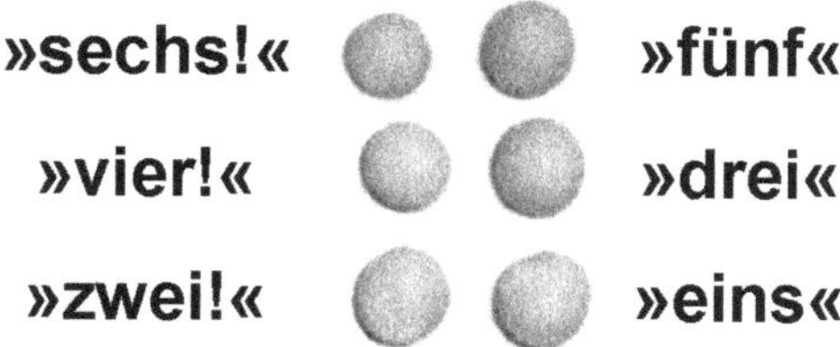

Beachten Sie, dass Sie von links nach rechts arbeiten müssen und von oben nach unten, falls Sie dem Schüler gegenüber sitzen.

- Falls er es Ihnen nicht zeigen kann, machen Sie es ihm vor. Berühren Sie die rechte Kugel der ersten Reihe und sagen mit leiser Stimme »eins«. Berühren Sie dann die linke Kugel und sagen etwas lauter »zwei«. Nun berühren Sie die rechte Kugel der mittleren Reihe und sagen leise »drei«. Berühren Sie nun die linke Kugel und sagen erneut lauter »vier«. Folgen Sie diesem Muster bei der obersten Reihe und sagen dann dem Schüler: »Jetzt machst du das, was ich eben getan habe«.

- Wenn es der Schüler richtig machen kann, fahren Sie fort.

- Fragen Sie: »Kannst du mit drei Kugeln zählen?« Falls er bejaht, sagen Sie: »Zeige es mir.« Falls er es nicht kann, machen Sie es ihm wieder vor, indem Sie mit der ersten rechten Kugel anfangen und dann nach oben gehen, anstatt zur Seite. Sobald der Schüler es richtig macht, fahren Sie mit der Übung fort.

- Verlängern Sie jede Zweierreihe um je drei Kugeln und legen Sie noch eine Reihe mit fünf Kugeln dazu. Jetzt haben Sie vier Reihen mit je fünf Kugeln. Fragen Sie: »Kannst du auch mit vier Kugeln zählen?«

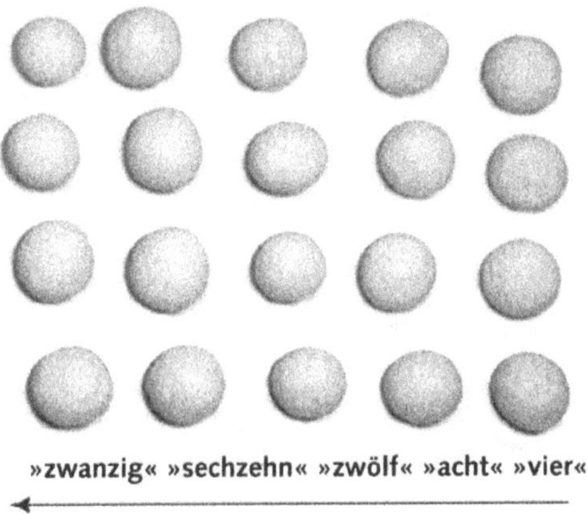

Die Zeichnungen dieser Rechenaufgaben sind alle vom Standpunkt
des Helfers aus betrachtet. Der Schüler sitzt Ihnen gegenüber.

- Fragen Sie: »Kannst du es auch, ohne die einzelnen Kugeln zu benennen?« Wenn er es kann, fahren Sie fort.

- Falls er es nicht kann, machen Sie es vor, indem Sie die rechte Kugelreihe berühren und »vier« sagen, dann eine Reihe nach links gehen und »acht« sagen. Machen Sie das mit jeder Reihe so und sagen Sie dann: »Jetzt machst du das, was ich eben getan habe.« Akzeptieren Sie es, auch wenn es der Schüler langsam macht und dabei leise die einzelnen Kugeln mitzählt. Dann fahren Sie fort.

- Fragen Sie: »Kannst du auch mit fünf Kugeln zählen?« und folgen Sie dabei dem oben beschriebenen Vorbild.

RECHENÜBUNG 5:
EINFÜHREN, DASS MAN AUCH RÜCKWÄRTS IN GRUPPEN ZÄHLEN KANN

Mit dieser Übung wollen wir das Fundament für das Teilen legen, indem wir zeigen, dass es ein Abziehen in Gruppen ist. Vergessen Sie nicht, so oft wie nötig Pausen zu machen.

Verfahren

- Fragen Sie: »Kannst du rückwärts zählen?« Wenn der Schüler bejaht, sagen Sie: »Zeige es mir. Zähle von zehn aus rückwärts.« Falls nicht, machen Sie es vor, indem Sie fünf Kugeln an die unterste Fünferreihe anlegen und diese von zehn aus rückwärts zählen. Fahren Sie erst fort, wenn es der Schüler richtig machen kann.

- Fragen Sie: »Kannst du auch mit fünf Kugeln rückwärts zählen?« Wenn der Schüler bejaht, sagen Sie: »Zeige es mir.« Zeigen Sie auf die vier Fünferreihen und sagen Sie: »Zähle diese zwanzig Kugeln in Fünferschritten rückwärts.« Falls nicht, machen Sie es vor und lassen Sie es den Schüler ebenfalls tun. Wenn es der Schüler richtig machen kann, gehen Sie weiter.

- Fragen Sie: »Kannst du auch mit vier Kugeln rückwärts zählen?« Folgen Sie dabei dem oben beschriebenen Vorbild (möglicherweise müssen Sie ein paar Kugeln entfernen, um vier Fünferreihen zu legen). Fahren Sie fort, wenn es der Schüler richtig machen kann.

RECHENÜBUNG 6:
DAS MALNEHMEN MIT EINEM FELD VON HUNDERT KUGELN EINFÜHREN

Indem er die Form eines Quadrats verwendet, und zwar mit den Mustern, die in diesem geschaffen werden können, kann ein Schüler bildhaft denken, um Mengen zu bestimmen. Hinter Malnehmen steckt tatsächlich Logik. Es besteht nicht aus auswendig Gelerntem, wie es in der Schule unterrichtet wird. Ich möchte, dass Ihr Schüler weiß, warum 9 x 9 = 81 richtig ist, und dass er es mit Gewissheit beweisen kann. Er soll es nicht nur im Gedächtnis haben.

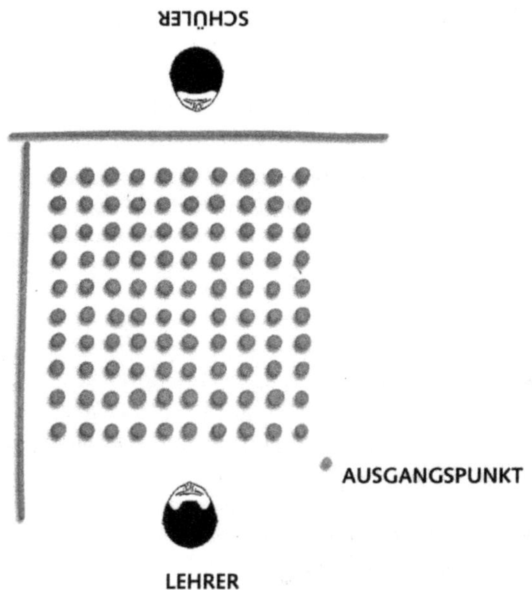

Wenn Sie etwas vormachen, wird es von Ihnen aus gesehen auf dem Kopf und rückwärts sein und für den Schüler richtig herum und vorwärts.

Verfahren

- Sagen Sie: »Wir wollen eine quadratische Form aus zehn Reihen mit jeweils zehn Kugeln legen.« Sie können Knetschlangen als Linien benutzen, damit die Reihen in beiden Richtungen gerade sind. Helfen Sie dem Schüler, wenn er Probleme damit hat, das Feld zu legen. Es sollte »einigermaßen« quadratisch sein.

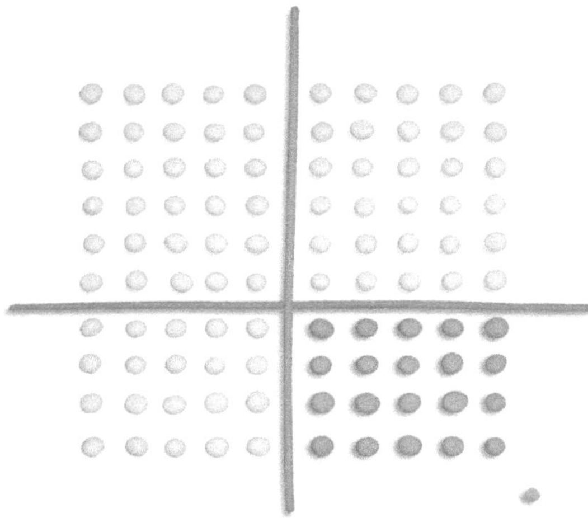

Vier mal fünf ist gleich zwanzig.

- Fragen Sie: »Wenn du die Kugeln zählen wolltest, wo würdest du dann anfangen?« Legen Sie ein kleines Stück Knete in die Nähe der von ihm genannten Ecke und sagen Sie: »Das zeigt mir nur, wo dein Ausgangspunkt ist.«

- Zählen Sie vom Ausgangspunkt vier Reihen nach oben oder nach unten und legen Sie dort eine Knetschlange quer durch das Feld. Zählen Sie dann von derselben Ecke aus fünf Reihen seitlich hinüber und legen Sie dort eine weitere Knetschlange. Zeigen Sie auf den Quadranten und fragen Sie: »Wie viele Kugeln sind es?« Wenn die Antwort nicht sofort kommt, sagen Sie: »Zähle die Kugeln.«

- Wenn der Schüler sofort antwortet oder nachdem er gezählt hat, fragen Sie: »Bist du sicher?« Falls er unsicher ist, sagen Sie: »Zähle die Kugeln noch mal.« Fragen Sie danach erneut: »Bist du sicher?«

- Wenn er behauptet, dass er ganz sicher sei, sagen Sie: »Beweise es.« Falls er fragt »Wie?«, sagen Sie: »Zähle mir die Kugeln laut vor.« Wenn er mit dem Zählen fertig ist, sagen Sie: »Du hast Recht. Es sind genau zwanzig Kugeln.«

- Gleiten Sie nach einer kurzen Pause mit der Hand über das Feld und sagen Sie: »Wenn du dir das ganze Feld anschaust, siehst du, dass es vier Teile hat.«

- Fragen Sie: »Weißt du, wie viele Kugeln im ganzen Feld sind?« Falls nicht, lassen Sie den Schüler die zehn Reihen in Zehnerschritten zählen oder machen Sie ihm dies vor.

- Wenn er antwortet »Hundert«, fragen Sie: »Woher weißt du das?« Sagen Sie, nachdem er geantwortet hat: »Beweise es, zähle laut nach, indem du in Zehnerschritten zählst.« Wenn er fertig ist, sagen Sie: »Du hast Recht, es sind genau hundert Kugeln im Feld.«

- Fragen Sie: »Wenn das ganze Feld aus hundert Kugeln besteht und in diesem Teil zwanzig sind (zeigen Sie auf den Quadranten), wie viele sind dann hier?« Gleiten Sie mit der Hand über das restliche Feld.

- Falls der Schüler es nicht weiß, sagen Sie: »Es sind achtzig und ich kann es dir beweisen.« Falls er »achtzig« antwortet, sagen Sie: »Du hast Recht und ich kann es beweisen.« Machen Sie vor, wie man den Rand eines Quadranten zählt und dann innerhalb des Quadranten mit Vielfachen zählt.

- Zählen Sie zum Beispiel von der Knetschlange aus. Sagen Sie: »In dieser Richtung sind es sechs.« Zählen Sie von der Ecke bis zur Knetschlange und sagen Sie: »In dieser Richtung sind es fünf.« Zählen Sie in Sechserschritten in die eine und in Fünferschritten in die andere Richtung. Sie kommen jedes Mal bei dreißig an. Sagen Sie: »Es sind dreißig Kugeln hier.«

- Wenn Sie die drei Quadranten ausgezählt haben, sagen Sie: »Nun brauche ich nur noch zusammenzuzählen. Hier sind dreißig und hier sind dreißig. Dreißig und dreißig macht sechzig, also sind hier sechzig Kugeln. Hier sind zwanzig Kugeln. Zwanzig und sechzig macht achtzig, also sind hier draußen achtzig Kugeln.«

- Sagen Sie: »Ich habe es bewiesen, nun beweise du, dass es stimmt.« Sprechen Sie Ihrem Schüler Ihre deutliche Anerkennung aus.

- Machen Sie eine Pause.

- Entfernen Sie die Knetschlangen aus dem Feld und sagen Sie: »Zähle vier Reihen seitlich hinüber und lege dort eine Knetschlange hin.« Sagen Sie, nachdem der Schüler damit fertig ist: »Zähle fünf (nach oben oder unten) vom Ausgangspunkt aus und lege die zweite Knetschlange quer hinüber.«

Wenn er es getan hat, fragen Sie: »Wie viele Kugeln sind es?«
und »Bist du sicher?« und dann »Beweise es mir.«

- Sagen Sie: »Zwanzig ist genau das, was wir vorher hatten; was
  ist diesmal anders?« Falls der Schüler nicht sofort erkennt,
  worin der Unterschied besteht, bitten Sie ihn aufzustehen und
  an die andere Seite des Tisches zu gehen. Von dort aus
  betrachtet sieht das Feld genauso aus wie vorher.

- Wenn er den Unterschied erkannt hat, fragen Sie ihn: »Dann
  macht es also keinen Unterschied, von welcher Seite wir kommen, wenn wir fünf und vier haben, lautet die Antwort zwanzig, stimmt das?« Achten Sie darauf, dass der Schüler mit
  Gewissheit antwortet.

- Entfernen Sie die Knetschlangen und sagen Sie: »Zähle drei
  Reihen seitlich hinüber und lege dort eine Knetschlange hin.«
  Wenn er es gemacht hat, sagen Sie: »Zähle drei Reihen (nach
  unten oder nach oben) und lege die zweite Knetschlange quer
  hinüber.« Nachdem das geschehen ist, fragen Sie: »Wie viele
  Kugeln sind es?« und »Bist du sicher?« und »Könntest du mir
  das beweisen, wenn ich dich darum bitte?« Wenn als Antwort
  ein »Ja!« kommt, das überzeugt klingt, machen Sie weiter. Falls
  nicht, sagen Sie: »Dann beweise es mir.« Fahren Sie erst fort,
  wenn er es bewiesen hat.

- Sagen Sie: »Also ist drei (zählen Sie drei Reihen - hoch oder
  herunter - bis zur Knetschlange) *mal* drei (zählen Sie drei Rei-
  hen seitlich bis zur Knetschlange) gleich neun.« Fragen Sie:
  »Stimmt das?« Die Antwort muss »Ja« lauten.
  Achtung: Sie haben dem Schüler soeben eine funktionale
  Definition für das Wort *»mal«* gegeben.

- Gleiten Sie mit der Hand über das Feld und sagen Sie: »Dann
  sind die Kugeln in diesem Feld ein *wirkliches* Einmaleins, mit

dem man wirklich malnehmen kann, und wir können das auch beweisen.« Sagen Sie: »Lege die Knetschlangen so hin, dass sie vier mal vier anzeigen.« Nachdem der Schüler das getan hat, fragen Sie: »Wie viel ist vier mal vier?« Wenn er geantwortet hat, fragen Sie: »Warum?« Falls er nicht antworten kann, geben Sie die Antwort, indem Sie sagen: »Vier mal vier ist sechzehn, weil so viele Kugeln hier (zeigen Sie auf den Quadranten) drin sind. Und wenn du es mir nicht glaubst, kannst du selbst nachzählen!«

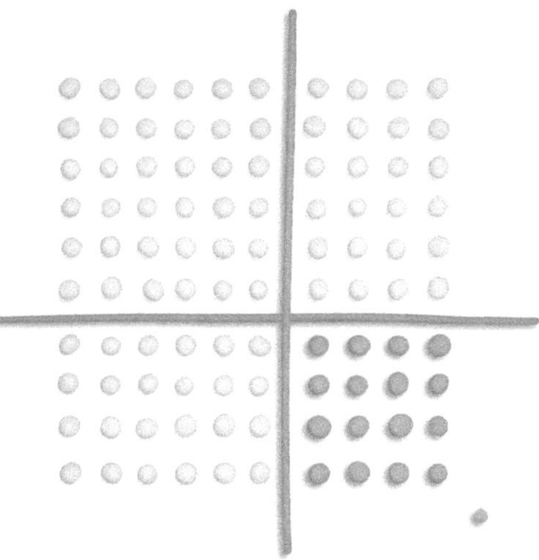

Vier mal vier ist gleich sechzehn.

- Sagen Sie: »Zeige mir fünf mal fünf.« Fragen Sie: »Wie viel ist fünf mal fünf?« und »Warum ist fünf mal fünf gleich fünfundzwanzig?«

- Gehen Sie das ganze Einmaleins durch und fragen Sie gelegentlich: »Bist du sicher?« und »Beweise es.«

Machen Sie eine längere Pause, ehe Sie fortfahren.

RECHENÜBUNG 7:
EINE FUNKTIONALE DEFINITION FÜR RECHNEN UND MATHEMATIK EINFÜHREN

Der Schüler sollte jetzt genug Erfahrung haben, um zu verstehen, was Mathematik eigentlich ist, daher ist es an der Zeit, ihm eine funktionale Definition für Rechnen und Mathematik an die Hand zu geben. Es ist unser Ziel, ihn auf das Teilen vorzubereiten, was wir dann wieder mit dem Feld der hundert Knetkugeln durchführen werden.

Verfahren

- Sagen Sie: »Zeige mir vier mal vier.« Nachdem die Knetschlangen hingelegt sind, sagen Sie: »Wenn die Form und der Aufbau des Felds so aussehen, enthält es drei verschiedene Informationen. Die erste Information ist, wie viele Kugeln *hier* sind (zählen Sie nach oben oder unten bis zur Knetschlange), nämlich vier. Die zweite ist, wie viele *hier* sind (zählen Sie seitlich bis zur Knetschlange), nämlich auch vier, und die dritte ist, wie viele *hier* sind (gleiten Sie mit der Hand über den Quadranten), nämlich sechzehn.«
- Sagen Sie: »Wenn wir zählen können und wissen, was zwei der drei Informationen sind, sind wir immer in der Lage, die dritte Information zu finden.« Fragen Sie: »Stimmt das?«

- Sagen Sie: *»Beim Rechnen geht es nur darum, die fehlende von insgesamt drei Information zu finden. Weil Rechnen das Werkzeug für die Mathematik ist, geht es in der ganzen Mathematik lediglich darum, die dritte Information zu finden.«*

- Sagen Sie: »Diese Aussage ist sehr einfach, aber sie ist wahr. Ganz gleich, was wir rechnen, wir müssen dabei immer nur die dritte Information finden. Wenn wir zusammenzählen, haben wir als erste Information zum Beispiel zwei Kugeln und als zweite Information drei weitere Kugeln, die wir den ersten beiden Kugeln hinzufügen wollen. Die dritte Information ist also fünf. Wir können entweder zählen, um die Antwort zu finden, oder mit der Zeit erinnern wir uns einfach an die richtige Antwort. Abziehen ist der gleiche Vorgang, nur anders herum. Als erste Information haben wir zum Beispiel zehn Kugeln und die zweite Information ist, dass jemand drei Kugeln davon weggenommen hat. Die dritte Information ist demnach, wie viele Kugeln übrig bleiben, nämlich sieben. Die Antwort lautet ›sieben‹, weil das die fehlende von insgesamt drei Informationen ist. Wir haben gerade eben malgenommen und auch dabei nur die dritte Information herausgefunden. Jede Antwort, die du mir gegeben hast, war nichts anderes als die dritte Information. Ist dir das klar?« Vergewissern Sie sich, ob der Schüler dieses Prinzip auch wirklich versteht.

- Zeigen Sie auf den Quadranten und fragen Sie: »Wenn wir diese Information haben (gleiten Sie mit dem Finger an der Kante entlang) und diese Information (gleiten Sie mit dem Finger unten entlang), was ist dann die dritte Information?« Wenn der Schüler »sechzehn« antwortet, sagen Sie: »Das ist die richtige Antwort für dieses Beispiel, weil hier wirklich sechzehn Kugeln sind. Die dritte Information ist, wie viele

Kugeln hier sind (gleiten Sie mit der Hand über den Quadranten).«

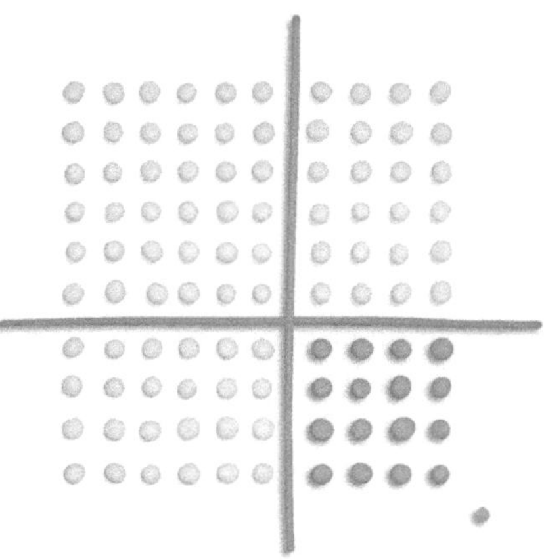

- Fragen Sie: »Wenn wir aber diese Information (gleiten Sie mit der Hand über den Quadranten) und diese Information (gleiten Sie mit dem Finger an der Kante entlang) hätten, was wäre dann die fehlende dritte Information?« Der Schüler sollte jetzt mit dem Finger an der anderen Kante entlangfahren. Sagen Sie: »Ganz richtig. Und wie viele Kugeln sind dort?« Der Schüler sollte »vier« antworten. Sagen Sie: »Vollkommen richtig. Und das, was du gerade getan hast, wird Teilen genannt.« Jetzt machen Sie erst einmal eine ordentliche Pause, ehe es weitergeht.

RECHENÜBUNG 8:
EIN FELD VON HUNDERT KUGELN VERWENDEN, UM DAS TEILEN ZU UNTERSUCHEN

Anhand dieser Übung soll der Schüler erkennen, dass das Teilen einfach ein Abziehen in Gruppen ist. Er soll beim Teilen in realen Mengen denken können. Außerdem wollen wir ihn darauf vorbereiten, in Mengen zu denken, die kleiner als eins sind.

Verfahren

- Entfernen Sie die Knetschlangen und sagen Sie: »Zähle sieben Reihen seitlich hinüber und lege dort eine Knetschlange hin.« Zeigen Sie auf die obere linke Ecke (vom Schüler aus) und sagen Sie: »Fange bitte hier an und zähle bis einundzwanzig. Zähle bis zur Knetschlange und mache dann in der nächsten Reihe weiter. Zähle wieder bis zur Knetschlange und mache erneut in der nächsten Reihe weiter, bis du bei einundzwanzig angelangt bist, und leg dort die andere Knetschlange quer hinüber.« Nachdem er das getan hat, fragen Sie den Schüler: »Welche beiden Informationen hast du?« Der Schüler sollte auf die einundzwanzig Kugeln im Quadranten und auf die sieben Reihen hinweisen. Fragen Sie: »Wo ist die dritte Information?« Der Schüler sollte nun mit dem Finger an der Seite entlang herunterfahren. Fragen Sie: »Wie lautet die dritte Information?«, und der Schüler sollte antworten: »Drei.« Sagen Sie: »Damit hast du gerade einundzwanzig durch sieben geteilt.« Fragen Sie: »Siehst du, wie einfach es ist?« Achten Sie darauf, dass seine Antwort Gewissheit zeigt.
- Sagen Sie: »Kannst du mir mit den Kugeln, mit denen du eben

gerechnet hast, auch zeigen, wo einundzwanzig geteilt durch drei ist?« Der Schüler sollte nun mit dem Finger an der Oberkante entlangfahren. Fragen Sie: »Wie viel ist also einundzwanzig geteilt durch drei?« Der Schüler sollte ohne zu zögern »sieben« antworten.

- Fragen Sie: »Kannst du mir zeigen, wie viel zwanzig geteilt durch fünf ist?« Wenn er mit »Ja« antwortet, sagen Sie: »Zeige es mir.« Falls er es nicht kann, gehen Sie mit ihm die einzelnen Schritte wie oben geschildert durch.

- Fahren Sie auf diese Weise mit dem Teilen fort und achten Sie darauf, dass Sie nur mit ganzen Zahlen arbeiten.

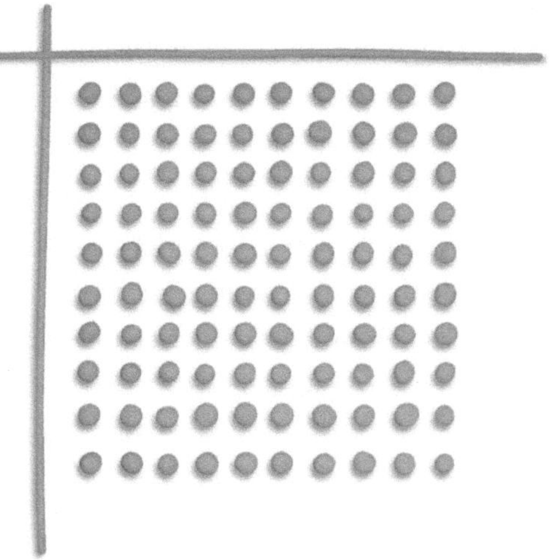

Hundert geteilt durch zehn ist gleich zehn.

- Sagen Sie, wenn der Schüler sicher im Teilen geworden ist: »Nun machen wir die größte mögliche Teilung auf diesem Feld. Zeige mir, wie viel hundert geteilt durch zehn ist.«

Machen Sie eine Pause.

RECHENÜBUNG 9:
DEN BEGRIFF VON EINER MENGE KLEINER ALS EINS FÜHREN

Diese Übung können wir als eine Impfung gegen die »Bruchrechnen-ist-schrecklich-Krankheit« betrachten. Mengen, die kleiner als eins sind, gehören zur Realität und können daher leicht bildhaft vorgestellt und wie wirkliche Gegenstände manipuliert werden. Ich glaube deshalb, dass sich die meisten Kinder bereits im Alter von fünf Jahren die Menge »ein halb« (1/2) vorstellen können. Wenn sie aber in der Schule mit Brüchen konfrontiert werden, verschwindet plötzlich ihr Denkvermögen. Ich möchte, dass der Schüler problemlos in Mengen denken kann, die kleiner als eins sind. Darüber hinaus möchte ich dem Schüler ein Fundament für die Idee an die Hand geben, dass für das Rechnen der Gebrauch von Ziffern sinnvoll ist. Er soll das »ist gleich« kennen lernen und der Weg soll dafür geebnet werden, dass er den Stellenwert im Ziffernsystem versteht.

Verfahren

- Entfernen Sie die Knetschlangen aus dem Feld und sagen Sie: »Zeige mir achtzehn geteilt durch vier.« Der Schüler sollte vier Reihen seitlich hinüber zählen und dort die Knetschlange hinlegen. Wenn er die Reihen hinunter bis achtzehn abzählt, braucht er vier ganze Reihen und nur die Hälfte der fünften Reihe. Lassen Sie den Schüler in die andere Knetschlange eine S-Kurve machen, damit sie alle gezählten Kugeln umfasst. Fragen Sie: »Wie lautet die Antwort?«

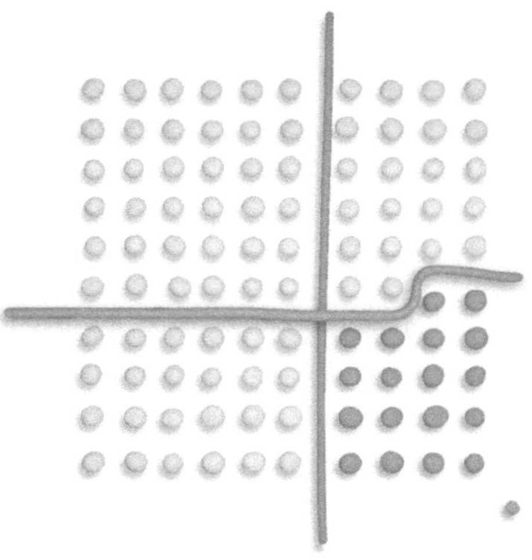

Achtzehn geteilt durch vier ist gleich viereinhalb.

• Ihre weitere Vorgehensweise hängt jetzt davon ab, was der Schüler antwortet. Wenn seine Antwort richtig ist, nämlich »viereinhalb«, fragen Sie: »Wie viel wäre es, wenn ich sagen würde, neunzehn durch vier? Zeige es mir, indem du die Knetschlange anders hinlegst.« Nachdem er das getan hat, fragen Sie: »Und wie lautet nun die Antwort?« Wenn er richtig antwortet, soll er Ihnen siebzehn geteilt durch vier legen und

Ihnen das Ergebnis sagen. Stimmt seine Antwort, soll er Ihnen dreiunddreißig geteilt durch acht legen und sagen, wie viel es ist. Gibt er erneut die richtige Antwort, sagen Sie: »Lass uns nun mit Brüchen weitermachen.« (Überspringen Sie in diesem Fall den nächsten Schritt.)

- Falls der Schüler die Frage, wie viel achtzehn geteilt durch vier ist, nicht mit Gewissheit beantworten konnte, sollten Sie ihm erklären, was kleiner als eins bedeutet.

- Sagen Sie: »Wenn du an dieser Seite nach unten zählst, dann zählst du die Anzahl der Reihen. Wir haben vier ganze Reihen, aber diese Reihe hier (zeigen Sie darauf) ist nicht vollständig. Es ist keine ganze Reihe, also kann es auch keine ganze Zahl sein, sondern nur ein Teil einer Zahl. Damit es eine ganze Zahl sein kann, muss die Reihe vier Kugeln enthalten, in dieser sind aber nur zwei. Die Antwort könnte also sein: ›Vier volle Reihen und nur zwei der vier Kugeln der fünften Reihe.‹ Diese Antwort wäre richtig, aber wir können noch einfacher antworten, indem wir sagen: ›Vier und zwei von vier‹ Noch einfacher ist die Antwort, wenn wir sagen: ›Viereinhalb‹«. Fragen Sie: »Verstehst du, was mit ein halb gemeint ist?« Egal, wie er antwortet, sagen Sie: »Brüche zeigen, um wie viel kleiner etwas ist als das Ganze. Lass uns also nun mit Brüchen weitermachen.«

- Gehen Sie an eine andere Stelle am Tisch, damit das Feld nicht mehr zwischen Ihnen und dem Schüler liegt. Formen Sie aus Knete eine Scheibe, die etwa einen halben Zentimeter dick ist und einen Durchmesser von etwa fünf Zentimeter hat, und legen Sie diese vor den Schüler. Geben Sie ihm das Messer und sagen Sie: »Schneide die Scheibe in der Mitte durch.«

- Dann legen Sie die eine Hälfte auf die andere. Wenn sie gleich groß sind, sagen Sie: »Sie sind gleich, weil die eine Hälfte genauso groß ist wie die andere. Ist gleich bedeutet genauso groß.« Legen Sie die Hälften wieder nebeneinander und gehen Sie zum nächsten Schritt über.

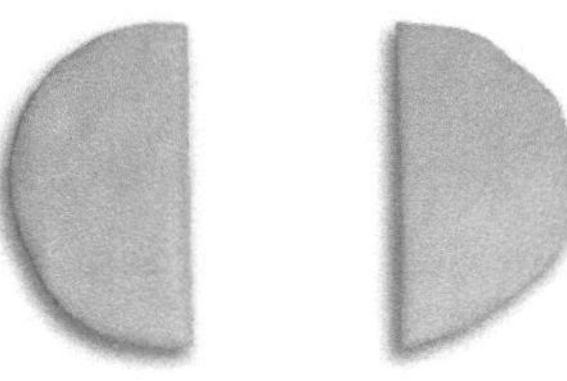

Der Begriff von der Hälfte.

- Falls die Teile nicht einigermaßen gleich sind, sagen Sie: »Es sieht aus, als hättest du die Scheibe nicht ganz in der Mitte getroffen. Damit jedes Stück eine Hälfte ist, muss das eine genauso groß wie das andere sein, sie müssen gleich sein. Gleich sein bedeutet, genauso zu sein wie das andere.« Fügen Sie die beiden Stücke wieder zusammen und lassen Sie den Schüler die Scheibe noch einmal in der Mitte durchschneiden. Legen Sie danach die beiden Hälften aufeinander. Fragen Sie: »Sind die beiden Hälften gleich?« Wiederholen Sie den Vorgang falls nötig.
- Legen Sie die beiden Knetstücke so hin, dass sie einander berühren und sagen Sie: »Schneide beide Hälften noch einmal durch, damit es vier gleiche Stücke sind.« Wenn der Schüler fertig ist, nehmen Sie ein Stück in die Hand und fragen: »Wie wird dieses Stück genannt?« Wenn der Schüler antwortet »Ein

Viertel«, sagen Sie: »Richtig.« Fragen Sie: »Warum ist es ein Viertel?« Die Antwort muss lauten: »Weil es ein Stück von insgesamt vier Stücken ist«. Wenn der Schüler nicht weiß, wie das Stück heißt oder warum es so genannt wird, können Sie es ihm erklären, und dann soll er es Ihnen erklären.

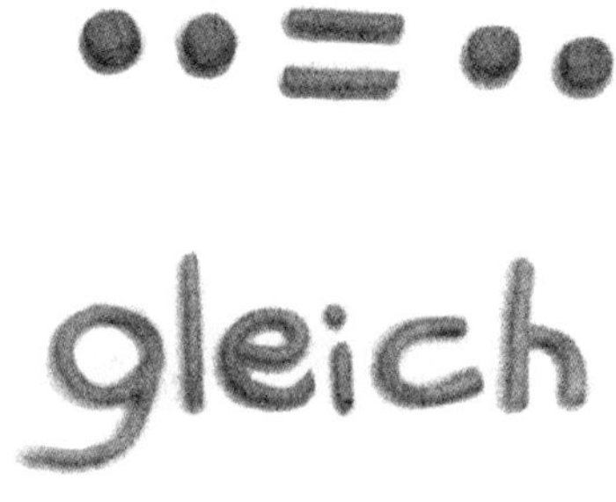

Das Wort gleich mit Knete dargestellt.

- Wiederholen Sie den gleichen Vorgang mit Achteln und Sechzehnteln.
- Beenden Sie die Übung mit Dritteln.

RECHENÜBUNG 10:
EINFÜHRUNG IN DIE SYMBOLE FÜR SCHRIFTLICHES RECHNEN

Der Schüler soll die Symbole einer Gleichung kennenlernen und benennen können, für welche Art von Gleichung sie stehen. Ich möchte an dieser Stelle erklären, wie man Gleichungen löst, die aus wirklichen Zahlen bestehen, damit ich anschließend die Ziffern vorstellen kann.

Verfahren

- Formen Sie aus Knetmasse ein Gleichheitszeichen (=) und fragen Sie den Schüler: »Weißt du, was das ist?« Wenn die Antwort richtig ist, sagen Sie: »Zeige es mir.« Wenn er mit der Antwort zögert, erklären Sie es ihm und machen es vor. Dann bitten Sie den Schüler, es Ihnen zu erklären und vorzumachen.

- Lassen Sie den Schüler das Wort *gleich* aus Knetmasse formen und die einzelnen Schritte der Symbolbeherrschung damit durchgehen.

- Formen Sie ein Pluszeichen (+) und fragen Sie: »Kennst du dieses Zeichen?« Wenn die Antwort richtig ist, sagen Sie: »Zeige es mir!« Wenn er mit der Antwort zögert, erklären Sie es ihm und machen es vor. Dann bitten Sie den Schüler, es Ihnen zu erklären und vorzumachen. Führen Sie die Schritte der Symbolbeherrschung aus Kapitell 15 mit den Wörtern *plus* und *zusammenzählen* durch.

- Folgen Sie dem oben beschriebenen Vorbild mit dem Minuszeichen (-). Gehen Sie die einzelnen Schritte der Symbolbeherrschung durch, indem Sie die Wörter *abziehen* und *minus* verwenden.

- Nun sollten Sie die Reihenfolge und die Richtung in einer Gleichung erklären und vormachen. Wenn Sie dem Schüler gegenübersitzen, denken Sie bitte daran, dass dabei, von Ihnen aus gesehen, alles verkehrt herum sein wird.

- Zeigen Sie auf das Gleichheitszeichen und sagen Sie: »Es ist egal, in welche Richtung man von diesem Zeichen aus geht, weil diese Seite gleich dieser Seite ist.«

- Zeigen Sie auf das Pluszeichen und sagen Sie: »Dieses Zeichen sagt dir, was du tun musst, aber es gibt keine festgelegte Richtung oder Reihenfolge, denn es ist egal, in welche Richtung du gehst.«

- Zeigen Sie auf das Minuszeichen und sagen Sie: »Aber dieses Zeichen sagt dir nicht nur, was du tun, sondern auch in welche Richtung du gehen musst.« Zeigen Sie darauf und erklären Sie: »Dieses Zeichen sagt, dass du so viele von so vielen abziehen musst, um so viele zu erhalten.« Sagen Sie: »Wenn du in die andere Richtung gehst, erhältst du eine andere Antwort. Genauer gesagt, wenn du in die falsche Richtung gehst, erhältst du ein Loch im Raum, und auf Löcher im Raum sind wir noch nicht vorbereitet.«

- Sagen Sie: »Wenn wir dies hier machen (gleiten Sie mit der Hand über die Gleichung), nennen wir es eine *Gleichung*. Damit machen wir das, was wir denken, sichtbar. In unserem Denken wissen wir, was wir mit was machen, aber um das mitteilen zu können, müssen wir zeigen, was wir denken. Wir müssen die Richtung angeben, in die wir gehen.«

- Sagen Sie: »Wenn wir eine Gleichung aufstellen, sei es mit dem Bleistift oder mit Knete, sagen wir, dass wir so viel haben (zeigen Sie darauf) und damit diese Veränderung mit so viel vornehmen wollen. Die erste Information ist, wie viel wir haben. Das Zeichen sagt uns, wie wir diese Menge verändern werden, und die zweite Information sagt, mit wie viel wir diese Menge verändern wollen. Natürlich ist die Antwort immer die dritte Information. Bei einer Gleichung gehen wir stets Schritt für Schritt in diese (zeigen Sie darauf) Richtung.«

- Lassen Sie den Schüler die Richtung erklären und vormachen.

Eine Plusaufgabe und ihre Lösung.

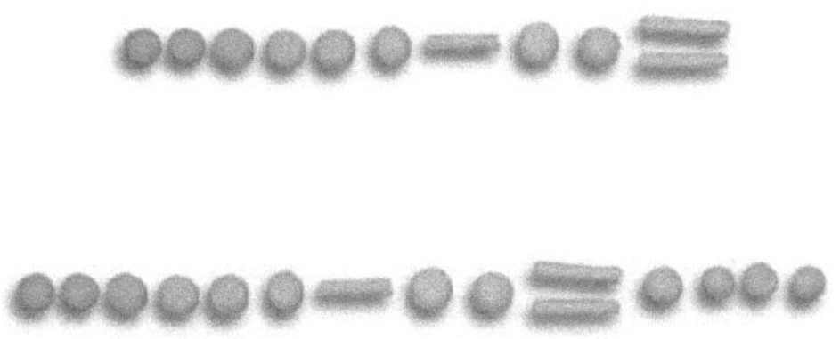

Eine Minusaufgabe und ihre Lösung.

- Folgen Sie dem oben beschriebenen Vorbild für das Malnehmen. Benutzen Sie für die Symbolbeherrschung die Wörter *malnehmen* und *mal*.
- Folgen Sie dem oben beschriebenen Vorbild für das Teilen. Benutzen Sie für die Symbolbeherrschung die Wörter *teilen* und *geteilt durch*. Achten Sie darauf, hierbei ebenfalls die Richtung klar zu machen.
- Spielen Sie mit den unterschiedlichen arithmetischen Symbo-

len, indem Sie Gleichungen aufstellen und der Schüler sie löst. *Beispiel:* Legen Sie sechs Kugeln, ein Pluszeichen, zwei Kugeln und ein Gleichheitszeichen vor den Schüler auf den Tisch und fragen ihn: »Wie viel ist das?« Wenn er es Ihnen gezeigt hat, vertauschen Sie das Plus- mit dem Minuszeichen. Ersetzen Sie nach der richtigen Antwort das Minuszeichen mit dem Zeichen für das Malnehmen und danach mit dem Zeichen für das Teilen.

- Wenn der Schüler das Spiel jedes Mal gewinnt, sagen Sie: »Also, Rechnen mit echten Zahlen kannst du jetzt richtig gut, aber was wäre, wenn wir eine ganz große Aufgabe hätten, zum Beispiel die Anzahl Tage, die du schon gelebt hast, mal drei. Obwohl du die Aufgabe wahrscheinlich in einigen Minuten so durchdenken könntest wie bisher, würdest du den Rest des Tages damit verbringen, kleine Kugeln zu formen, um zu zeigen, wie die Gleichung aussieht. Und morgen müsstest du den ganzen Tag lang Kugeln formen, um die Antwort zu zeigen. Du könntest natürlich auch einfach einen Stift nehmen, dann dauert es wieder nur wenige Minuten.«

- Fragen Sie: »Bist du bereit, mit einem Stift zu rechnen?« Wenn der Schüler mit »Ja« antwortet, gehen Sie weiter zur nächsten Übung.

- Falls er »Nein« sagt, fragen Sie: »Was fehlt dir noch, um bereit dafür zu sein?« Geben Sie ihm das, was er für nötig hält.

RECHENÜBUNG 11:
DIE ZIFFERN, DEN BEGRIFF »NULL« UND DEN STELLENWERT EINFÜHREN

Der Schüler kann nun mit wirklichen Mengen zusammenzählen, abziehen, malnehmen und teilen. Der nächste logische Schritt ist es, diese Vorgänge auch symbolisch durchführen zu lernen.

Verfahren

- Sagen Sie: »Bevor wir mit dem Stift rechnen können, müssen wir noch einen weiteren Schritt machen.«
- Formen Sie aus Knete eine Ziffer 2 und fragen Sie: »Weißt du, was das ist?« Wenn der Schüler »zwei« oder »Die Zahl Zwei« antwortet, sagen Sie: »Nein, das ist die *Ziffer* 2.« Legen Sie zwei Kugeln vor den Schüler hin. Legen Sie die Ziffer vom Schüler aus über die beiden Kugeln und sagen Sie: »Die Ziffer 2 ist das Symbol, das für die Zahl Zwei steht.« Zeigen Sie auf die zwei Kugeln und sagen: »Die Zahl und die Ziffer haben den gleichen Namen. Die Ziffer ist lediglich ein Symbol, das für die Zahl steht.«
- Fragen Sie: »Ergibt das Sinn für dich?« Wenn ja, machen Sie weiter, falls nein, erklären Sie es ihm noch einmal.
- Lassen Sie den Schüler die Ziffern von 1 bis 10 formen und der Reihe nach auf den Tisch legen. Zeigen Sie auf die Ziffer 1 und sagen Sie: »Für wie viel steht diese Ziffer?« Wenn der Schüler geantwortet hat, sagen Sie: »Zeige mir die Zahl«, und lassen ihn eine Kugel unter die Ziffer legen.
- Wiederholen Sie den gleichen Vorgang mit den Ziffern 2, 3, 4 und 5. Fragen Sie: »Kannst du das für alle Ziffern bis 100

tun?« Wenn ja, fahren Sie fort. Falls nein, lassen Sie ihn so lange weiter Kugeln legen, bis die Antwort »Ja« lautet, bevor Sie weitermachen.

- Zeigen Sie als Nächstes auf eine Stelle auf dem Tisch, wo keine Knete liegt, und fragen Sie: »Wie viele Kugeln sind hier?« Wenn der Schüler geantwortet hat, fragen Sie: »Kennst du die Ziffer für null?« Falls nein, machen Sie es ihm vor. Lassen Sie den Schüler eine 0 formen und vor die Ziffer 1 legen.

- Sagen Sie: »Die Null ist sehr wichtig, denn ohne sie können wir nicht mit dem Stift rechnen. Die Null symbolisiert, dass nichts da ist, und das ist eine sehr wichtige Vorstellung.«

- Zeigen Sie auf die Ziffer 10 und sagen Sie: »Zeige mir die Zahl Zehn.« Lassen Sie den Schüler zehn Kugeln unter die Ziffer legen.

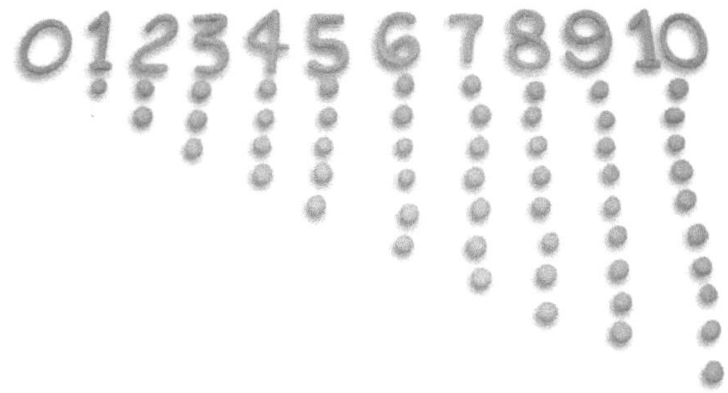

- Sagen Sie: »Zeige mir die 11.« Lassen Sie den Schüler die Ziffer formen und elf Kugeln unter sie legen. Zeigen Sie auf die Ziffer 11 und sagen Sie: »Du siehst, dass die Ziffer 11 aus zwei mal der Ziffer 1 besteht. Dafür gibt es einen Grund. Wir benutzen ein Rechensystem, das von nichts bis neun geht und dann wieder von nichts bis neun und dann wieder von nichts bis neun. Das wiederholt sich so lange, bis wir alle Zahlen haben, die möglich sind. Dieses System heißt Zehnersystem, weil es jeweils bei zehn wieder von vorne anfängt.«

- Gehen Sie zu einer freien Stelle am Tisch und sagen Sie: »Erinnere dich an den Begriff der *Ordnung*. Alles ist am richtigen Platz, in der richtigen Lage und im richtigen Zustand. Um mit einem Bleistift rechnen zu können, müssen wir eine weitere Ordnung herstellen. Sie heißt *Stellenwert*. In dieser neuen Ordnung müssen wir zeigen, dass sich die Reihenfolge wiederholt.«

- Legen Sie eine Ziffer 1 auf den Tisch und sagen Sie: »Zeige mir, wie viele Kugeln das sind.«

- Nachdem der Schüler das getan hat, legen Sie noch eine Ziffer 1 links neben die vorige und sagen: »Wie viele sind es jetzt?«

- Wenn der Schüler eine Kugel unter die neue 1 legt, zeigen Sie auf die zwei Kugeln und fragen: »Wie viel sind das?« Die Antwort lautet zwei. Zeigen Sie auf die 11 und fragen Sie: »Wie heißt diese Ziffer?« Die Antwort lautet: »Elf«.

- Sagen Sie: »Die Ziffer und die Zahl stimmen nicht überein, und damit sie übereinstimmen, müssen wir eine andere, eine neue Ordnung bestimmen. In unserer neuen Ordnung (zeigen Sie dabei auf die Zehnerstelle) ist dies der Platz für Zehner. Wenn hier die Ziffer 1 ist, muss hier die Zahl zehn sein.«

- Sagen Sie: »Lege hier zehn Kugeln hin« (zeigen Sie dabei auf die einzelne Kugel an der Zehnerstelle). Wenn das geschehen ist, fragen Sie erneut: »Wie viele sind das?« Die Antwort lautet: »Elf«.

- Entfernen Sie die Ziffer 1 von der Einerstelle und ersetzen Sie sie durch eine Null. Sagen Sie: »Zeige und sage mir, wie viele Kugeln das sind.«

- Nachdem der Schüler das gemacht hat, ersetzen Sie die Null durch eine Ziffer 2. Sagen Sie: »Zeige und sage mir, wie viele Kugeln das sind.« (12)
- Entfernen Sie die Ziffer 1 von der Zehnerstelle und ersetzen Sie sie durch eine Ziffer 2. Sagen Sie: »Zeige und sage mir, wie viele Kugeln das sind.« (22)
- Entfernen Sie alles, was Sie bis eben geformt haben. Nehmen Sie einen kleinen Tupfer Knete, drücken ihn auf die Tischplatte und sagen: »Das ist der Ausgangspunkt.«
- Legen Sie die Ziffer 1 links neben den Knet-Tupfer (vom Schüler aus gesehen) und sagen Sie: »Zeige mir, wie viele das sind.« (1)
- Sagen Sie: »Zähle von null bis neun.« Zeigen Sie danach auf die Einerstelle und sagen Sie: »Hier gehören sie hin.«
- Legen Sie eine Ziffer 1 links neben die Einerstelle und sagen Sie: »Zeige mir, wie viele es sind.« (11)
  Achtung: Der Schüler muss lediglich eine einzelne Knetkugel unter jede Ziffer legen.
- Sagen Sie: »Zähle in Zehnerschritten von zehn bis neunzig.« Zeigen Sie danach auf die Zehnerstelle und sagen Sie: »An diese Stelle gehören die Zehner.«
- Legen Sie eine Ziffer 1 links neben die Zehnerstelle und sagen Sie: »Zeige mir, wie viele es sind.« (111)
  Achtung: Der Schüler muss lediglich eine einzelne Knetkugel unter jede Ziffer legen.
- Sagen Sie: »Zähle in Hunderterschritten von hundert bis neunhundert.« Zeigen Sie danach auf die Hunderterstelle und sagen Sie: »An diese Stelle gehören die Hunderter.«
- Bitten Sie den Schüler, Ihnen alles zu erklären. Wenn er Gewissheit hat, machen Sie weiter.

- Sagen Sie: »Es fehlt noch ein letztes Teilchen, bevor wir uns einen Stift holen. Es geht um die Idee, weniger als eins zu haben und wo das seinen Platz in der neuen Ordnung hat.«

- Zeigen Sie auf die Einerstelle und sagen Sie: »Es ist weniger als das, was hier steht. Deshalb müssen wir in diese Richtung gehen (gleiten Sie mit der Hand nach rechts). Legen Sie eine Ziffer 1 rechts von dem Knet-Tupfer hin und sagen Sie: »Hier gehört es hin, aber ist das eine Einerstelle oder eine Zehnerstelle?«

- Zeigen Sie auf die Einerstelle und sagen Sie: »Dies ist die Einerstelle, und das kleinste Ganze, das wir haben können, ist die Eins. Wenn hier die Ziffer Neun steht und wir eine Eins hinzuzählen, erhalten wir zehn (zeigen Sie dabei auf die Zehnerstelle), und dann geht es hierhin.«

Dezimalzahlen einführen.

- Zeigen Sie auf die Zehntelstelle und sagen Sie: »Dies muss also der Platz für die Zehntel sein, weil der erste Teilungsschritt etwas in zwei Stücke zerteilt und wir keine Stelle für Zweier haben. Wenn du etwas in zehn Stücke zerschneidest und diese zehn Stücke dann wieder zusammenfügst, wirst du immer nur eines haben.«

- Bitten Sie den Schüler, es Ihnen zu erklären. Wenn er fertig ist, fahren Sie fort.

- Machen Sie einen Platz auf dem Tisch frei und rollen Sie einige Knetschnüre. Sagen Sie: »Nun stellen wir die Ordnung her, die wir brauchen, um mit dem Stift rechnen zu können.«

- Legen Sie drei Kugeln, ein Pluszeichen, zwei weitere Kugeln, ein Gleichheitszeichen und fünf Kugeln in eine Reihe. Sagen Sie: »Zeige es mir mit Ziffern.« Lassen Sie den Schüler die Ziffern links neben Ihre Gleichung hinlegen. Anschließend machen Sie weiter.

- Legen Sie drei Kugeln in eine Reihe, darunter (vom Schüler aus gesehen) eine Reihe mit zwei Kugeln und links davor ein Pluszeichen. Legen Sie darunter dann eine Knetschnur und unter diese eine Reihe mit fünf Kugeln.

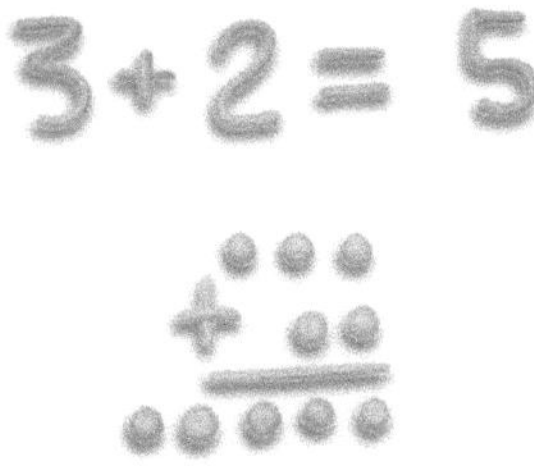

Mathematische Aufzeichnung, sowohl mit Knetkugeln als auch mit Ziffern.

- Zeigen Sie auf die drei Kugeln und sagen Sie: »Damit fangen wir an.«

- Zeigen Sie auf das Pluszeichen und sagen Sie: »Das Pluszeichen zeigt an, wie wir es verändern wollen.«

- Zeigen Sie auf die zwei Kugeln und sagen Sie: »Damit wollen wir es verändern.«
- Zeigen Sie auf die Knetschnur und sagen Sie: »Diese Schnur bedeutet ›gleich‹ «.
- Zeigen Sie auf die fünf Kugeln und sagen Sie: »Das ist die dritte Information, das ist die Antwort.«
- Zeigen Sie auf die einzelnen Teile, während Sie sagen: »Das, auf diese Weise verändert mit dem, wird das.«
- Benutzen Sie das gleiche Modell für das Abziehen.
- Für das Malnehmen, legen Sie drei Kugeln nebeneinander. Rechts daneben (vom Schüler aus gesehen) legen Sie das Zeichen für das Malnehmen. Dann legen Sie zwei Knetkugeln rechts neben das Zeichen und unter die ganze Reihe (vom Schüler aus gesehen) eine Knetschnur. Unter die Schnur legen Sie sechs Knetkugeln. Führen Sie den Schüler wie vorher durch den Prozess.
- Für das Teilen legen Sie sechs Knetkugeln auf den Tisch, rechts daneben (vom Schüler aus gesehen) das Teilungszeichen, dann zwei Knetkugeln, als Nächstes das Gleichheitszeichen und zuletzt drei Knetkugeln. Führen Sie den Schüler wie vorher durch den Prozess.
- Danach soll der Schüler es Ihnen erklären.

Machen Sie eine ordentliche Pause, bevor Sie fortfahren.

RECHENÜBUNG 12:
DER SCHÜLER LERNT, MIT DEM STIFT ZU RECHNEN

Der Schüler muss noch lernen, zu übertragen, auszuleihen und die richtige Dezimalstelle zu finden. Wir wollen dem Schüler die letzte Vorbereitung dafür geben, dass er in den Rechenunterricht gehen kann, zu einem Lehrer, der in Worten denkt, und dort alles richtig verstehen und mitmachen kann.

Verfahren

Zusammenzählen

* Holen Sie ein Blatt Papier und den Stift hervor und legen Sie beides vor den Schüler auf den Tisch.

* Sagen Sie: »Zähle 3 und 7 zusammen.« Machen Sie weiter, wenn er es kann.

* Sagen Sie: »Zähle 3 und 17 zusammen.« Fragen Sie den Schüler, während er die Antwort aufschreibt: »Hast du die Ziffer 1 der 10 an die Zehnerstelle übertragen?«
  Achtung: Ihr Schüler kennt die Antwort, weil er zählen kann.

* Wenn der Schüler Ihre Frage nicht versteht, gehen Sie mit ihm die einzelnen Schritte des Zusammenzählens durch.

* Sagen Sie: » 7 plus 3 ist 10. Die Ziffer Null geht an die Einerstelle und die Ziffer 1 rückt an die Zehnerstelle. Schreibe also die Ziffer 1 über die Ziffer 1 von 17. Zähle nun beide zusammen und du erhältst zwei.«

* Erklären Sie den Rechenvorgang so lange, bis der Schüler ihn versteht. Bitten Sie den Schüler daraufhin, Ihnen den Rechenvorgang zu erklären.

* Sagen Sie: »Zeige mir 13 + 27.« Machen Sie weiter, wenn die

Antwort stimmt.

- Sagen Sie: »Zeige mir 44 + 66.« Achten Sie darauf, ob der Schüler eine Ziffer 1 von der Einerstelle an die Zehnerstelle überträgt und eine Ziffer 1 von der Zehnerstelle an die Hunderterstelle überträgt. Üben Sie den Rechenvorgang so lange, bis der Schüler das Übertragen sicher beherrscht.
- Sagen Sie: »Zeige mir 3,5 + 5,125 (drei Komma fünf plus fünf Komma eins zwei fünf).« Beobachten Sie, wie der Schüler die Aufgabe aufschreibt.

$$\begin{array}{r} 3{,}5 \\ 5{,}125 \\ \hline 8{,}625 \end{array}$$

So soll die Aufgabe auf dem Papier aussehen.

- Falls er sie nicht richtig aufgeschrieben hat, warten Sie, bis er antwortet und sagen dann: »Du hast richtig zusammengezählt, aber die Stelle in der Ordnung der Ziffern ist falsch, und daher stimmt die Antwort nicht. Wenn du die Aufgabe mit dem Stift aufschreibst, musst du zuerst einmal die richtige Ordnung herstellen. Zu dieser Ordnung gehört, dass die Ziffern der Einerstelle untereinander geschrieben werden. Man kann sich leicht merken, dass die Kommas immer genau untereinander stehen müssen.«

- Sagen Sie: »Zeige mir 3,5 + 5,125 in der richtigen Ordnung geschrieben.« Wenn der Schüler es nicht richtig macht, zeigen Sie es ihm noch einmal.

- Wenn er die Ziffern richtig untereinander geschrieben hat, fragen Sie ihn nach der Antwort. Machen Sie weiter, wenn die Antwort stimmt.

- Üben Sie das Zusammenzählen mit Dezimalbrüchen so lange, bis der Schüler es beherrscht.

- Lassen Sie den Schüler zum Schluss 99,5 und 999,5 zusammenzählen. (neunundneunzig Komma fünf plus neunhundertneunundneunzig Komma fünf)

Abziehen

- Nehmen Sie ein neues Blatt Papier und fragen Sie: »Wie viel ist 9 minus 7?« Erklären Sie das Abziehen, falls die Antwort falsch ist. Machen Sie weiter, wenn sie stimmt.

- Fragen Sie: »Wie viel ist 13 - 7?« Machen Sie weiter, wenn die Antwort stimmt.

- Fragen Sie: »Wie viel ist 23 - 7?« Fragen Sie, während der Schüler die Antwort aufschreibt: »Hast du dir eine Ziffer 1 von der Ziffer 2 an der Zehnerstelle geliehen?«
  Achtung: Ihr Schüler kennt die Antwort, weil er von 23 aus rückwärts zählen kann.

- Wenn der Schüler nicht versteht, was Sie meinen, wiederholen Sie mit ihm die einzelnen Schritte des Abziehens und zeigen Sie ihm, wie man sich eine 1 von der 2 an der Zehnerstelle leiht. Streichen Sie die Ziffer 2 durch, um zu zeigen, dass sie durch die Menge 10 vermindert worden ist. Machen Sie weiter, wenn der Schüler das Prinzip verstanden hat.

- Fragen Sie: »Wie viel ist 44 - 16?« Achten Sie darauf, dass der

Schüler den Schritt des Ausleihens korrekt ausführt, und machen Sie erst dann weiter, wenn er das Ausleihen beherrscht.

- Fragen Sie: »Wie viel ist 15 - 9,5 (neun Komma fünf)?« Achten Sie darauf, ob der Schüler die Aufgabe richtig aufschreibt.
- Wenn er alles richtig aufgeschrieben hat, sagen Sie: »Sehr gut, du hast die richtige Ordnung angewendet.«
- Falls er sie nicht richtig aufgeschrieben hat, warten Sie, bis der Schüler antwortet und sagen Sie: »Du hast richtig abgezogen, aber die Stelle in der Ordnung der Ziffern ist falsch, und daher stimmt die Antwort nicht. Wenn du die Aufgabe mit dem Stift aufschreibst, musst du zuerst einmal die richtige Ordnung herstellen. Zu dieser Ordnung gehört, dass die Ziffern der Einerstelle untereinander geschrieben werden. Man kann sich leicht merken, dass die Kommas immer genau untereinander stehen müssen.«
- Sagen Sie: »Zeige mir 15 - 9,5 und schreibe die Ziffern richtig untereinander.« Wenn er richtig geschrieben hat, fragen Sie ihn nach der Antwort. Machen Sie weiter, wenn die Antwort stimmt.
- Üben Sie das Abziehen mit Dezimalbrüchen so lange, bis der Schüler es beherrscht.
- Lassen Sie den Schüler zum Schluss die Aufgabe 100 - 98,5 (achtundneunzig Komma fünf) rechnen.

Multiplizieren

- Nehmen Sie ein neues Blatt Papier und fragen Sie: »Wie viel ist 7 mal 3?« Machen Sie weiter, wenn die Antwort stimmt.
- Sagen Sie: »Wie viel ist 17 mal 3?« Falls Ihr Schüler Schwierigkeiten hat, die Aufgabe zu lösen, gehen Sie mit ihm die einzel-

nen Schritte des Malnehmens durch. Sagen Sie: »7 mal 3 ist 21. Die Ziffer 1 steht auf der Einerstelle unter der Ziffer 3, die Ziffer 2 wird auf die Zehnerstelle neben der Ziffer 1 übertragen, um später hinzugefügt zu werden. 3 mal 1 ist 3, plus die 2, die wir übertragen haben, ist 5, also steht die Ziffer 5 an der Zehnerstelle neben der Ziffer 1. Die dritte Information ist 51.« Erklären Sie dem Schüler, wenn es nötig sein sollte, die einzelnen Schritte so lange, bis er das Prinzip versteht. Machen Sie erst weiter, wenn er es verstanden hat.

- Sagen Sie: »Zeig mir 5 mal 12.« Gehen Sie die einzelnen Schritte mit ihm durch und erklären Sie diese, wenn nötig. Anschließend machen Sie weiter.

- Sagen Sie: »Zeig mir 11 mal 22.« Achten Sie darauf, ob der Schüler die Ziffern an die richtige Stelle schreibt. Falls er sie an die falsche Stelle schreibt, warten Sie, bis er antwortet und sagen: »Wenn du eine Aufgabe löst, musst du die Ziffern so aufschreiben, dass du dabei die richtige Ordnung beachtest. Der Stellenwert der Ziffern muss eingehalten werden. Die Ziffern an der Einer- und an der Zehnerstelle müssen jeweils in einer Reihe untereinander stehen, damit du sie richtig zusammenzählen kannst. Weil diese Ordnung nicht eingehalten wurde, ist das Ergebnis nicht richtig. Wenn du die Aufgabe mit dem Stift löst, musst du die richtige Ordnung herstellen und sie erhalten. In der richtigen Ordnung müssen die Ziffern der Einerstelle untereinander stehen und genauso die der Zehnerstelle und so weiter.«

- Gehen Sie mit dem Schüler die einzelnen Schritte durch, indem Sie fragen: »Gehört die Ziffer auf die Einer-, die Zehner- oder die Hunderterstelle?« Wenn die Antwort kommt, sagen Sie: »Dann schreib sie dahin, wo sie hingehört.«

- Sagen Sie: »Zeige mir 55 mal 125.«

- Üben Sie auf diese Weise so lange, bis der Schüler im Multiplizieren mit dem Stift sicher ist, und machen Sie dann weiter.

- Sagen Sie: »Zeige mir 3,5 mal 5,25 (drei Komma fünf mal fünf Komma zwei fünf).«

- Geben Sie, wenn nötig, Hilfestellung.

- Üben Sie das Malnehmen mit Dezimalbrüchen so lange, bis der Schüler es beherrscht. Anschließend machen Sie weiter.

Teilen

- Nehmen Sie ein neues Blatt Papier und sagen Sie: »Da du mit dem Stift malnehmen und abziehen kannst, weißt du schon, wie man mit dem Stift teilt. Du musst nur noch lernen, wie alles geordnet wird und in welcher Reihenfolge du die einzelnen Rechenschritte machen sollst.«

- Sagen Sie: »Bei einer Teilungsaufgabe musst du manchmal erst einmal schätzen, das heißt, du musst raten. Wenn das passiert, machst du ganz einfach Folgendes: So gut wie möglich raten, ausprobieren und überprüfen. Falls das Geratene nicht stimmt, hast du einen Radiergummi und kannst es leicht wieder ausradieren. Lass dich durch das Raten nicht verunsichern. Wenn du zum Schluss die richtige Antwort hast, spielt es keine Rolle, wie oft du vorher raten musstest.«

- Fragen Sie: »Wie viel ist 15 : 5?« Machen Sie weiter, wenn die Antwort stimmt.

  Achtung: Ihr Schüler kann vielleicht mit dem Kugelfeld denken und könnte die Aufgabe auch lösen, ohne die Rechenschritte auszuführen. Sie müssen also beim Teilen über die Begrenzungen des Kugelfeldes hinausgehen.

- Fragen Sie: »Wie viel ist 134 : 12?« Achten Sie darauf, wie der

Schüler die Aufgabe schreibt und ob er die Reihenfolge der einzelnen Rechenschritte einhält. Geben Sie ihm, wenn nötig, Hilfestellung.

- Der Schüler soll Ihnen nach jedem einzelnen Rechenschritt, den Sie mit ihm durchgehen, erklären, warum eine Ziffer an einer bestimmten Stelle stehen oder eine bestimmte Reihenfolge eingehalten werden muss.

- Machen Sie mit dem Schüler so lange weitere Aufgaben, bis er die richtige Ordnung und Reihenfolge beherrscht, und fahren Sie dann fort.

- Fragen Sie: »Wie viel ist 7,75 : 5 (sieben Komma sieben fünf geteilt durch fünf)?« Achten Sie auf die Kommastelle und geben Sie, wenn nötig, Hilfestellung.

- Sagen Sie: »Wir wollen jetzt 150 durch 2,5 (zwei Komma fünf) teilen, aber bevor wir damit beginnen, verrate ich dir noch schnell einen Trick mit dem Komma. Schreibe die Aufgabe 150 : 2,5 auf und ich zeige dir, wie dieser Trick geht.«

- Wenn der Schüler die Aufgabe geschrieben hat, sagen Sie: »Ich habe dich gebeten, mit einer Zahl zu teilen, die keine ganze Zahl ist. Der Dezimalbruch hinter dem Komma kann ganz schön Schwierigkeiten machen, also ist der erste Schritt in der Rechen-Reihenfolge, dass die Kommastelle verändert wird. Mit einem Stift geht das ganz leicht. Du kannst die Ziffer 5 von der Zehntelstelle in die Einerstelle verschieben, indem du das Komma eine Stelle nach rechts rückst. Der Trick funktioniert aber nur, wenn du das Komma in gleicher Weise auch bei der Zahl änderst, die geteilt werden soll. Du kannst das Komma um so viele Stellen verschieben, wie du es brauchst, solange du das immer mit beiden Ziffern tust.«

- Lassen Sie den Schüler hinter die 150 ein Komma setzen und eine Null an die Zehntelstelle schreiben. Nun soll er die 2,5 in 25 umwandeln, indem er das Komma verschiebt.

- Sagen Sie: »Jetzt musst du nur noch das Komma verschieben, um die 150 in 1500 (eintausendfünfhundert) umzuwandeln. Nun mache das, was du gelernt hast, und du wirst die Antwort bekommen.«

$$150 \div 2{,}5 =$$
$$150{,}0 \div 2{,}5 =$$
$$1500{,} \div 25{,} =$$

Verändern der Dezimalstelle.

- Üben Sie das Teilen mit Dezimalbrüchen so lange anhand von weiteren Rechenaufgaben, bis der Schüler es beherrscht.
- Wenn der Schüler das Teilen (mit Ziffern) von dreistelligen Dezimalbrüchen beherrscht, haben Sie Ihre Aufgabe vollendet.

FÜNFTER TEIL

Handschrift
Agraphie und Dysgraphie

20.
Strategie zur Korrektur von Problemen mit der Handschrift

In Kapitel 5 haben wir sieben mögliche Ursachen für Probleme mit der Handschrift aufgezählt. Wir glauben, dass man vier davon bearbeiten und korrigieren kann. Sie treten auf als Ergebnis von

- zu wenig oder gar keinem Unterricht,
- Desorientierung,
- mehrfachen mentalen Bildern,
- einer ungenügenden natürlichen Orientierung.

Die zugrunde liegende Strategie ist ganz einfach: *Beseitige die Ursache für ein Problem und es existiert nicht mehr.* Hat man die Ursache erst einmal geklärt, kann man das Problem mit den Werkzeugen der folgenden Kapitel direkt angehen und korrigieren.

Handschrift ist eine Kunstform, für die man spezielle Fertigkeiten braucht. Man kann keine gute Handschrift herbeizaubern, indem man die Ursache beseitigt, aufgrund welcher die Fähigkeit nicht entwickelt werden konnte. Der Schüler muss nämlich trotzdem die Fertigkeit erlernen. Sobald der Schüler in der Lage ist, sie zu entwickeln, muss man ihn ausreichend darin unterrichten.

Mit dem richtigen Verständnis und geeignetem Werkzeug sind Sie in der Lage, das Problem Schritt für Schritt anzugehen. Manche

Probleme werden mehr Schritte als andere benötigen. Es genügt, wenn Sie einen Schritt nach dem anderen in der richtigen Reihenfolge machen.

DIE GRUNDLEGENDEN WERKZEUGE ANLEGEN

Einige grundlegende Schritte und Verfahren sind bei all diesen Handschrift-Kategorien angebracht. Als Erstes müssen Sie Ihren Schüler richtig motivieren. Folgen Sie dazu den Anweisungen in Kapitel 7. Welche Vorteile hätte der Schüler davon, ohne Mühe gut leserlich schreiben zu können?

Desorientierung ist der rote Faden, der sich durch alle vier Gebiete der Handschrift-Problematik zieht. Darum muss diese vor allem anderen angegangen werden. Tut man es jetzt, bietet das die Grundlage für die spätere Arbeit in jeder Problemkategorie.

Der erste Schritt besteht darin, dem Schüler ein Werkzeug an die Hand zu geben, das ihn dazu befähigt, wirklich aufmerksam zu sein. Er muss dieselbe reale Umgebung erleben wie Sie. Dazu muss er in einem orientierten Zustand sein. Zuerst sollten Sie die Wahrnehmungsdiagnose (Kapitel 8) durchführen, um zu entscheiden, welche der beiden Orientierungsmethoden die angemessenere ist: die Ausrichtung (Kapitel 12) oder Davis-Orientierungsberatung (Kapitel 9). Nachdem Sie Ihre Wahl getroffen haben, folgen Sie der gewählten Methode wie angegeben.

Sobald der Schüler sich orientieren kann, braucht er zusätzliche Werkzeuge, die ihm helfen, orientiert zu bleiben und sich selbst wieder orientieren zu können. Das Loslassgefühl und die Überprüfung der Orientierung (Kapitel 10) werden ihm ermöglichen, Stress und Anspannung abzubauen, und indem er seinen Energieregler (Kapitel

13) einsetzt, kann er seine Energie und die Geschwindigkeit seiner inneren Uhr an seine jeweilige Situation anpassen.

Wenn dem Schüler nun alle diese Werkzeuge zur Verfügung stehen, können Sie sein Handschrift-Problem angehen. Vielleicht haben Sie die Problemkategorie Ihres Schülers ja schon festgelegt. Dann können Sie direkt zu dem Kapitel übergehen, in dem erklärt wird, wie man mit dieser Kategorie umgeht. Sie finden dort alle weiteren Anweisungen und die einzelnen Korrekturschritte.

Falls die Problemkategorie Ihres Schülers noch nicht feststeht, bestimmen Sie diese mit der entsprechenden Information aus Kapitel 5. Treffen mehrere Kategorien auf den Schüler zu, gehen Sie die problematischste zuerst an. Sie sind in der Reihenfolge ansteigender Schwierigkeit aufgeführt: *Zu wenig Unterricht* ist die am wenigsten schlimme, während *unzureichende natürliche Orientierung* die schwerwiegendste ist.

Achtung: Wenn Sie versuchen, ein Verfahren anzuwenden das für Ihren Schüler nicht passt, können Sie unter Umständen auf eine dicke Mauer treffen. Falls es dazu kommt, brechen Sie den Vorgang ab und bewerten Sie die Kategorie von neuem. Sobald Sie die richtige gewählt haben, sollte der Schüler von Anfang an gute Fortschritte machen.

21.

Handschrift-Korrektur bei zu wenig oder gar keiner Unterweisung

Das Problem ist hier, dass Ihr Schüler nie richtig schreiben gelernt hat. Das liegt daran, dass er bisher wenig oder gar keinen Unterricht darin erhalten hat. Wie bereits erwähnt, kann etwas die Entwicklung dieser Fertigkeiten blockiert haben. Dann müsste die Blockade entfernt werden, bevor Sie sich mit der fehlenden Fertigkeit befassen. Der Zweck dieser Übungen besteht darin, einen bilderdenkenden Schüler vor den Fallgruben zu bewahren, die ihn daran hindern würden, schreiben zu lernen.

Diese Probleme können von unbedeutend bis sehr schwerwiegend reichen. An einem Ende des Spektrums könnte ein Schüler Schwierigkeiten haben, den Wechsel von der Druckschrift zur Schreibschrift zu vollziehen. Am anderen Ende könnte er unfähig sein, ein Schreibgerät zu halten oder zu verwenden. Was jetzt folgt, ist die schlimmstmögliche Ausprägung, also wird der Schüler vielleicht nicht jeden der erklärten Schritte ausführen müssen. Wählen Sie einfach diejenigen aus, die Ihnen für die Bedürfnisse Ihres Schülers relevant erscheinen. Sobald der Schüler problemlos bewältigen kann, was in dem einzelnen Schritt gefordert wird, lassen Sie es gut sein und machen Sie mit der nächsten Übung weiter.

Als erwachsener Legastheniker war mein größtes Problem, die geschriebene Sprache zu entziffern. Da ich sie nicht zu lesen vermochte, konnte ich sie logischerweise auch nicht schreiben. Daher ist es nicht verwunderlich, dass ich auch Symptome der Dysgraphie zeigte. Mit der Entwicklung der Davis-Legasthenie-Korrektur-Verfahren gelang es mir, das Problem des Entzifferns zu lösen. Dadurch wurde meine Schrift besser, und zwar ohne Unterricht oder Mühe meinerseits. Der Schulunterricht hatte nichts bewirkt, weil ich nicht gelernt hatte, mich zu orientieren. Mein »altes Ich« schrieb nur dann etwas, wenn es absolut unvermeidlich war. Wenn ich schrieb, dann nur in Großbuchstaben, wobei der erste Buchstabe von jedem Wort größer war als die anderen. Es erforderte alle Anstrengung und Konzentration, die ich aufbringen konnte, damit die Wörter gerade auf dem Papier standen, sogar auf liniertem Papier. Ich schrieb in drei Stufen: Erst kritzelte ich die Ideen auf ein Stück Papier. Dann schlug ich jedes einzelne Wort im Wörterbuch nach. Die Endstufe war, die richtig buchstabierten Wörter gerade auf ein Blatt zu schreiben. Ich konnte damals lediglich meinen Namen in Schreibschrift schreiben. Auch als meine Handschrift (große Druckbuchstaben) besser wurde, fehlten mir noch viele Fertigkeiten, die man für Handschrift braucht. Ich bat Dr. Fatima Ali um Hilfe und das Modell, das sie mir gab, ist die Grundlage für dasjenige, das ich Ihnen nun zeigen möchte.

VORBEREITUNG UND VERFAHREN

Ich empfehle Ihnen mit Ihrem Schüler die Symbolbeherrschung mit dem Alphabet durchzuführen (Kapitel 15). Falls bei einzelnen Buchstaben Zweifel oder Verwirrung aufkommen, kann das beim Erlernen der Handschrift nämlich stören.

Die grundlegenden Werkzeuge anlegen

Die grundlegenden Werkzeuge sollten, wie im vorigen Kapitel beschrieben, bereits vorhanden sein. Der Schüler sollte seine Orientierung kontrollieren können, eine Methode beherrschen, um Anspannung und Stress abzubauen, sowie seine Energie und die Geschwindigkeit seiner inneren Uhr kontrollieren können.

Benötigtes Material

1. Vorlagen für die Schrift
   - Bei einem Schulkind sollte die Schriftvorlage der in seiner Schule verwendeten Schrift entsprechen. Wenn die Schule sie nicht zur Verfügung stellen kann, müsste sie im Schreibwarenhandel erhältlich sein.
   - Verwenden Sie durchgehend dieselben Vorlagen. Wenn Sie zusätzliche benötigen, machen Sie Fotokopien oder besorgen sie noch einmal von derselben Quelle.
   - Wenn Ihr Schüler nicht mehr zur Schule geht, besorgen Sie Schriftvorlagen im Schreibwarenhandel.
   - Dreizeilige Übungshefte für Schreibanfänger.
   Achtung: Der Zeilenabstand in den Heften muss mit dem der Vorlagen übereinstimmen.

2. Durchpauspapier

3. mehrere weiche Bleistifte

4. Bleistiftspitzer

5. altersgemäßes Lesematerial

6. Lineal

7. Schreibblock mit großem Zeilenabstand (circa 1,2 Zentimeter)

KORREKTURVERFAHREN

Diese Übung wird in vier fortschreitenden Phasen durchgeführt:

Phase 1, *Durchpausen*, bietet dem Schüler zwei wichtige Aspekte der Schreibkunst. Es führt die Formen und Umrisse der Buchstaben in das Bilderdenken des Schülers ein und beginnt, seine Feinmotorik zu entwickeln (Muskelkoordination).

Phase 2, *Abschreiben*. Der Schüler muss seine Vorstellungskraft einsetzen, um die Formen und Umrisse der Buchstaben zu bilden. Die Muskelkoordination wird weiterentwickelt.

Phase 3, *Selbst machen*, fordert die Vorstellungskraft und Muskelkoordination. Der Schüler stellt ohne Vorlagen verschiedene Buchstabenkombinationen zusammen.

Phase 4, *Umstellen*. Hier wechselt der Schüler vom Übungsheft zum normalen Schreibblock und trainiert seine neuen Fähigkeiten.

Während Sie diese Übungen machen, achten Sie immer auf gute Verständigung mit dem Schüler. Legen Sie viele Pausen ein, besser zu viele als zu wenige.

Phase 1: Durchpausen

Vorbereitung: Richten Sie als Erstes den Arbeitsplatz her. Der Schüler sollte Ihnen am Tisch genau gegenüber sitzen. Dann wird wie folgt vorgegangen:

- Der Schüler prüft seine Orientierung. Wenn er es mit Hilfe der Ausrichtung tut, sagen Sie: »Spüre die vorgestellten Hände auf deinen Schultern.« Verwendet er die Methode der Orientierung, sagen Sie: »Überprüfe deinen Orientierungspunkt.«
- Der Schüler beginnt mit der Loslass-Übung.
- Lassen Sie den Schüler seinen Energieregler auf eine dieser Aktivität angemessene Stufe einstellen.
- Erklären Sie ihm, was Sie erwarten, in Worten, die dem Alter des Schülers angemessen sind. Beispiel: »Wir wollen nun die Handschrift lernen. Wir benutzen dazu deine Fähigkeiten und dein künstlerisches Geschick. Wenn du einfach tust, worum ich dich bitte, wird es leicht gehen.«
- Zeigen Sie dem Schüler, wie man einen Bleistift hält, wenn man schreibt. Hält er ihn richtig, machen Sie weiter. Falls nicht, bitten Sie ihn, den Stift genau so zu halten wie Sie. Möglicherweise müssen Sie noch einmal die Loslass-Übung einsetzen, damit er den Griff leichter ändern kann. Vielleicht müssen Sie seine Finger auch selbst richtig am Stift ansetzen.
- Nun muss er die Festigkeit seines Griffs anpassen. Bitten Sie ihn, das Loslassgefühl in seine Hand und seine Finger zu übertragen. Ich habe meine Schüler oft gebeten, den Stift so zu halten, als ob er ein kleiner Vogel wäre. Sagen Sie: »Halte den Stift gerade so, als ob er ein kleiner Vogel wäre, fest genug, dass er nicht weg kann, aber auch locker genug, dass du ihn nicht zerdrückst.« Wenn Sie nun sehen, dass der Griff zu fest wird oder der Druck auf das Papier zu stark, können Sie dem Schüler sagen: »Oh, du zerdrückst ja den Vogel!«

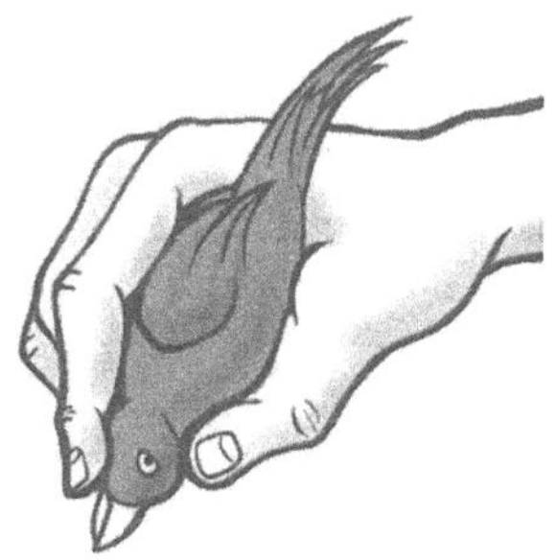

- Sehen Sie nach, ob seine Füße auf dem Boden stehen. Vielleicht braucht er einen Schemel oder etwas Ähnliches. Gute Haltung beim Schreiben beginnt mit den Füßen auf einem festen Untergrund.

Verfahren: Nun können Sie anfangen. Legen Sie die Schriftvorlage und einen Bleistift vor dem Schüler auf den Tisch. Bedecken Sie die Schriftvorlage mit einem Blatt Durchpauspapier.

1. Zeigen Sie auf den ersten Buchstaben und sagen Sie: »Pause diesen Buchstaben genau durch.« Beobachten Sie den Schüler. Wenn er nicht mehr gerade sitzt, unterbrechen Sie ihn. Lassen Sie ihn seine Orientierung überprüfen, den Regler neu einstellen, die Loslass-Übung machen und anschließend fortfahren. Übt er zu viel Druck auf das Papier aus oder umklammert er den Stift zu fest, unterbrechen Sie ihn, lassen ihn erst die Loslass-Übung und dann weitermachen. Die Haltung ist sehr wichtig. Wenn der Schüler sich nach vorne lehnt oder sich auf die andere Hand stützt, ist das nicht unbedingt schlechte Haltung, aber wenn er sich über seine Arbeit krümmt, schon.

Geben Sie ihm jedoch nicht zu viele Anweisungen. Wenn der Schüler jedes Mal zusammensackt, sobald er anfängt, schlagen Sie ihm vor, sich durch seine Orientierung aufrecht halten zu lassen.

2. Wenn der Schüler fertig ist, kontrollieren Sie, ob das Gepauste exakt ist. Falls nicht, sagen Sie: »Das ist schon ziemlich gut.« Verschieben Sie das Pauspapier etwas, so dass eine freie Stelle über dem Buchstaben ist, und sagen Sie: »Versuche es noch mal.« Machen Sie so weiter, bis er eine exakte Kopie des darunter liegenden Buchstaben angefertigt hat.

3. Wenn es exakt ist, egal nach dem wievielten Versuch, sagen Sie: »Ausgezeichnet!« Lassen Sie den Schüler seine Orientierung, das Loslassen, den Regler und den Griff am Bleistift kontrollieren. Falls er eine Pause braucht, machen Sie eine.

4. Verschieben Sie das Pauspapier so, dass die vorherigen Buchstaben nicht stören. Zeigen Sie auf den nächsten Buchstaben und sagen Sie: »Pause diesen Buchstaben genau durch.« Wiederholen Sie die Schritte 1 bis 3 mit dem nächsten Buchstaben.

5. Wiederholen Sie alle diese Schritte für das gesamte Alphabet mit Groß- und Kleinbuchstaben. Lassen Sie den Schüler noch keine Buchstabenkombinationen pausen, nur einzelne Buchstaben.

6. Zum Schluss lassen Sie den Schüler eine »Meisterpause« anfertigen mit allen Buchstaben auf einem Blatt, wobei die Buchsta-

ben exakt gepaust sein sollten. Wenn das geschafft ist, machen Sie weiter mit Phase 2.

Phase 2: Abschreiben

Vorbereitung: Wie bei Phase 1.

Verfahren: Legen Sie die Schriftvorlage, das Übungsheft und einen Bleistift auf den Tisch vor den Schüler. Kontrollieren Sie, ob die Zeilenabstände im Übungsheft mit der Schriftvorlage überein-stimmen. Halten Sie die Meisterpause des Schülers bereit.

1. Zeigen Sie auf den ersten Buchstaben und sagen Sie: »Schreibe diesen Buchstaben ab.« Zeigen Sie nun auf eine Zeile des Übungsheftes und sagen Sie: »Hierhin.« Beobachten Sie den Schüler. Wenn er nicht mehr gerade sitzt, unterbrechen Sie ihn. Lassen Sie ihn seine Orientierung überprüfen, den Regler neu einstellen, die Loslass-Übung machen und anschließend fortfahren. Übt er zu viel Druck auf das Papier aus oder umklammert er den Stift zu fest, unterbrechen Sie ihn, lassen ihn erst die Loslass-Übung machen und dann weitermachen.

2. Wenn der Schüler fertig ist, sagen Sie: »Das ist schon ziemlich gut. Lege nun deine Meisterpause darüber und sieh nach, ob es exakt ist.«

3. Falls es nicht exakt ist, fragen Sie: »Wodurch unterscheidet es sich?« oder: »Was müsstest du tun, um es besser zu machen?«

4. Lassen Sie den Schüler die Meisterpause weglegen und sagen

Sie: »Versuche es noch mal.«

5. Lassen Sie den Schüler wieder die Meisterpause über den Buchstaben legen und die Genauigkeit der Kopie kontrollieren. Falls sie nicht exakt ist, wiederholen Sie die Schritte 3 und 4.

6. Wenn sie exakt ist, egal nach wie vielen Versuchen, sagen Sie: »Ausgezeichnet!«

7. Lassen Sie den Schüler den gleichen Buchstaben eine ganze Zeile lang im Übungsheft schreiben.

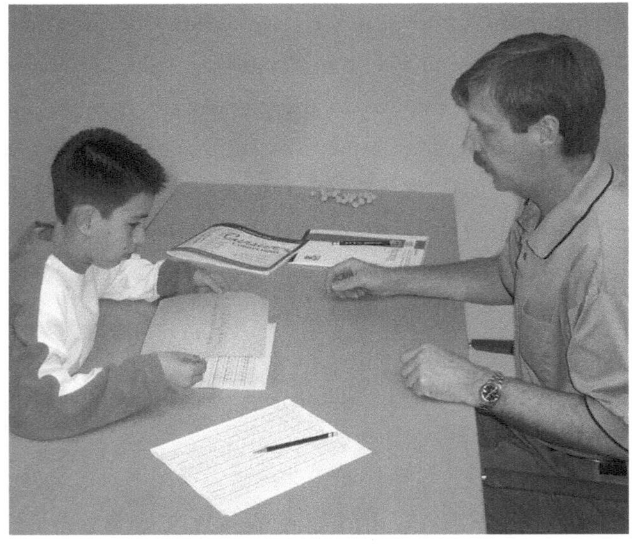

Lassen Sie den Schüler jeden Buchstaben kontrollieren, indem er die Meisterpause darüber legt, und anschließend eine ganze Zeile Buchstaben in dem Übungsheft schreiben.

8. Lassen Sie den Schüler die Schritte 1 bis 7 mit allen übrigen Buchstaben ausführen.

9. Lassen Sie den Schüler die Schritte 1 bis 7 mit Buchstaben-kombinationen von der Schriftvorlage ausführen.

10. Wenn er damit fertig ist, machen Sie mit der nächsten Phase weiter.

Phase 3: Selbst machen

Vorbereitung: Wie bei Phase 1.

Verfahren: Legen Sie die Schriftvorlage, das Übungsheft und einen Bleistift auf den Tisch vor den Schüler. Halten Sie die Meisterpause des Schülers und altersgemäßes Lesematerial bereit. Wählen Sie einen kurzen, einfachen Satz aus dem Lesematerial aus und erteilen Sie dem Schüler folgende Anleitungen:

1. Zeigen Sie auf eine Zeile im Übungsheft und sagen Sie: »Schreibe das Wort *[erstes Wort des Satzes]* hier hin.« Achten Sie auf die Haltung des Schülers und seinen Griff am Bleistift wie schon in Phase 1 und 2.

2. Lassen Sie den Schüler die Richtigkeit der geschriebenen Buchstaben überprüfen. Falls notwendig, lassen Sie ihn den Schritt wiederholen.

3. Wiederholen Sie Schritt 1 mit dem nächsten Wort des Satzes. Wenn der Schüler mit dem ersten Wort zufrieden ist, kann er

das nächste Wort daneben schreiben. Wenn der Schüler mit dem ersten Wort nicht zufrieden ist, sollte er das nächste Wort in die Zeile darunter schreiben.

4. Lassen Sie den Schüler die Richtigkeit der geschriebenen Buchstaben überprüfen. Falls notwendig, lassen Sie ihn den Schritt wiederholen.

5. Wiederholen Sie Schritt 1 mit allen Wörtern des Satzes.

6. Falls er einige der Wörter in separate Zeilen geschrieben hat, lassen Sie den Schüler alle nebeneinander in eine Zeile als kompletten Satz schreiben.

7. Weisen Sie den Schüler, falls notwendig, auf den Abstand zwischen zwei Wörtern hin (er soll genug Platz lassen, um einen Buchstaben dazwischen einfügen zu können).

8. Falls notwendig, lassen Sie den Schüler den Satz noch einmal mit dem richtigen Abstand zwischen den Wörtern schreiben.

9. Wenn Sie wollen, können Sie dem Schüler Hinweise auf Rechtschreibung, Groß- und Kleinschreibung sowie Interpunktion geben, so weit sie mit Handschrift zu tun haben. Grammatik sollte jedoch zu einer anderen Zeit unterrichtet werden.

10. Lassen Sie den Schüler einen weiteren Satz des Lesematerials abschreiben. Passen Sie Ihre Anweisungen an seine Bedürfnisse an.

11. Fahren Sie fort – wie oben beschrieben – mit weiteren Sätzen aus dem Lesematerial, bis der Schüler die Übung beherrscht.

Phase 4: Umstellen

Vorbereitung: Wie bei Phase 1.

Verfahren: Legen Sie den Schreibblock, das dreizeilige Übungsheft und einen Bleistift auf den Tisch vor den Schüler. Halten Sie das Lineal, Pauspapier und die Beispielsätze von Phase 3 bereit.

1. Lassen Sie den Schüler das dreizeilige Übungsheft mit dem Schreibblock vergleichen. Er sollte erkennen, dass nicht nur die mittlere (manchmal gestrichelte) Linie fehlt, sondern auch der Platz über und unter den Zeilen. Der Schreibblock ist nicht zweizeilig, er ist einzeilig. Damit der Schüler sich auf seinen Gebrauch umstellt, muss er sich die beiden fehlenden Linien vorstellen, damit seine eigenen Abstände richtig werden. Besprechen Sie mit ihm, wie die Linien verlaufen, bis der Schüler erkennt, dass der Abstand zwischen den Linien in drei Abschnitte unterteilt werden muss, damit der Schreibblock wie das Übungsheft aussieht.

2. Ziehen Sie mit dem Lineal die fehlenden Linien in die oberen drei Zeilen. Sie müssen die Aufteilung in Drittel abschätzen. Zeichnen Sie zwei gleich weit entfernte Punkte zwischen die Linien auf beiden Seiten des Blattes und verbinden dann die Punkte mit dem Lineal. Vielleicht müssen Sie das vorher üben.

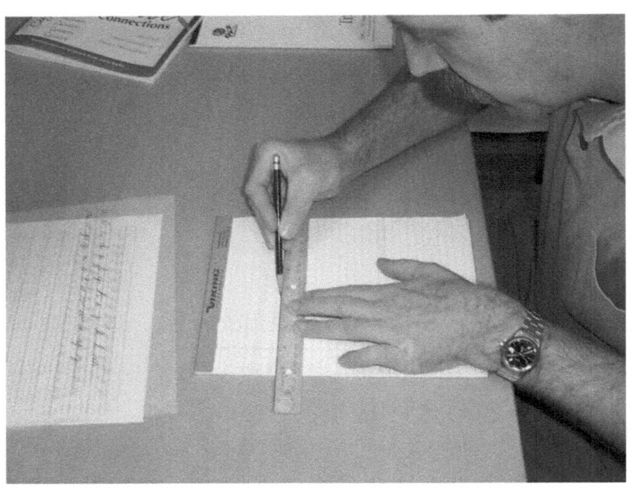

*Sie müssen zwei zusätzliche Linien in die Zeilen einfügen,
damit der Schreibblock dem Übungsheft gleicht.*

3. Reichen Sie dem Schüler den Schreibblock und bitten Sie ihn,
    einen der in Phase 3 geschriebenen Sätze mit Hilfe der soeben
    gezogenen Bleistiftlinien zu schreiben. Die Herausforderung
    besteht darin, die Größe der Buchstaben dem neuen, kleineren
    Platz anzupassen. Falls der ausgewählte Satz die drei Zeilen
    nicht füllt, soll der Schüler denselben Satz wiederholen, bis alle
    drei Zeilen voll sind. Falls nötig, wird dieser Satz wiederholt,
    bis der Schüler problemlos kleiner schreiben kann.

4. Der Schüler soll nun selbst die nächsten drei Zeilen mit dem
    Lineal in Drittel aufteilen. Anschließend lassen Sie ihn den
    nächsten der vorher geschriebenen Sätze dorthin schreiben.
    Wie zuvor soll der Schüler denselben Satz wiederholen, bis alle
    drei Zeilen voll sind.

5. Jetzt lassen Sie den Schüler die nächste Zeile dritteln, die dar-
    auffolgende auslassen und die übernächste wieder dritteln.
    Wenn er nun den nächsten Satz schreibt und zu der ungeteil-
    ten Zeile kommt, sagen Sie ihm: »Stell dir vor, die Linien seien
    da, und schreibe so, als ob sie da wären.« Alle drei Zeilen sol-
    len wieder mit Text gefüllt werden. Lassen Sie den Schüler
    beurteilen, wie gut er in der ungeteilten Zeile geschrieben hat.

6. Nehmen Sie ein Blatt Pauspapier und pausen Sie vier Linien
    vom Schreibblock ab – zwei Zeilen mit den beiden dazwi-
    schen liegenden Hilfslinien. Die gepausten Linien legen Sie
    nun zur Beurteilung über die Handschrift des Schülers.

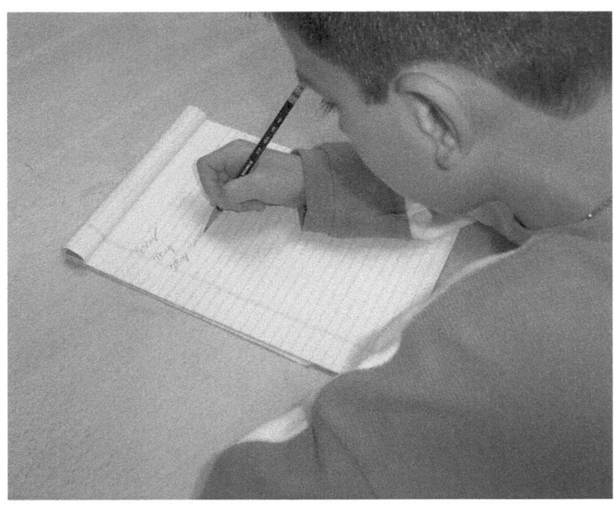

*Der Schüler muss sich die beiden zusätzlichen Zeilen
auf dem Schreibblock vorstellen.*

7. Lassen Sie den Schüler weitere Sätze in ungeteilte Zeilen schreiben, wobei er sich die Hilfslinien vorstellen soll. Er kann seine Genauigkeit mit Hilfe der gepausten Linien kontrollieren. Diesen Schritt wiederholen Sie so lange, bis der Schüler ohne Hilfslinien eine ganze Zeile in den richtigen Größenverhältnissen schreiben kann.

Kann der Schüler Text in angemessener Größe entspannt und sicher in ungeteilte Zeilen auf einem Schreibblock schreiben, dann braucht er Ihre Hilfe nicht mehr. Herzlichen Glückwunsch!

22.

Handschrift-Korrektur bei Desorientierung

In diese Kategorie fallen zwei ganz unterschiedliche Handschrift-Probleme. Das häufigste ist »Dysgraphie«, die oft eine Lese-Legasthenie begleitet. Meine Definition dafür lautet: Eine Desorientierung, die *durch den Vorgang des Schreibens ausgelöst* wird. Bevor Sie anfangen, machen Sie eine kurze Probe auf Lese-Legasthenie. Lassen Sie den Schüler einfach einen Absatz aus einem Buch vorlesen, das seiner Klassenstufe entspricht. Wenn er mehr als eines der kleinen »Auslöseworte« auslässt oder falsch liest - wie zum Beispiel *das, und, ein, für, bei, von* - oder sich verheddert, eine Zeile auslässt oder die Satzzeichen ignoriert, dann sind dies Anzeichen einer Lese-Legasthenie.

Sie sollten auch überprüfen, ob er versteht, was er liest, selbst wenn er scheinbar fehlerlos liest. Kann er nämlich den wesentlichen Inhalt des Absatzes nicht nacherzählen, hat er wahrscheinlich ein Leseproblem, welches das Schreibproblem verursacht.

Die vollständigen Verfahren zur Korrektur von Lese-Legasthenie sind in dem Buch *Legasthenie als Talentsignal* aufgeführt. In fast allen Fällen, in denen Lese-Legasthenie von Dysgraphie begleitet wird, verschwindet die Dysgraphie einfach, sobald die Leseprobleme gelöst sind. Falls nicht, müssen Sie Ihren Schüler nur durch die einzelnen Phasen von Kapitel 21 führen.

Hier wollen wir uns mit der zweiten Problemart beschäftigen, bei der das Handschrift-Problem durch Desorientierung verursacht wird. Dieses Problem tritt bei Kindern selten auf und es ist unwahrscheinlich, dass es von Lese-Legasthenie begleitet wird.

Die Anatomie dieser Problemart besteht darin, dass ein bestimmter Auslöser - eine Linie, eine Form, eine Bewegung - eine Emotion auslöst, die wiederum Desorientierung erzeugt. Irgendwann in der Vergangenheit gab es ein reales Erlebnis, das diese Emotion ausgelöst hat. Irgendwie erinnert eine Linie, die in eine bestimmte Richtung gezogen wird, oder eine Form oder eine bestimmte Bewegung die Person an dieses Erlebnis. Die Linie, die Form oder die Bewegung wird unbewusst mit dem Erlebnis in Verbindung gebracht und löst die Emotion aus. Die Person beginnt, die vergangene Emotion in der Gegenwart zu erleben, und das Ergebnis ist Desorientierung.

Genau an der Stelle, wo die Desorientierung auftritt, ist eine minimale Abweichung der Handschrift zu erkennen. Damit meine ich einen unfreiwilligen Schlenker oder ein Zucken, das in einem soeben gezogenen Strich erscheint.

VORBEREITUNG UND VERFAHREN

Nachdem Sie die Anweisungen in Kapitel 20 befolgt haben, sollten die grundlegenden Werkzeuge bei Ihrem Schüler vorhanden sein. Er sollte in der Lage sein, seine Desorientierung zu kontrollieren, Spannung und Stress abzubauen sowie seine Energie und die Geschwindigkeit seiner inneren Uhr zu kontrollieren.

Benötigtes Material:
- liniertes Schreibpapier,
- eine Staffelei mit einem großen Zeichenblock (Flipchart),
- verschiedene Schreibwerkzeuge, wie zum Beispiel Kugelschreiber oder Bleistifte und einen Textmarker.

Das Ziel ist, die Auslöser für die Desorientierung zu finden und zu beseitigen. Das dauert selten mehr als ein oder zwei Stunden. Die Auslöser zu finden, ist oft leicht, sie zu beseitigen kann schwieriger sein. Auslöser lassen sich auf zwei Arten beseitigen:

1. Der Auslöser wird desensibilisiert. In einem orientierten Zustand tritt der Schüler dem Reiz wiederholt entgegen, indem er dieselbe Linie, Form oder Bewegung mehrfach wiederholt. Jede Begegnung mit dem Reiz vermindert die Intensität der Emotion, die durch den Auslöser entsteht. Die fortgesetzten Begegnungen mit dem Auslöser führen allmählich dazu, dass der Schüler dabei nichts mehr fühlt. An diesem Punkt ist dann die Verbindung zwischen Linie, Form oder Bewegung und dem vergangenen Erlebnis unterbrochen. Der Auslöser ist beseitigt worden.

2. Die zeitliche Verbindung zwischen dem vergangenen emotionalen Erlebnis und dem »Hier und Jetzt« kann unterbrochen werden, indem man die Emotion selbst erkennt. In orientiertem Zustand erlebt der Schüler wiederholt den Reiz. Wenn der Schüler beschreibt, was er fühlt, werden früher oder später die Bilder des vergangenen Erlebnisses für ihn sichtbar. Bittet man den Schüler nun, das vergangene Erlebnis im »Hier und Jetzt« zu schildern, wird die Zeitverbindung unterbrochen. Es bedarf möglicherweise vieler Wiederholungen, aber wenn einmal das Verbindungsglied abgerissen ist, werden Linie, Form oder Bewegung nicht mehr die desorientierende Emotion hervorrufen.

Vorbereitung

- Ihr Schüler sitzt Ihnen gegenüber am Tisch.
- Lassen Sie den Schüler seine Orientierung überprüfen. Tut er es mit Hilfe der Ausrichtung, sagen Sie: »Spüre die vorgestellten Hände auf deinen Schultern.« Verwendet er die Methode der Orientierung, sagen Sie: »Überprüfe deinen Orientierungspunkt.«
- Ihr Schüler beginnt mit der Loslass-Übung.
- Lassen Sie den Schüler seinen Energieregler auf eine dieser Aktivität angemessene Stufe einstellen.
- Erklären Sie ihm, was Sie von ihm erwarten, in Worten, die dem Alter des Schülers angemessen sind. Beispiel: »Wir werden die Auslöser finden, welche dieses Schreibproblem verursachen und sie beseitigen. Was du fühlst, verursacht die Desorientierung. Deswegen wollen wir herausfinden, was du genau in dem Moment fühlst, in dem du desorientierst. Wenn ich also frage: »Was fühlst du jetzt?«, dann frage ich nach der Veränderung in dem Gefühl, das du gerade erlebt hast. Ich frage nach deiner Emotion.«

Schlenker in der Handschrift und ihre Auslöser finden

Legen Sie einen linierten Schreibblock und einen Bleistift auf den Tisch vor den Schüler.

- Sagen Sie Ihrem Schüler: »Schreibe den Satz ›Der schnelle braune Fuchs sprang über den Rücken des schlafenden Hundes‹ und unterschreibe am Ende mit deinem Namen.« Wenn der Schüler den Satz wie in Kapitel 5 beschrieben in

Mikroschrift geschrieben hat, soll er ihn noch mal schreiben, aber diesmal die Wörter so groß wie möglich, aber innerhalb der Zeilen formen.

Achtung: Die Mikroschrift kommt wahrscheinlich dadurch zustande, dass das Erleben des Reizes auf diese Weise minimiert wird. Eine winzige Handschrift erschwert Ihnen außerdem, einen Auslöser zu entdecken. Die Schrift muss groß genug sein, dass Sie einen »Schlenker« bemerken können - eine verformte Linie, entweder gerade oder gebogen, welche die Buchstaben in der Schrift Ihres Schülers formt oder verbindet.

- Beobachten Sie den Schüler. Halten Sie Ausschau nach der Stelle, wo in der Schrift ein »Schlenker« auftritt. Das ist der Punkt der Desorientierung. Achten Sie auf den Frustrationsgrad des Schülers. Er sollte sich nicht zu sehr plagen.

Ein typischer »Schlenker« dort, wo der Schüler beim Formen der Buchstaben keine durchgezogene Schlinge zeichnen kann.

- Wenn der Schüler den Satz fertig geschrieben hat, untersuchen Sie die Schrift auf »Schlenker«. Sie werden dieselben Schlenker überall dort finden, wo der Schüler die gleiche Bewegung gemacht hat, um diese Art von Linie oder Form zu schreiben. Meist gibt es nur einen Typ, aber nicht immer. Sie sollten daher überprüfen, ob es noch mehr sind.

Achtung: Falls der Schlenker nur in der Unterschrift des Schülers auftritt und nirgends sonst, beenden Sie die Unterweisung. Dies deutet auf ein psychologisches Problem der Person mit ihrer Identität oder ihrem Selbstbild hin und sollte von einem professionellen Therapeuten behandelt werden.

- Wenn Sie einen Schlenker finden, stellen Sie fest, ob der Auslöser die Bewegung selbst ist oder die Reaktion des Schülers auf eine bestimmte Linie oder Form, die auf das Papier gezeichnet wird. Der Bewegungsauslöser erfordert eine andere Maßnahme als die anderen Auslöser.

- Um einen Bewegungsauslöser zu erkennen, lassen Sie den Schüler die Bewegung übertreiben, mit der er die Form gezeichnet hat. Dazu bitten Sie ihn, langsam mit Arm und Hand die Bewegung in der Luft zu vollführen, als ob er einen riesigen Buchstaben in die Luft schriebe.

- An der Stelle in der Luft, wo der Schlenker auf dem Papier erscheinen würde, fragen Sie: »Was fühlst du hier?« Falls der Schüler nichts fühlt, lassen Sie ihn die schwingende Bewegung zwei oder dreimal wiederholen und fragen Sie wieder: »Was fühlst du?« Falls der Schüler kein bestimmtes Gefühl entdeckt, machen Sie bei »Beseitigen von Linien- und Formauslösern« weiter.

Beseitigen von Bewegungsauslösern

Hat der Schüler bei der Bewegung eine Empfindung bemerkt, fragen Sie ihn, was er dabei gefühlt hat. Wahrscheinlich beschreibt er ein körperliches Gefühl wie »Frösteln am Rücken« oder »Übelkeit«. Dann fragen Sie: »Was für eine Emotion würde mit diesem Gefühl kommen?« Notieren Sie die Antwort.

- Lassen Sie den Schüler seine Orientierung überprüfen und sagen Sie, wenn er es mit Hilfe der Ausrichtung tut: »Spüre die vorgestellten Hände auf deinen Schultern.« Verwendet er die Methode der Orientierung, sagen Sie: »Überprüfe deinen Orientierungspunkt.«
- Lassen Sie ihn die übertriebene Bewegung wiederholen. An der entsprechenden Stelle fragen Sie: »Was fühlst du?« Falls er ein körperliches Gefühl statt einer Emotion nennt, fragen Sie: »Welche Emotion würde mit diesem Gefühl einhergehen?« Notieren Sie die Antwort. Sie suchen die Emotion. Es gibt mehrere mögliche Antworten:
  a) Falls Ihr Schüler eine andere als die vorige Emotion nennt, wiederholen Sie die Überprüfung der Orientierung und die übertriebene Bewegung, bis die empfundene Emotion gleich bleibt.
  b) Falls der Schüler die gleiche Emotion angibt, fragen Sie: »War es letztes Mal stärker oder schwächer?« Wenn sie weniger intensiv war, wiederholen Sie die Orientierungsprüfung und die übertriebenen Bewegungen, bis der Schüler bei der Bewegung »nichts fühlt«. (Der Auslöser kann während dieser Prozedur jederzeit wirkungslos werden. In diesem Fall sind Sie fertig und können zur letzten Anweisung in dieser Reihe springen.)
  c) Falls die Emotion stärker ist, wiederholen Sie die Orientierungsprüfung und die übertriebene Bewegung. Fragen Sie: »War sie diesmal stärker oder schwächer?« Falls es schwä-

cher war, fahren Sie mit Punkt a) fort. Falls es intensiver war, fragen Sie: »Welche inneren Bilder bekommst du bei dieser Emotion?« Ihr Schüler kann sie vielleicht in Worte fassen, vielleicht aber auch nicht. Falls ja, notieren Sie es. *Achtung:* Lassen Sie den Schüler nun nicht die Loslass-Übung machen oder den Energieregler neu einstellen. Der Schüler soll den Kontakt mit seinem vergangenen Erlebnis nicht unterbrechen.

- Wiederholen Sie nun Schritt b). Es gibt wieder zwei Möglichkeiten: Die Emotion mit den inneren Bildern zu verbinden, kann die Zeitverbindung plötzlich unterbrechen, so dass die Emotion nicht mehr in der Gegenwart auftritt. Oder der Schüler äußert vielleicht die Emotionen, während er die inneren Bilder beschreibt. Das kann zu Tränen führen und zu einer Desorientierung in das vergangene Erlebnis (er erlebt es innerlich noch einmal). Ist dies der Fall, lassen Sie es einfach geschehen.

- Wiederholen Sie weiter Schritt b) so lange, bis die Zeitverbindung abreißt. Wenn das geschieht, reißt auch die emotionale Verbindung ab. Der Schüler zeigt diese Emotion nicht mehr. Dies wird für gewöhnlich von einem Lächeln begleitet und von einer Bemerkung im »Hier und Jetzt«.

- Was auch immer der Schüler sagt, antworten Sie: »Das würde es erklären.« Lassen Sie ihn seine Orientierung überprüfen, die Loslass-Übung machen und die übertriebene Bewegung wiederholen. Diesmal sollte sie kein Gefühl hervorrufen.

- Machen Sie eine kurze Pause.

- Lassen Sie den Schüler noch einmal den Satz »Der schnelle braune Fuchs sprang über den Rücken des schlafenden Hundes« schreiben. Halten Sie wieder nach Schlenkern Ausschau. Falls zusätzliche vorhanden sind, suchen Sie einen heraus und arbeiten Sie damit, indem Sie derselben Prozedur folgen wie oben beschrieben. Wenn die Schlenker verschwunden sind, ist diese Arbeit beendet.

Beseitigen von Linien- und Formauslösern

Falls Ihr Schüler während der übertriebenen Armbewegung keinerlei Gefühle bemerkte, dann ist das Problem ein Linien- oder Formauslöser. Diese werden beide auf die gleiche Art angegangen.

* Lassen Sie den Schüler auf dem Flipchart mit dem Textmarker möglichst groß ein Wort, das einen »Schlenker« enthielt, aus dem vorher geschriebenen Satz schreiben. Wenn der Schlenker in der Senkrechten nicht auftritt, legen Sie das Flipchart auf den Tisch zum Schreiben.

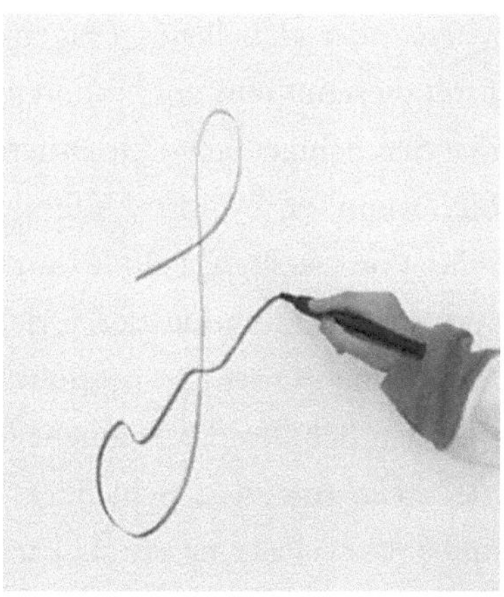

Groß zu schreiben mit einem Textmarker auf einer vertikalen Fläche kann helfen, »Schlenker« zu entdecken.

Achtung: Obwohl der Schüler nun größer schreibt, muss der Schlenker nicht unbedingt größer sein als in normaler Schriftgröße. Also sehen Sie nun vielleicht eine große Schrift mit winzigen Schlenkern, die oft schwer zu entdecken sind. Trotzdem hat der Schüler länger Kontakt mit dem Auslöser, wenn er längere Linien und größere Formen schreibt. Gewöhnlich treten die Abweichungen nur in einem Typ Linie oder Form auf, allerdings nicht immer. Wenn Sie mehr als einen Typ finden, gehen Sie darauf in der Reihenfolge ein, in der sie auftauchen.

- Untersuchen Sie das geschriebene Wort auf Schlenker. Wählen Sie ein Stück einer Linie oder Form aus, in der ein Schlenker ist; vielleicht ist es nur ein Viertel-Buchstabe oder ein Strich mit der Abweichung in der Mitte.

- Lassen Sie den Schüler diesen Ausschnitt noch einmal zeichnen. Wenn die Abweichung kommt, fragen Sie: »Was fühlst du?« Wie bei Bewegungsauslösern sagt er vielleicht: »Ein Frösteln am Rücken« oder »Übelkeit«. Fragen Sie: »Welche Emotion kommt mit diesem Gefühl?« Notieren Sie, was er sagt.

1. Lassen Sie den Schüler seine Orientierung überprüfen und sagen Sie, wenn er es mit Hilfe der Ausrichtung tut: »Spüre die vorgestellten Hände auf deinen Schultern.« Verwendet er die Methode der Orientierung, sagen Sie: »Überprüfe deinen Orientierungspunkt.«

2. Lassen Sie den Schüler das Segment neu zeichnen. Wenn er an die Stelle mit dem Schlenker kommt, fragen Sie: »Was fühlst du?« Falls er ein körperliches Gefühl statt einer Emotion angibt, fragen Sie: »Welche Emotion könnte mit diesem Gefühl einhergehen?« Notieren Sie seine Antwort. Sie suchen die Emotion. Es gibt mehrere

mögliche Antworten.

a) Falls der Schüler eine andere Emotion als die vorige nennt, wiederholen Sie die Überprüfung der Orientierung und lassen Sie ihn den Abschnitt so lange zeichnen, bis die empfundene Emotion gleich bleibt.

b) Falls der Schüler die gleiche Emotion angibt, fragen Sie: »War sie diesmal stärker oder schwächer?«

    i. Wenn sie weniger intensiv war, wiederholen Sie die Schritte »Orientierung überprüfen« und »Abschnitt zeichnen«, bis der Schüler »nichts fühlt«, während er zeichnet. (Sie könnten hier schon fertig sein. Springen Sie in diesem Fall zur letzten Anweisung in dieser Reihenfolge).

    ii. Falls sie intensiver war, wiederholen Sie die Schritte »Orientierung überprüfen« und »Abschnitt zeichnen« noch einmal und fragen Sie dann: »War sie diesmal stärker oder schwächer?« Falls sie schwächer war, wiederholen Sie Schritt (i). Falls sie stärker war, fragen Sie: »Welche inneren Bilder bekommst du bei dieser Emotion?« Ihr Schüler kann sie vielleicht in Worte fassen, vielleicht aber auch nicht. Wenn er es kann, notieren Sie seine Schilderungen.

- Wiederholen Sie nun Schritt (ii). Es gibt wieder zwei Möglichkeiten: Die Emotion mit den inneren Bildern zu verbinden, kann die Zeitverbindung plötzlich unterbrechen, sodass die Emotion nicht mehr in der Gegenwart auftritt. Oder ihr Schüler äußert vielleicht die Emotionen, während er die inneren Bilder beschreibt. Das kann zu Tränen führen und zu einer Desorientierung in das vergangene Erlebnis (er erlebt es innerlich noch einmal). Ist dies der Fall, lassen Sie es einfach geschehen.

- Wiederholen Sie Schritt (ii) so lange, bis die Zeitverbindung abreißt. Wenn das geschieht, reißt auch die emotionale Verbindung ab, so dass Ihr Schüler die Bewegung nicht mehr zeigt. Dies wird für gewöhnlich von einem Lächeln und einer Bemerkung im »Hier und Jetzt« begleitet.
- Was auch immer der Schüler sagt, antworten Sie: »Das könnte es erklären.« Lassen Sie ihn seine Orientierung überprüfen, die Loslass-Übung machen und das Segment noch einmal zeichnen.
- Machen Sie eine kurze Pause.
- Lassen Sie den Schüler noch einmal den Satz »Der schnelle braune Fuchs sprang über den Rücken des schlafenden Hundes« schreiben. Halten Sie wieder nach Schlenkern Ausschau. Falls zusätzliche vorhanden sind, suchen Sie einen heraus und arbeiten Sie damit, indem Sie derselben Prozedur folgen wie oben beschrieben. Wenn die Schlenker verschwunden sind, ist diese Arbeit beendet.

Unsere Arbeit besteht aus zwei Schritten: Erst müssen wir den Auslöser finden und identifizieren, dann müssen wir ihn beseitigen. Wenn es mehr als einen Auslöser gibt, können Sie diese einen nach dem anderen beseitigen.

Wenn die vorangegangenen Verfahren das Handschrift-Problem aus irgendeinem Grund nicht gebessert oder bei Ihrem Schüler eine negative Wirkung hervorgerufen haben, sollten Sie ihn zur weiteren Behandlung an einen ausgebildeten Psychologen oder Therapeuten überweisen.

23.
Handschrift-Korrektur für mehrfache mentale Bilder

Das Problem besteht im Grunde darin, dass der Schüler verschiedene mentale Bilder davon hat, wie Schrift aussehen *sollte*. Die nun folgende Anleitung wird Ihnen helfen, den Schüler dabei zu unterstützen, statt der mehrfachen nun einzelne, einfache und genaue Bilder zu bekommen.

VORBEREITUNG UND VERFAHREN

Falls Sie es nicht längst getan haben, vermitteln Sie dem Schüler die grundlegenden Werkzeuge, die im zweiten Teil dieses Buches beschrieben sind. Der Schüler sollte in der Lage sein, seine Desorientierung zu kontrollieren, Spannung und Stress abzubauen sowie seine Energiemenge und die Geschwindigkeit seiner inneren Uhr zu steuern. Zusätzlich brauchen Sie einen linierten Schreibblock, sechs oder mehr Bleistifte und einen Bleistiftspitzer.

Vorbereitung

- Ihr Schüler sitzt Ihnen gegenüber am Tisch.
- Lassen Sie den Schüler seine Orientierung überprüfen. Tut er es mit Hilfe der Ausrichtung, sagen Sie: »Spüre die vorgestell-

ten Hände auf deinen Schultern«. Verwendet er die Methode der Orientierung, sagen Sie: »Überprüfe deinen Orientierungspunkt.«

- Der Schüler beginnt mit der Loslass-Übung.

- Lassen Sie den Schüler seinen Energieregler auf eine dieser Aktivität angemessene Stufe einstellen.

- Erklären Sie ihm, was Sie von ihm erwarten, in Worten, die seinem Alter angemessen sind. Beispiel: »Wir werden ein Problem lösen, indem wir die Ursache beseitigen, die für die Existenz deines Problems verantwortlich ist. Wir werden einen Teil deiner Begabung benützen, um das Problem loszuwerden. Du wirst dazu einige innere Bilder löschen. Weißt du, was ein inneres Bild ist?«

- Falls er es nicht weiß, geben Sie ihm ein einfaches Beispiel, etwa: »Hast du schon mal einen Löwen gesehen?« Er sagt vielleicht: »Nur im Fernsehen« oder »Im Kino« oder »Ja«. (Falls er »Nein« sagt, nehmen Sie eine Katze oder einen Hund. Sie brauchen die Antwort »Ja«.) Bitten Sie ihn, einen Löwen zu beschreiben. Ehe er damit fertig ist, fragen Sie: »Siehst du gerade einen Löwen?« Die Antwort sollte »Ja« lauten. Ich habe noch nie einen Schüler erlebt, der hier »Nein« gesagt hat, aber wenn es einer täte, würde ich ihn bitten, sich den Löwen »vorzustellen«, den er gerade beschrieben hat. Sagen Sie: »Du betrachtest den Löwen nicht mit deinen Augen, oder? Dein geistiges Auge sieht das Bild eines Löwen. Das Bild ist ein ›inneres Bild‹. Ein inneres Bild ist ein Bild, das dein geistiges Auge sehen kann.«

- Erklären Sie ihm, wie man einen Bleistift hält, wenn man schreibt. Hält er ihn richtig, machen Sie weiter. Falls nicht, bitten Sie ihn, den Stift genau so zu halten wie Sie. Möglicherweise müssen Sie noch einmal die Loslass-Übung einsetzen, damit er den Griff leichter ändern kann. Vielleicht müssen Sie seine Finger auch selbst richtig am Stift ansetzen.

- Nun muss er die Festigkeit seines Griffs anpassen. Bitten Sie ihn, das Loslass-Gefühl in seine Hand und seine Finger zu übertragen.

- Ich habe meine Schüler oft gebeten, den Stift so zu halten, als ob er ein kleiner Vogel wäre. Sagen Sie: »Halte den Stift gerade so, als ob er ein kleiner Vogel wäre, fest genug dass er nicht weg kann, aber auch locker genug, dass du ihn nicht zerdrückst.« Wenn Sie nun sehen, dass der Griff zu fest wird oder der Druck auf das Papier zu stark, können Sie dem Schüler sagen: »Oh, du zerdrückst ja den Vogel!«

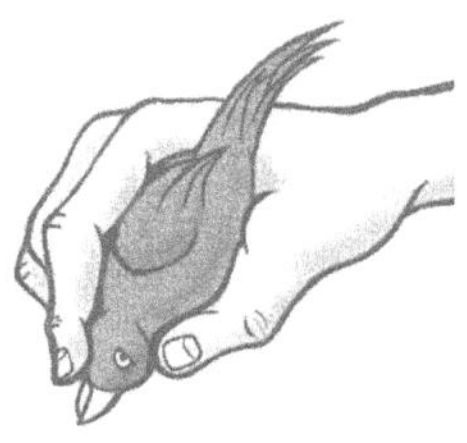

Verfahren

- Legen Sie Papier und Bleistift vor den Schüler hin. Zeigen Sie nun auf eine Zeile und sagen: »In diese Zeile schreibst du: ›*[Vorname des Schülers]* ist gut.‹ « Der einzige Zweck dieser Übung besteht darin, dass der Schüler Zugang zu seinen inneren Bildern findet. Er muss mit den Bildern in Verbindung sein, um sie löschen zu können.

- Beobachten Sie den Schüler. Wenn seine Haltung nachgibt, lassen Sie ihn innehalten, seinen Energieregler neu einstellen und die Loslass-Übung machen, bevor Sie fortfahren. *Lassen Sie* ihn aber jetzt *nicht* seine Orientierung überprüfen. Das würde den Kontakt mit den inneren Bildern unterbrechen und das Verfahren würde nicht funktionieren. Achten Sie auf den Frustrationsgrad des Schülers. Er sollte sich nicht zu sehr plagen. Bedenken Sie, dass er etwas tun soll, was er nicht kann. Wenn er sich zu sehr quälen muss, sagen Sie: »Für jetzt ist es genug«, und unterbrechen Sie die Übung, bevor er fertig ist.

- Genau in dem Moment, wenn er den Satz fertig geschrieben hat oder Sie ihn unterbrochen haben, fragen Sie ihn: *»Hast du innere Bilder davon, wie Schrift aussehen soll?«* Ändern Sie dabei unter keinen Umständen den Wortlaut dieses Satzes. Das könnte die Wirkung des Verfahrens untergraben. Wenn nötig, erklären Sie ihm, was ein inneres Bild ist. Sie müssen diese Frage schnell stellen, bevor sich seine Aufmerksamkeit etwas anderem zuwendet. Es muss geschehen, während er noch in Kontakt mit den inneren Bildern ist.

- Wenn Ihr Schüler »Ja« antwortet, sagen Sie: »Lösche sie nun und sage mir Bescheid, wenn sie weg sind.« Wenn er behauptet, sie seien weg, lassen Sie ihn seine Orientierung überprüfen. Tut er es mit Hilfe der Ausrichtung, sagen Sie: »Spüre die vorgestellten Hände auf deinen Schultern.« Verwendet er die Methode der Orientierung, sagen Sie: »Überprüfe deinen Orientierungspunkt.« Antwortet Ihr Schüler »Nein«, überzeugen Sie sich, dass er den Begriff »innere Bilder« versteht. Dann lassen Sie ihn den Satz erneut schreiben und fragen ihn noch einmal, bevor er mit Schreiben fertig ist. Falls er nach mehreren Versuchen keine inneren Bilder dafür findet, wie Schrift aussehen soll, dann war dies wahrscheinlich auch nicht sein Problem.

- Bewerten Sie den emotionalen Zustand und den Stressfaktor des Schülers: Wenn er die Loslass-Übung braucht, wenden Sie diese an. Braucht er eine Änderung der Energiemenge oder seines Zeitempfindens, lassen Sie ihn seinen Energieregler neu einstellen. Wenn er eine Pause braucht, dann machen Sie eine.

- Wiederholen Sie die Schritte der Anweisung. Das Verfahren, mehrfache innere Bilder zu löschen, läuft mit zahlreichen Wiederholungen ab, wobei man jedes Mal weitere Bilder löscht. Sagt der Schüler, er habe keine weiteren inneren Bilder davon, wie Schrift aussehen sollte, ist dieser Teil des Verfahrens abgeschlossen. Er hat dann keine mehrfach übereinander liegenden inneren Bilder mehr, die beim Schreiben stören. Die Ursache, warum er keine ordentliche Handschrift erlernen und entwickeln konnte, ist damit beseitigt. Ein wichtiges Ziel ist erreicht!

Dennoch ist dies nicht das Ende, sondern ein Neuanfang. Ein Schüler, der dieses Problem hatte, besitzt längst noch nicht die feinmotorischen Fähigkeiten, Schreibschrift zu schreiben. Nun müssen Sie das Verfahren »für wenig oder gar keine Unterweisung« (Kapitel 21) anwenden.

Einige Schüler könnten mit diesen Anweisungen Schwierigkeiten haben. Sollte Ihr Schüler zu ihnen zählen, so versuchen Sie es mit den beiden im Folgenden erklärten Schritten. Dann sollte es leichter gehen.

- Wenden Sie die Symbolbeherrschung aus Kapitel 15 für das große und kleine Alphabet an.
- Lassen Sie den Schüler aus Knete die Groß- und Kleinbuchstaben des Alphabets in Schreibschrift kneten.

Wenn der Schüler das Verfahren von Kapitel 21 abgeschlossen hat, ist auch Ihre Arbeit mit ihm abgeschlossen.

Hilfreiche Hinweise

Hier sind nun einige Probleme, die uns bei unserer Arbeit begegneten, und unsere Lösungen dafür aufgeführt:

- Der Schüler kann den Bleistift nicht anders halten oder er fasst ihn immer zu fest. Setzen Sie, notfalls wiederholt, den weiter vorn erklärten Vogelkind-Trick ein und sagen Sie: »Denke daran, den Stift zu halten, als wäre er ein kleiner Vogel. Du musst ihn fest genug halten, dass er nicht weg kann, und locker genug, dass du ihn nicht zerdrückst.«
- Ihr Schüler fragt Sie, wie er seine inneren Bilder löschen solle. Sagen Sie: »Stelle dir eine Hand vor und in der Hand einen

ganz großen Radiergummi. Damit radierst du die Bilder aus.«

- Er ist überrascht von der Idee, seine inneren Bilder auszuradieren und fragt: »Kann ich das wirklich tun?« Sagen Sie einfach: »Ja, es ist ganz leicht. Versuche es doch mal.«

- Manchmal bringt ein Schüler immer wieder nur ein Bild auf einmal hervor. Nachdem Sie die einzelnen Schritte etwa ein dutzend Mal mit Einzelbildern durchlaufen haben, könnten Sie ihn dazu anregen, mehr als ein Bild auf einmal auszuradieren.

- Ihr Schüler fragt Sie, ob er ein bestimmtes Bild behalten könne. Sagen Sie: »Klar, aber du musst ihm eine neue Bezeichnung geben. Es darf nicht mehr heißen *wie Schrift aussehen soll*. Gib ihm einen neuen Namen.«

- Der Schüler scheut sich, alle Bilder von *wie Schrift aussehen soll* auszuradieren. Sagen Sie: »Wenn du dein Problem behalten möchtest, dann behalte ruhig ein paar der Bilder. Aber du brauchst keines davon. Sie sind dir nur im Weg. Du ersetzt sie sowieso durch bessere.«

- Ganz selten versteht ein Schüler nicht, dass Sie nur nach Bildern suchen, wie Schrift aussehen *soll*, nicht nach Bildern, wie Schrift wirklich *aussieht*. Das kann geschehen, wenn man die Anleitung in falsche Worte gefasst hat oder der Schüler sie nicht ganz verstanden hat. Wenn Sie über eine halbe Stunde lang die einzelnen Schritte wiederholt haben und der Schüler kaum oder keine Fortschritte erzielt, können Sie ihn fragen: »Radierst du Bilder aus, wie Schrift *aussieht*, oder Bilder, wie Schrift aussehen *soll*?« Erklären Sie ihm, dass nur die Bilder dafür, *wie Schrift aussehen soll*, ausradiert werden müssen.

24.

Handschrift-Korrektur bei ungenügender natürlicher Orientierung

Dieses Problem existiert offenbar, weil durch die *Dyspraxie* die Nervenbahnen für genaues Wahrnehmen im Gehirn nicht geöffnet wurden. Mit blockierter oder verzerrter Wahrnehmung kann das Gehirn die Hand nicht exakt anweisen, Formen und Richtungen von Linien zu zeichnen, die für die Handschrift gebraucht werden. Dieses Verfahren wird Ihnen ermöglichen, dem Schüler bei der Öffnung neuer Nervenbahnen zu helfen – zuerst für genaue Wahrnehmung, dann, um richtige Linien und Formen herzustellen.

Achtung: Sie werden Ihren Schüler nun in die Nähe seiner Frustrationsschwelle treiben. Sie werden ihn bitten, etwas zu tun, was er nicht kann, also dürfen Sie ihn nicht zu sehr bedrängen und Sie müssen wissen, wann Sie besser aufhören sollten.

Es wird angenommen, dass die frühere Orientierung des Schülers das Gehirn daran gehindert hat, gewisse Nervenbahnen zu verwenden. Die neue Orientierung, die Sie ihm ermöglicht haben, hat diese Blockade schon entfernt, also kann das Gehirn die Nerven-bahnen zum ersten Mal durchgängig machen. Dazu müssen die einzelnen Nervengänge genötigt werden, sich zu öffnen, etwa so, wie man ein verstopftes Rohr öffnet. Allerdings geschieht das erst, wenn der Schüler sein Gehirn zwingt, es zu tun. Bevor seine Nervenbahnen nicht geöffnet sind, wird er nicht tun können, worum Sie ihn bitten.

ERST WAHRNEHMUNG, DANN FEINMOTORIK

Weil Sie bei Ihrem Schüler zwei Gruppen von Nervenbahnen öffnen müssen, gestaltet sich die Aufgabe recht kompliziert. Die Bahnen für die Wahrnehmung werden sich zuerst öffnen. Zum ersten Mal wird der Schüler die Symmetrie und Form eines Buchstabens genau erkennen. Das ist schon mal gut.

Doch seine Hand vermag den Buchstaben noch immer nicht zu bilden. An dieser Stelle kann die Frustration des Schülers dramatische Formen annehmen. Wenn Sie ihm gestatten, die Schwelle zur Frustration zu überschreiten, wird etwas geschehen, was wir eine »emotionale Explosion« nennen. Mit diesem Begriff lässt sich dieser Prozess am ehesten beschreiben.

Ein Teil Ihrer Aufgabe besteht nun darin, genau das zu verhindern. Wenn Sie merken, dass sich bei Ihrem Schüler Frustration aufbaut, müssen Sie die Aktivität, die diese verursacht, sofort abbrechen. Wenn Sie die Signale ignorieren und eine Explosion stattfindet, sollten Sie die Arbeit für diesen Tag besser beenden. Nun müssen Sie womöglich auch die Motivation erst wieder herstellen, bevor Sie erneut anfangen können. Am besten ist, Sie lassen es überhaupt nicht erst so weit kommen. Ich werde Ihnen nun erklären, worauf Sie achten müssen und was zu tun ist, falls Sie es merken.

VORBEREITUNG UND VERFAHREN

Falls Sie es nicht längst getan haben, machen Sie den Schüler mit den grundlegenden Werkzeugen vertraut, die im zweiten Teil dieses Buches beschrieben sind. Der Schüler muss Methoden anwenden können, um seine Desorientierung zu kontrollieren, Spannungen und

Stress abzubauen und seine Energiemenge sowie seine innere Uhr zu regeln. Der Orientierungsvorgang hilft dem Schüler, die vorher blockierten Nervenbahnen zu erschließen.

Benötigtes Material:

* zwei Pfund Knete,
* ein Plastikmesser,
* Papierhandtücher für Tisch und Hände.

Vorbereitung

* Richten Sie den Arbeitsplatz entsprechend her.
* Formen Sie mehrere Knetschlangen, etwa so dick wie ein Bleistift. Schneiden Sie diese in gleichmäßige Stücke, etwa sieben Zentimeter lang. Für den Anfang brauchen Sie mindestens vierzig Stück. Wenn Sie mehr brauchen, stellen Sie während der Übung einfach weitere her.
* Ihr Schüler sitzt Ihnen gegenüber am Tisch.
* Lassen Sie den Schüler seine Orientierung überprüfen. Tut er es mit Hilfe der Ausrichtung, sagen Sie: »Spüre die vorgestellten Hände auf deinen Schultern.« Verwendet er die Methode der Orientierung, sagen Sie: »Überprüfe deinen Orientierungspunkt.«
* Der Schüler beginnt mit der Loslass-Übung.
* Lassen Sie den Schüler seinen Energieregler auf eine dieser Aktivität angemessene Stufe einstellen.
* Erklären Sie ihm, was Sie von ihm erwarten, in Worten, die dem Alter des Schülers angemessen sind. Beispiel: »Ich werde dich bitten, etwas zu tun, was du noch nie getan hast. Weil du es noch nie getan hast, kann es schwierig und frustrierend

sein. Das verstehe ich und wir werden die Sache daher langsam und locker angehen. Wir machen viele Pausen und lassen uns viel Zeit dafür. Tu einfach, worum ich dich bitte und bleibe dabei ganz locker. Ich weiß, dass du dein Bestes gibst, auch wenn du nicht hart arbeitest. Es kommt nur darauf an, wie oft du es tust und dass du dabei locker bleibst – dann werden wir es schaffen. Bei jedem neuen Versuch wird es leichter gehen.«

- Zeigen Sie dem Schüler nun, was er tun soll. Nehmen Sie vier Knetstücke und formen Sie daraus den Großbuchstaben *W*. Legen Sie ihn mitten auf den Tisch, so dass er für den Schüler richtig herum liegt. (Von Ihnen aus gesehen liegt er verkehrt herum.)

Verfahren

- Legen Sie nun vier Knetstücke, so lang wie in Ihrem *W*, auf den Tisch vor den Schüler. Zeigen Sie auf die Vorlage und sagen Sie: »Nimm diese vier Knetstücke und forme einen Buchstaben, der genauso aussieht wie dieser.« (Formulieren Sie diesen Satz genau so und nicht anders, so ist er für alle Altersstufen passend. Eine andere Ausdrucksweise könnte die Wirkung des Verfahrens untergraben.) Der Schüler sollte sich jedoch nicht zu sehr plagen. In weniger als einer Minute würde er an seine Frustrationsschwelle stoßen und das müssen Sie verhindern. Geben Sie ihm keinerlei Anweisung, wie er den Buchstaben besser formen könnte. Hier geht es darum, neue Nervenbahnen zu öffnen, es geht nicht um schöne Buchstaben. Wenn die Nervenbahnen einmal offen sind, braucht der Schüler Ihre Anweisung sowieso nicht. Aber jetzt würden zusätzliche Anweisungen seine Frustration nur erhöhen. Wenn Sie ihn unterbrechen müssen, legen Sie Ihre Hand auf die Hand, mit der er den Buchstaben formen will und sagen Sie: »Das ist jetzt gut.« Ist er fertig, bevor Sie ihn unterbrechen müssen, sagen Sie einfach: »Gut gemacht!« Legen Sie den von ihm gekneteten Buchstaben sofort auf die Seite. Denken Sie daran, es ist egal, wie er aussieht!

- Lassen Sie den Schüler nun seine Orientierung überprüfen. Tut er es mit Hilfe der Ausrichtung, sagen Sie: »Spüre die vorgestellten Hände auf deinen Schultern.« Verwendet er die Methode der Orientierung, sagen Sie: »Überprüfe deinen Orientierungspunkt.« Wenn er die Loslass-Übung braucht, wenden Sie diese an. Braucht er eine Änderung der Energiemenge oder seines Zeitempfindens, lassen Sie ihn seinen Energieregler neu einstellen. Wenn er eine Pause braucht, dann machen Sie eine.

- Wiederholen Sie nun die vorige Anweisung. Legen Sie wieder vier Knetstücke vor Ihren Schüler hin und bitten Sie ihn: »Nimm diese vier Knetstücke und forme einen Buchstaben, der genauso aussieht wie dieser.«

Die Nervenbahnen lassen sich öffnen, indem Sie Ihren Schüler die oben beschriebenen Schritte viele Male wiederholen lassen. Am Anfang sieht der Buchstabe des Schülers überhaupt nicht aus wie Ihrer. Im Gegenteil: Wenn er das tut, haben Sie wahrscheinlich die falsche Art von Schreib-Problem diagnostiziert.

Es ist oft so, dass man bei einer ganzen Reihe von Versuchen, das *W* zu formen, keinerlei Verbesserung bemerkt. Das kommt davon, dass Sie nicht sehen können, wo der Schüler die wirkliche Arbeit vollbringt: Sie geschieht nun mal in seinem Kopf. Die Arbeit ist mindestens halb vollendet, *bevor* Sie eine wesentliche Verbesserung an den Buchstaben bemerken, die er auf dem Tisch formt. Achten Sie selbst auf kleinste Fortschritte, aber lassen Sie keine Bemerkung darüber fallen. Verbesserungen signalisieren eine Veränderung der Frustrationsschwelle des Schülers.

Die Nervenbahnen für die Wahrnehmung werden zuerst erschlossen. Nun kann der Schüler den Musterbuchstaben genau sehen, den er kopieren soll, und man erkennt schon eine erste Verbesserung. Allerdings sind die Nervenbahnen zum *Herstellen* des Buchstabens noch immer nicht durchgängig. Wenn sich die Wahrnehmung ändert, sehen Sie auf dem Tisch eine oder zwei diagonale Linien oder einen richtigen Schnittpunkt. Dann sollte Ihre Warnlampe angehen.

WARNZEICHEN

Nun müssen Sie vorsichtig vorgehen. Womöglich ist die Frustrationsschwelle Ihres Schülers um bis zu 90 Prozent gesunken. Der Unterschied zwischen dem, was der Schüler sieht, und dem, was er versucht nachzubilden, ist jetzt offensichtlich. Wenn Sie es dahin kommen lassen, dass er seine Frustrationsschwelle überschreitet, würde in ihm die zuvor beschriebene emotionale Explosion ablaufen. Sie ist wie eine Bombe mit einer extrem kurzen Lunte, also müssen Sie ihn innerhalb von zehn Sekunden nach Anzünden der Lunte unterbrechen. Die Anzeichen einer brennenden Lunte sind meist subtil, aber wenn Sie wachsam sind, sollten sie Ihnen dennoch auffallen. Folgende treten am häufigsten auf:

- Die Hände beginnen zu zittern.
- Hand- und Körperbewegungen werden schnell, zuckend und

unkontrolliert.

- Der Körper versteift sich ein wenig.
- Das Gesicht wird rot.

In dem Augenblick, in dem Sie auch nur eines dieser Zeichen erkennen, müssen Sie blitzschnell reagieren. Sie haben nicht die Zeit, auf weitere Zeichen zu warten. Reden oder etwas sagen, reicht hier übrigens nicht. Sie müssen über den Tisch greifen und die Hände des Schülers umfassen, um ihn innehalten zu lassen und den Ablauf zu unterbrechen. Sagen Sie: »Jetzt ist es erst mal gut« und machen Sie eine Pause. Den Ablauf zu unterbrechen, löscht zwar die Lunte, aber denken Sie immer daran: Sie kann jederzeit leicht wieder entzündet werden.

Oft möchte der Schüler die Übung nicht abbrechen. Er mag denken, er habe es fast geschafft, und er hat sogar Recht. Aber die extreme Kraft, die er aufwendet, um die Übung durchzuführen, bringt ihn nicht ganz ans Ziel. Sie müssen ihn unterbrechen! Legen Sie eine Pause von mindestens zwei Minuten ein, bevor Sie weitermachen. Zehn Minuten und ein Spaziergang wären besser.

Wenn Sie zur Arbeit zurückkehren, lassen Sie den Schüler erst seine Orientierung überprüfen, die Loslass-Übung machen und seinen Energieregler neu einstellen. Bevor Sie ihm weitere Anweisungen geben, sagen Sie: »Wir sind jetzt wirklich nah dran. Darum ist es besonders wichtig, dass du die Übung locker angehst. Lege einfach ein Knetstück nach dem anderen hin. Es ist in Ordnung, wenn du sie ein bisschen herumbewegen willst, aber mit neuen Stücken anzufangen ist besser, als dass du versuchst, es zu korrigieren.« (Achten Sie darauf, dass in diesem Satz keine negativen Wörter enthalten sind.)

Die Warnlampe ist also auch ein Zeichen für eine Veränderung Ihres Verhaltens. Bisher haben Sie den Schüler nicht gelobt oder ihm positive Unterstützung für seine Tätigkeit gegeben. Nun, da sich das Ziel hin zur Öffnung der »Herstellungs«-Nervenbahnen verschoben hat, können Sie den Prozess mit positiver Unterstützung voranbringen. Denken Sie daran, dass es bei dieser Arbeit keinen Raum für konstruktive *Kritik* gibt, und lassen Sie daher alles Negative weg. Um den Wert positiver Unterstützung zu steigern, muss sie spezifisch sein. Deuten Sie auf etwas bestimmtes und machen Sie positive Bemerkungen darüber. Das Ganze könnte in etwa so klingen:

»Diese Linie ist gerade und diese hier auch und diese ist fast gerade. Dieser Kreuzungspunkt ist richtig und dieser auch. Dieser Winkel hier stimmt fast. Forme noch mal einen.« Anschließend legen Sie den jüngsten Versuch zur Seite und geben dem Schüler wieder vier Knetstücke.

Von nun an geht die Arbeit meist sehr schnell. Der Schüler wird bald einen Buchstaben formen, der Ihrer Vorlage sehr ähnlich sieht. Wenn das geschieht, können Sie ihm vorschlagen, dass er seinen Buchstaben oben auf das Vorbild legt, um zu sehen, wie genau er geformt ist.

Wiederholen Sie diesen Anweisungsschritt, bis der Schüler ein gutes Ergebnis erzielt. Das heißt, bis der Schüler einen genau geformten Buchstaben *W* erschaffen hat. Er muss nicht perfekt sein, nur richtig geformt, mit geraden Diagonalen und Spitzen, die sich korrekt kreuzen.

WEITERE ANLEITUNG

Dennoch ist dies noch nicht das Ende, sondern vielmehr ein Neuanfang. Ein Schüler mit diesem Problem ist noch weit entfernt davon, die feinmotorischen Fähigkeiten zu entwickeln, die er für die Schreibschrift braucht. Natürlich gibt es viele verschiedene Wege, mit denen man ihm die nötige Fertigkeit für Handschrift beibringen könnte. Im Folgenden möchte ich Ihnen einen Weg vorstellen, den ich für besonders wirksam halte:

- Wiederholen Sie das vorausgegangene Verfahren mit den Großbuchstaben *M*, *V* und *A*. Das sollte schnell gehen, obwohl es einige Zeit dauern wird, bis der Schüler erkennt, dass zwei der Linien am *M* senkrecht verlaufen und nicht so schräg stehen wie beim *W*.
- Folgen Sie der Anleitung zur Symbolbeherrschung aus Kapitel 15 für das große und kleine Alphabet.
- Lassen Sie den Schüler aus Knetmasse das große und kleine Alphabet in Schreibschrift kneten.
- Gehen Sie das Verfahren »Zu wenig oder gar keine Unterweisung« aus Kapitel 21 mit ihm durch.Danach ist Ihre Arbeit mit dem Schüler beendet.

Das Edelstein-Modell

Als wir 1981 begannen, uns im Reading Research Council mit dem entwicklungsmäßigen Aspekt der Legasthenie zu beschäftigen, widmeten wir uns ausschließlich der Leseschwäche, also dem klassischen Symptom von Legasthenie.

Bald wurde uns jedoch klar, dass ganz bestimmte Bedingungen erfüllt sein müssen, damit sich eine Lernschwäche überhaupt entwickeln kann. Es wurde uns auch klar, dass dieselben Entwicklungsschritte auch die Rechtschreibung, Handschrift, Aufmerksamkeit, das Sprechen, Rechnen und Zuhören, ja auch die Motorik und das Zeitempfinden beeinflussen konnten. Wir begannen damit, all diese Lernschwächen unter dem Überbegriff »Legasthenie« zusammenzufassen. Zugegebenermaßen war dieses Wort ein praktischer Sammelbegriff und wurde dadurch weit über seine eigentliche Definition hinaus verwendet.

Im weiteren Verlauf unserer Forschung erkannten wir dann, dass genau das, was ein Mensch entwickeln muss, damit sich eine Lernbehinderung überhaupt zeigen kann, ihn eigentlich intelligenter und kreativer als den Durchschnitt machen sollte. Eine Schwäche auf einem Gebiet wurde unweigerlich von einer besonderen Begabung auf einem anderen begleitet.

Wir beschäftigten uns weiter mit diesem Phänomen und begannen zu verstehen, was nahe legte, dass Leonardo da Vinci legasthenisch gewesen sein müsste. Die Puzzleteile fügten sich zusammen. Es wurde klar, dass Albert Einstein und Thomas Edison nicht nur hätten legasthenisch sein können, sondern es sogar gewesen sein mussten.

Ich begann zu erkennen, dass die meisten großen Genies der Geschichte auf die eine oder andere Art legasthenisch gewesen waren.

Ironischerweise hätten alle diese Menschen heutzutage wahrscheinlich als Kinder eine Form von *Förder- oder Sonderunterricht* besuchen müssen.

Legasthenie erschien mir dadurch nicht mehr eine einfache Lernschwäche zu sein, sondern ich erkannte in vielen ihrer Aspekte die Keime von Genialität.

DER EDELSTEIN

Unser neues Verständnis wurde mit der Zeit immer vielschichtiger. Da ich zu den »Bilder-Denkern« gehöre, suchte ich nach einem einfachen Bild, um die Zusammenhänge für mich selbst anschaulicher zu machen.

Ich stellte mir einen Edelstein von enormer Größe vor. Die Gene geben dem Legastheniker diesen Edelstein mit; er wird damit geboren. Jeden Tag seines Lebens schleift und poliert er ihn dann ein wenig.

Nach fünf Jahren sieht der Edelstein bereits ein wenig wie ein Schmuckstück aus. Die einzelnen Facetten sind schon angelegt, aber der Stein muss noch sehr viel poliert werden. Ist der Legastheniker neun Jahre alt, kann man den Schliff schon deutlich erkennen. Manche Facetten aber, wie zum Beispiel die Fähigkeit, mehrere Dinge gleichzeitig tun zu können, müssen noch viele Jahre poliert werden. In meiner Visualisierung, dem Edelstein-Modell, wird jeder Edelstein anders geschliffen und poliert. Keiner ist wie der andere. Jede einzelne Facette des Schmuckstückes steht für ein Charakteristikum der Legasthenie.

Eine Facette macht es vielleicht schwer, das Lesen zu erlernen. Sie ist unter Umständen neben einer anderen Facette, die diesen Menschen wissbegieriger als andere macht. Die nächste Facette könnte die Rechtschreibung erschweren, und gleich anschließend gäbe es dann eine, die einen Menschen befähigt, mehrere Dinge gleichzeitig zu denken. Sowohl die positiven als auch die negativen Aspekte der Legasthenie sind demnach Teile desselben Edelsteins.

Der Grad der Behinderung wie auch das Ausmaß der positiven Aspekte wird beeinflusst von der Lage jeder einzelnen Facette und ihrer Beziehung zu den anderen auf dem sich entwickelnden Schmuckstück. Wenn beispielsweise die Facette »Leseschwäche« nur ein ganz klein wenig in die eine oder andere Richtung bewegt würde, hätte das einen dramatischen Einfluss auf den Schweregrad der Behinderung.

Obgleich das Edelstein-Modell noch nicht vollständig erforscht war, wurde es offensichtlich, dass sowohl die negativen als auch die positiven Facetten die acht grundlegenden Entwicklungsaspekte bedingten und gleichzeitig ein Produkt derselben waren.

Diese acht Fähigkeiten, die allen Legasthenikern gemeinsam sind, lassen sich wie folgt beschreiben:

1. Legastheniker können die Fähigkeit des Gehirns nutzen, Sinneswahrnehmungen zu verändern und zu erzeugen (dies ist das wesentlichste Merkmal).

2. Sie nehmen ihre Umgebung sehr bewusst wahr.

3. Sie sind überdurchschnittlich wissbegierig.

4. Sie denken hauptsächlich in Bildern.

5. Sie sind sehr intuitiv und einsichtsvoll.

6. Ihre Wahrnehmung und ihr Denken können multidimensional sein (beziehen alle Sinne mit ein).

7. Sie können Gedanken als Realität wahrnehmen.

8. Sie verfügen über eine lebhafte Phantasie.

Wenn diese grundlegenden Talente zugelassen und ihre Entwicklung gefördert wird, so dass sie wachsen und gedeihen können, müsste das Resultat überdurchschnittliche Intelligenz und beachtliche kreative Fähigkeit sein. Diese bilden die Basis für die Gabe der Meisterschaft.

UNPOLIERTE FACETTEN

All diese Charakteristika sind entwicklungsbedingt. Daraus folgt, dass jeder Mensch einzigartige, individualisierte Versionen sowohl der positiven als auch der negativen Aspekte von Legasthenie entwickeln wird. Aufgrund unterschiedlicher Erfahrungen ist ein Unterschied in der Qualität und dem Grad der Entwicklung zu erwarten. Auch wird es Gebiete geben, die sich anscheinend überhaupt nicht entwickeln.

Wenn wir dieses Modell zugrunde legen, können wir verstehen, warum manche Legastheniker in vielen Bereichen Probleme haben. Wir sehen aber auch, warum jemand vielleicht nur mit Rechnen oder Schreiben Schwierigkeiten hat oder mit Aufmerksamkeit oder Stillsitzen. Jedes Problem hängt einfach damit zusammen, wie die Facetten des Edelsteins sich individuell verschieden entwickelt haben. Und manche warten auch noch darauf poliert zu werden.

UMGEKEHRTE DISKRIMINIERUNG

Die Erkenntnis, dass Legastheniker und Menschen mit verwandten

Lernstilen besondere Fähigkeiten haben, hat zu einer interessanten Entwicklung geführt bei der Einstellungspraxis mancher Unternehmen. Ich habe von Firmen gehört, die auf dem Gebiet der Architektur, dem Ingenieurswesen und Grafischem Design arbeiten, welche für kreative Tätigkeiten nur Legastheniker einstellen. Sie sagen, Legastheniker haben ein besseres Gefühl für Raum (oder Mechanik oder Komposition), also sei dies berechtigt. Natürlich arbeiten in diesen Firmen auch Nicht-Legastheniker, aber sie müssen sich mit Verwaltungsaufgaben begnügen.

TALENTE UND MERKWÜRDIGKEITEN

Als ich das Edelstein-Modell betrachtete, kam mir ein spannender Gedanke. Ich fragte mich, ob es wohl einen Edelstein ohne Facetten von Lernbehinderung gäbe. Ich fragte mich, ob jemand die Vorteile einer legasthenischen Denkweise haben könne, ohne dafür mit dem Preis einer Lernbehinderung bezahlen zu müssen.

Sofort fielen mir einige Bekannte ein. Ich dachte: *Solche Menschen kennen wir alle! Begabt, aber ohne offensichtliche Lernbehinderung.*

Meistens halten wir einen solchen Menschen für brillant. Jeder weiß, dass er sehr gescheit ist, aber manchmal tut er etwas, was ziemlich töricht scheint. Er sucht vielleicht zwanzig Minuten nach dem Autoschlüssel, den er in der Hand hält. Er kann seine Brille nicht finden, weil er sie zum Suchen aufgesetzt hat, verirrt sich in einem großen Laden, oder kann sich nicht erinnern, wo er sein Auto geparkt hat. Mit Lesen, Rechtschreibung, Sprechen, Rechnen oder seiner Handschrift hingegen hat er keinerlei Probleme.

Diese Schlussfolgerung vergrößert für mich die Anzahl der wahren Legastheniker ganz dramatisch.

Glossar

ADS: Abkürzung für Aufmerksamkeits-Defizit-Syndrom. *ADS wird im MSD Manual beschrieben.*

Agraphie: Die Unfähigkeit, ein Schreibutensil zu verwenden oder Gedanken schriftlich auszudrücken. *Jemand mit Agraphie mag sich mündlich gut ausdrücken, aber er kann nicht schreiben.*

Akalkulie: Die Unfähigkeit, mathematische oder rechnerische Fertigkeiten zu erwerben. *Jemand mit Akalkulie kann nicht rechnen.*

Alphabet: Die festgelegte Reihenfolge der Buchstaben einer Sprache. *Das deutsche Alphabet hat 26 Buchstaben.*

Auditiv: Den Gehörsinn betreffend. *Ihr auditives Talent erleichterte es ihr, das Singen zu lernen.*

Aufmerksamkeit: Bewusstsein der Umgebung. *Wenn man einen Sonnenuntergang beobachtet, benutzt man die Aufmerksamkeit.*

Aufmerksamkeits-Defizit-Syndrom: Siehe ADS.

Auslöser (Auslösewort): Alles, was Desorientierung hervorruft; meistens ein Wort oder sonstiges Symbol, mit dem man keinen genauen oder vollständigen Begriff verbinden kann. *Der Artikel »der« ist ein typisches Auslösewort.*

Ausrichtung: Eine Übung, die als Alternative zur Davis-Orientierungsberatung verwendet werden kann.

Bedeutung: Die Vorstellung, die mit einem Gegenstand oder Symbol verbunden wird. *Jedes Wort hat eine Bedeutung.*

Begriff: Eine Idee oder ein Gedanke; ein mentales Bild; eine Vorstellung davon, was etwas oder eine Gruppe von Dingen ist. *Einen Begriff kann man durch Wörter mitteilen.*

Begriffsbildung: Eine Idee, ein Abbild, Gedanke oder Begriff, der mental hergestellt wird. Etwas in Gedanken herstellen. *Begriffsbildung entsteht beim Denken.*

Beherrschen: Etwas mit Gewissheit wissen. Etwas üben, bis es vollständig gemeistert ist oder mühelos ausgeübt werden kann. *Man muss üben, wenn man etwas beherrschen möchte.*

Beherrschung: Gewissheit haben, sicher wissen, was etwas bedeutet, wie es aussieht oder klingt. Etwas gut beherrschen, etwas ohne Zweifel wissen. *Weil er die Kochkunst beherrschte, war er ein ausgezeichneter Küchenchef.*

Beratung: Anderen dabei helfen, ihre Fähigkeiten zu verbessern oder ihre Unfähigkeiten zu überwinden. *Wir lassen uns beraten, wenn wir bei der Lösung eines Problems Hilfe brauchen.*

Buchstabe: Geschriebenes Symbol, das einen Sprachlaut darstellt. *»Z« ist ein Buchstabe.*

Davis-Orientierungsberatung: Ein Verfahren, um jemandem zu helfen, einen stabilen Ort für sein geistiges Auge zu schaffen, zu finden und einzunehmen. Methoden, mit deren Hilfe man Desorientierung regulieren, überprüfen und abschalten kann. *Die Davis-Orientierungsberatung zeigt einem Schüler, wie er seine Desorientierung unter Kontrolle bringen kann.*

Davis-Orientierungsberatungs-Programm: Ein individuell angepasstes Beratungsprogramm, das jemandem zeigt, wie er seine Desorientierungen korrigieren, die Orientierung aufrechterhalten, aufmerksam sein und außerdem seine Fertigkeiten im Lesen, Schreiben und Rechnen verbessern kann. *Das Davis Orientierungsberatungs-Programm wird in etwa dreißig Stunden durchlaufen.*

Davis-Orientierungstechnik: Die Gesamtheit aller von Ron Davis entwickelten diagnostischen, therapeutischen und pädagogischen Verfahren. *Der Schüler erlernt die Davis-Orientierungstechnik.*

Davis-Symbolbeherrschung: Ein Verfahren, mit dem man lernt, was ein Symbol bedeutet, wie es aussieht und wie es klingt. *Bei der Davis-Symbolbeherrschung werden Begriffe aus Knetmasse geformt.*

Definition: Die genaue Erklärung der Bedeutung eines Wortes. *Sage mir die Definition von diesem Wort.*

Desorientieren (sich): Die eigene Richtung oder Stellung in Bezug auf die Gegebenheiten der Umwelt verlieren; zu einem gewissen Grad den Bezug zur Realität verlieren. *Wer sich leicht desorientiert, fühlt sich manchmal schwindlig.*

Desorientierung: Der Verlust der eigenen Stellung oder Richtung in Bezug auf die Gegebenheiten der Umwelt; eine Verfassung, in der die innere Wahrnehmung nicht mit den Gegebenheiten der Umwelt übereinstimmt; manche Personen reagieren automatisch so auf Verwirrung. *Im Zustand der Desorientierung werden die Wahrnehmungen verändert.*

Dysgraphie: Die Ausprägung der Legasthenie, die in erster Linie Schwierigkeiten mit der Handschrift betrifft. *Eine Person mit Dysgraphie hat Probleme mit der Handschrift.*

Dyskalkulie: Die Ausprägung der Legasthenie, die in erster Linie Schwierigkeiten mit Rechnen und Zahlen betrifft. *Personen mit Dyskalkulie können sich oft nur schwer Telefonnummern merken.*

Feineinstellung: Das Davis-Verfahren zur Überprüfung und Verfeinerung der Orientierung; beruht auf dem Gleichgewichtssinn. *Die Feineinstellung wird drei Tage nach der ersten Orientierungssitzung vorgenommen.*

Festhalten: Der Versuch, das geistige Auge an einer Stelle zu fixieren. *Festhalten verursacht Kopfschmerzen.*

Geistiges Auge: Das, was unsere inneren Bilder betrachtet. *Das geistige Auge sieht unsere inneren Vorstellungen.*

Gleichgewicht: Fähigkeit, auf einem Bein ruhig zu stehen; eine Wahrnehmung, mit der die Orientierung überprüft werden kann. *Wir können unsere Orientierung überprüfen, indem wir unser Gleichgewicht prüfen.*

Hyperaktivität: Ein Zustand, der gelegentlich mit dem Aufmerksamkeits-Defizit-Syndrom einhergeht. Der Betreffende ist übermäßig unruhig, bewegt sich sehr viel und kann nicht ruhig sitzen bleiben. *Hyperaktivität ist das Gegenteil von Lethargie.*

Hypoaktivität: Ein Zustand, der gelegentlich mit dem Aufmerksamkeits-Defizit-Syndrom einhergeht. Der Betreffende ist übermäßig unruhig, bewegt sich sehr viel und kann nicht ruhig sitzen bleiben. *Hyperaktivität ist das Gegenteil von Lethargie.*

Instabile Orientierung: Ein Zustand, in dem das geistige Auge eines Menschen sich viel umherbewegt. *Personen, die leicht seekrank werden, haben meistens eine instabile Orientierung.*

Kinästhetisch (lernen): Den Tast- oder Bewegungssinn oder auch die Stellung des Körpers einsetzen, um Erfahrungen zu erwerben. *Sport hilft einem Schüler, kinästhetische Fähigkeiten zu entwickeln.*

Konsequenz: Etwas passiert als Folge von etwas anderem. *Ein Fehler ist oft die Konsequenz einer Desorientierung.*

Konzentration: Die Ausrichtung der Aufmerksamkeit auf nur einen Gegenstand. *Starke Konzentration kann einen hypnotischen Zustand hervorrufen.*

Legasthenie: Eine Art von Desorientierung; verursacht durch eine natürliche Erkenntnisfähigkeit, die reale Sinneswahrnehmungen durch eigene Vorstellungen ersetzen kann; Schwierigkeiten beim Lesen, Schreiben, Sprechen und Erkennen von Richtungen; hervorgerufen durch Desorientierung, die von Verwirrung in Bezug auf Symbole ausgelöst wird. *Legasthenie beruht auf einem besonderen Wahrnehmungstalent.*

Loslassen: Ein Verfahren, mit dessen Hilfe Stress und Verspannung gelöst werden (siehe Kapitel 10). *Verwende die Loslass-Übung, wenn du verspannt bist.*

Lösungen (zwanghafte): Verhaltensweisen, Gewohnheiten, mentale Tricks und Kniffe, mit denen man die Fehler und Frustrationen zu umgehen versucht, die durch Desorientierung verursacht werden; die Bestandteile einer Lernbehinderung. *Wenn man das Alphabet nicht auswendig lernen kann, bietet sich das »Abc-Lied« als eine Lösung an.*

Mathematik: Mengen feststellen, die verwendet werden, um Beziehungen zwischen Mengen und Größen zu untersuchen und auszudrücken, und zwar mittels der Verwendung von Zahlen, Ziffern und Symbolen. *Algebra und Trigonometrie sind Formen höherer Mathematik.*

Motivation: Der Grund, warum man etwas tut oder sich auf eine bestimmte Art verhält. *Wissen wollen, wie Dinge funktionieren - das war ihre Motivation für das Ingenieursstudium.*

Natürliche Orientierung: Die Stelle, an der sich das geistige Auge normalerweise im Laufe der individuellen menschlichen Entwicklung von selbst ansiedelt. *Turner haben oft ihre natürliche Orientierung etwa einen Meter mitten über dem Kopf.*

Nonverbale Begriffsbildung: Das Denken mit inneren Bildern von Begriffen oder Ideen. Jede Form von Denken, die keine Wörter verwendet. *Intuition ist eine Form von nonverbaler Begriffsbildung.*

Optimale Orientierung: Die Position des geistigen Auges, von der aus alle Wahrnehmungen miteinander übereinstimmen und exakt sind, insbesondere der Gleichgewichts- und Bewegungssinn, Seh- und Hörsinn sowie das Zeitgefühl. *Optimale Orientierung kommt durch die Feineinstellung zustande.*

Ordnung: Die Dinge am richtigen Platz, in der richtigen Lage und im richtigen Zustand. *In einer Bücherei herrscht Ordnung.*

Orientieren (sich): Sich in die passende Haltung und Verfassung bringen, damit die Wahrnehmungen mit den wirklichen Gegebenheiten der Umwelt übereinstimmen; das geistige Auge an einen stabilen Ort bringen, der über und hinter dem Kopf liegt. *Wenn wir uns orientieren, können wir besser lesen und schreiben.*

Orientierung: Sich in die geeignete Haltung bringen, damit die Wahrnehmungen mit den wirklichen Gegebenheiten der Umwelt übereinstimmen; der Zustand, in dem die Wahrnehmungen mit den wirklichen Gegebenheiten der Umwelt übereinstimmen. *Im Zustand der Orientierung fühle ich mich weniger verwirrt.*

Orientierungspunkt: Ein stabiler Ort über und hinter dem Kopf (die Stelle variiert von Person zu Person). *Ist dein geistiges Auge am Orientierungspunkt?*

Rechnen: Eine Menge durch Zählen bestimmen oder durch die Handhabung von Zahlen bzw. Ziffern durch Zusammenzählen, Abziehen, Malnehmen und Teilen. *Wir haben in der ersten Klasse mit Rechnen begonnen.*

Reihenfolge: Wie die Dinge aufeinander folgen, eines nach dem anderen. *Wenn wir zählen, verwenden wir die Ziffern in einer bestimmten Reihenfolge.*

Schreibschrift: Fließend, mit aneinander gereihten Buchstaben geschrieben. *Wir haben die Schreibschrift nach der Druckschrift gelernt.*

Schwelle der Verwirrung: Der Punkt, an dem die Verwirrung durch die Umgebung einen Menschen überwältigt. *Legastheniker desorientieren, wenn sie ihre Schwelle für Verwirrung erreichen.*

Sprache: Sprachlaute, die eine Bedeutung haben; geschriebene Symbole, die diese Laute repräsentieren; die Rede und Schrift eines bestimmten Landes oder Volkes. *Wir sprechen die deutsche Sprache.*

Stabile Orientierung: Der Zustand, in dem das geistige Auge die Neigung hat, immer oder fast immer an derselben Stelle zu bleiben. *Personen, die keine legasthenischen Symptome aufweisen, haben im Allgemeinen eine stabile Orientierung.*

Symbol: Ein Zeichen, das für etwas anderes steht oder dieses andere bedeutet. *Die Fahne ist ein Symbol eines Landes.*

Überprüfung der Orientierung: Ein Verfahren, das nach der Orientierungsberatung benutzt wird, um festzustellen, ob sich der Orientierungspunkt einer Person an der richtigen Stelle befindet. *Führen Sie bis zur Feineinstellung wenigstens einmal am Tag mit Ihrem Schüler eine Überprüfung seiner Orientierung durch.*

Verantwortung: Die Fähigkeit und die Bereitschaft, etwas zu kontrollieren. *Es ist meine Verantwortung, das Geschirr nach dem Essen zu spülen.*

Verbale Begriffsbildung: Denken mit dem Laut der Wörter. *Wenn man seine Gedanken innerlich als Worte hört, denkt man verbal.*

Verwirrung: Ein überwältigendes Gefühl von Unklarheit. *Verwirrung verursacht bei Legasthenikern Desorientierung.*

Wahrnehmung: Eine Information, die durch die Sinnesorgane zum Gehirn gelangt. *Durch unsere Wahrnehmung bauen wir eine Verbindung zu unserer Umwelt auf.*

Wort: Ein gesprochener Laut, (oder eine Gruppe von Buchstaben, die diesen Laut darstellen), der eine Bedeutung in einer Sprache hat. *Heute habe ich ein neues Wort gelernt.*

Zeit: Das Messen von Veränderung im Vergleich zu einem Standard. *Eine Stunde ist so lang wie 1/24 der Erdrotation, ein weltweit anerkannter Standard.*

Die Autoren

RONALD D. DAVIS galt bis zu seinem 38. Lebensjahr praktisch als Analphabet, trotzdem gelang es ihm, ein erfolgreicher Geschäftsmann, Ingenieur und Künstler zu werden. Erst mit 38 entdeckte er Methoden, die ihm halfen, innerhalb kürzester Zeit seine Lese- und Rechtschreibschwäche in den Griff zu bekommen. Ron Davis ist inzwischen ein gefragter Autor, Redner und Seminarleiter. Die von ihm gegründete Davis Dyslexia Association International ist inzwischen in 29 Ländern und 18 Sprachen aktiv und hat Tausenden von Kindern und Erwachsenen bei Lese-, Rechtschreib-, Aufmerksamkeits-, Schreib- und Rechenschwächen geholfen.

ELDON M. BRAUN war früher Werbefachmann und Creative Director. Er ist auch der Co-Autor von Legasthenie als Talentsignal.

Weitere Bücher von Ronald D. Davis

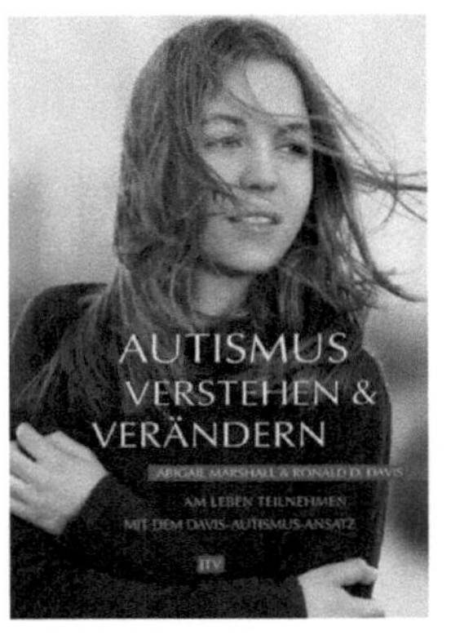

Autismus verstehen und verändern
von Abigail Marshall und Ronald Dell Davis

„Autismus verstehen & verändern" bietet sowohl einen tiefen Einblick in die Entstehung und Anwendung als auch ein Verständnis für die Erfolge der revolutionären Methode nach Davis. Diese ist so konzipiert, dass sie den drei Entwicklungsstufen folgt, die Ronald D. Davis selbst durchlebt hat: Individuation, Identitätsentwicklung und soziale Integration. Ziel ist es, dem Betroffenen zu einem eigenständigen Leben mit Beruf und Freundschaften zu verhelfen.

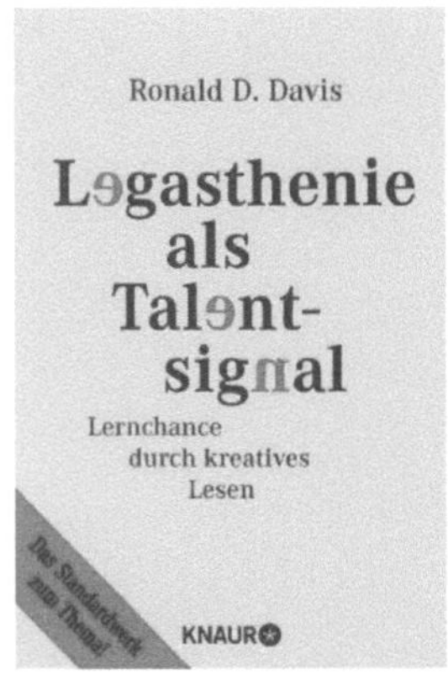

Legasthenie als Talentsignal
von Ronald Dell Davis

Mit seinem Bestseller hat Ronald D. Davis, selbst betroffener Legastheniker, einen gänzlich neuen Ansatz zur Überwindung der Lese- und Rechtschreibschwäche eingeführt. Er beschreibt dabei die außergewöhnliche Begabung der betroffenen Menschen, die er erkannte und in seiner Methode nutzt.

Weitere Informationen

INTERNETSEITEN ÜBER LEGASTHENIE, DYSKALKULIE, AD(H)S

Weitere Informationen über das Davis-Programm
für Legasthenie / Dyskalkulie / AD(H)S:
www.legasthenie-adhs-dyskalkulie.com

Wenn Sie an einem Davis-Programm interessiert
sind, können Sie folgenden Link benutzen, um
eine(n) Davis-BeraterIn im deutschsprachigen
Raum und in Europa zu finden:
www.legasthenie-adhs-dyskalkulie.com/berater

Um selbst Davis-BeraterIn zu werden, können
Sie hier weitere Informationen finden:
www.legasthenie-adhs-dyskalkulie.com/berater-werden

Weitere Informationen über die Davis-BeraterInnen
und das Davis-Programm weltweit, einschließlich
aktueller Forschungsberichte (in englischer Sprache):
www.dyslexia.com